한국광고학회
'ACE' TALK
The Secret of Advertising

한국광고학회 'ACE' TALK *The Secret of Advertising*

초판발행 2022년 4월 8일

지은이 (사)한국광고학회
펴낸이 김중용
편 집 심성보
펴낸곳 도서출판 **정독**
경기도 고양시 일산서구 하이파크로 113, 102-204
등록 제406-2014-000093호

전 화 070)7550 - 3758 팩 스 02)718 - 8554
홈페이지 www.jeongdok.co.kr 이메일 admin@jeongdok.co.kr
ISBN 979-11-6858-052-7 93320

정 가 16,000원

한국광고학회
'ACE' TALK
The Secret of Advertising

광고계를 선도하는 10인의 'ACE' CEO가 들려주는 그들만의 비밀

유정근 · 정성수 · 정현순 · 최영섭 · 홍성현
정기호 · 장성빈 · 이수원 · 김성중 · 박천성

정독
DEEP READING

머리말

디지털 기술을 기반으로 한 새로운 미디어의 출현으로 마케팅과 광고 산업은 어느 때보다 급격한 변화의 소용돌이 속에서 시장상황에 적응하고 미래의 발전방향을 예측하는데 커다란 어려움에 직면해 있다. 흔히 디지털 트랜스포메이션DX: Digital Transformation으로 일컬어지는 오늘날의 매체 환경의 가장 큰 특징은 온라인과 오프라인, 소비자와 브랜드, 소비자와 소비자 간의 '연결connect'이라고 할 수 있다. 광고시장의 디지털 생태계는 이러한 연결을 바탕으로 재구성되고 있다. 또 다른 특징은 '하이브리드hybrid'라고 할 수 있다. 미디어(플랫폼)와 미디어(플랫폼), 콘텐츠와 콘텐츠, 광고와 마케팅, 광고와 PR 간의 경계가 희미해지면서 함께 융합하고 있다. 이제 광고의 본질도 과거의 '널리 알리자'는 것에서 '함께 모여 이야기하(게 하)자'로 변하고 있다.

그렇다면 소비자 욕구충족의 관점에서 디지털 기술이 활용되어야 하는 이른바 'DX의 시대', '디지털 혁명'이라고 일컬을 만큼 급격한 변화를 겪고 있는 작금의 환경변화 속에서 광고가 지향해야 할 방향은 무엇일까? 또한 광고산업의 핵심주체인 광고회사들은 어떠한 변신을 통하여 클라이언트들의 문제 해결에 도움을 주고 있는가? 우리나라 최대의 종합광고대행사인 제일기획은 '제삼기획'이나 '제오기획'과 같은 이커머스 자회사를 출현시키기도 했고, 대홍기획은 신생기업의 브랜딩 및 마케팅 활동을 지원하는 '스타트업 브랜드 인큐베이션'이라는 서비스를 론칭함과 동시에 마케팅 컨설팅 업무로 서비스 영역을 확장하고 있다. 이와 같은 새로운 시도가 도입되고 있는 상황에서 광고와 PR산업은 어떠한 방향성을 가지고 변화하는 환경에 대처해야 할 것인가?

이에 대한 답을 구해 보고자 (사)한국광고학회는 우리나라의 광고, PR 산업을 선도하고 있는 'ACE' 기업들의 CEO들을 직접 초대하여 그들의 노하우와 비밀을 들어보는 유튜브 대담 프로그램인 'ACE' Talk 시리즈를 2021년 5월부터 2022년 3월까지 모두 열 차례 개최하였다. 우리나라 광고대행업계의 선두주자인 제일기획, HS애드, 대홍기획, PR에이전시를 대표하는 시너지앤힐앤놀튼Synergy Hill & Nolton과 에델만코리아Edelman Korea, 외국계 광고대행사를 대표하는 TBWA와 맥켄코리아McCann Korea, 그리고 디지털광고대행사인 차이커뮤니케이션, 나스미디어, 다트미디어 등 모두 10개 기업의 CEO가 출연하여 현재 우리나라 광고산업의 변화에 대한 분석, 도전적 이슈들, 대처방안, 미래의 변화 예측 등에 대하여 심도 있는 논의가 이루어졌다. 약 20~30여 년에 걸쳐 업계에 종사하면서 CEO의 자리에 오르기까지 축적된 다양한 경험과 지식을 바탕으로 디지털 시대에 최적화된 서비스 전략과 미래에 대한 전망과 해법 등을 시청자들과 함께 나누었던 유튜브 방송대담의 생생한 내용을 본서에 정리하였다. 모쪼록 본서가 광고학을 연구하는 연구자, 광고업계의 종사자, 관련 분야를 공부하고 있는 학생들 모두에게 유용한 시사점을 제시해 줄 수 있기를 기대한다.

변화는 두려움의 대상이기도 하지만 새로운 기회일 수도 있다. 우리나라 광고업계의 최고의 'ACE'들이 전해 주는 그들만의 비밀은 미래의 광고 산업을 환히 밝히는 등불이 될 것이다.

2022년 3월 21일

(사) 한국광고학회 회장

안대천

차례

01

한국광고학회 첫 번째 'ACE' Talk

제일기획 유정근 대표와의 대담

송영아

(한국방송광고진흥공사 전문위원)

제일기획 유정근 대표

들어가며

광고 산업은 새로운 기술의 등장에 따라 시장과 소비자가 변화하고 그 변화에 브랜드가 대응하는 과정 속에서 지속적으로 성장하고 진화해 왔다. 광고 산업 내 가장 두드러진 성장은 광고영역의 확장일 것이다. 광고를 생산하고 이용하는 전통적인 과정들이 새로운 기술의 등장으로 변화한 시장에 더 이상 적합하지 않았기 때문이다. 이에 광고인들은 이러한 변화를 받아들이고 시험하며, 소비자들에게 접근하기 위한 새로운 기회로서 발전시켜 나가는 데 최선을 다했다.[1] 새로 생겨난 기술을 소비자가 어떻게 사용하는지에 대한 이해와 그 기술을 어떻게 광고에 적용할 수 있을지에 대한 고민을 통해 광고의 영역을 넓혔다. 구체적으로는 기술 소개에 따른 새로운 매체와 플랫폼의 인기로 인터넷, 소셜 미디어, 포털 사이트, 콘텐츠 플랫폼, 상거래 플랫폼 등 우리가 일상생활에서 접하고 사용하는 거의 모든 매체와 플랫폼이 모두 광고 혹은 광고의 도구로서 역할을 하게 되었다. 우리가 전통매체라고 부르는 텔레비전, 라디오, 신문, 잡지 등을 통한 광고에서의 제한적인 영역이 확장되고 광고의 종류가 다양해

1 Drummey, Corbett(2021.9.29.). “Advertising Has Changed And So Should You.” Forbes.

진 것이다.

광고 영역의 확장은 사실상 광고 영역의 붕괴와도 다름이 없다. 과거 브랜드가 의뢰하고 광고회사가 제작하던 '상업적 메시지'의 성격이 강했던 광고의 비중은 많이 줄어들었다. 과거에는 광고가 브랜드나 제품에 대한 중요한 정보의 원천이었지만 요즘은 오히려 상업적인 메시지는 소비자들의 기피의 대상이 될 수도 있기 때문이다. 대신 소비자들이 즐기며 볼 수 있는 콘텐츠 자체가 광고가 되고, 소비자들과 다르지 않은 유튜버나 인플루언서들이 전달하는 메시지가 광고가 되기도 한다. AdWeek는 TicTok 사용자들을 대상으로 한 설문조사를 통해 약 49%의 이용자가 해당 앱에서 접한 제품이나 서비스를 구매한 경험이 있다고 밝히기도 했다.[2] 이처럼 새로운 영역의 광고는 기존 전통 매체 광고와 달리 판매로의 전환까지 한 플랫폼 내에서 이뤄질 수 있고, 그에 대한 추적 역시 용이하다. 광고와 구매가 일원화되어 그 경계조차 모호해지고 있는 것이다.

새로운 기술에 따른 매체 환경의 변화는 소비자들의 매체 이용 행태와 콘텐츠 이용행태, 그리고 광고에 대한 인식을 바꿨다. 먼저 스마트폰과 태블릿PC와 같이 휴대가능하고 개인화된 매체의 보편화로 사람들은 매체 이용 환경을 개인의 공간으로, 콘텐츠의 소비를 개인의 일로 인식하기 시작했다. 과거 텔레비전이 가족 구성원들 간 공유되는 매체로 인식되는 것과 크게 달라진 점이다. 따라서 사람들은 과거에 비해 광고가 자신의 공간을 침해한다고 느끼며 불편함을 갖고 광고를 회피하게 되는 것이다. 이런 상황에서 단순히 상업적인 메시지를 전하는 형태의 광고에서 소비자의 자연스런 관심과 호감을 이끌어내는 형태의 메시지 전달법이 광고로

2 Kathryn Lundstrom(2021.5.3.). "Nearly Half of TicTokers Are Buying Stuff From Brands They See on the Platform." Adweek.

서 주목을 받게 된 거이다.

개인화된 매체와 콘텐츠의 이용 보편화는 개인화된 광고의 가능성을 제시했다. 검색, 사이트 이용 등의 데이터를 활용한 디지털 맞춤 광고나 시청 이력 등의 정보를 활용하여 맞춤화된 텔레비전 광고를 전송하는 Addressable TV가 대표적이 예이다. 콘텐츠와 광고에 있어서 개인화는 소비자의 개인정보 보호 문제, 프라이버시 문제와 직결되기도 한다. 소비자 맞춤 서비스는 그들의 온·오프라인 상에서의 다양한 흔적을 바탕으로 이뤄지기 때문이다. 이런 소비자들의 흔적은 '데이터'로서 브랜드나 광고회사들에게 소비자에게 좀 더 효과적으로 접근하기 위한 좋은 재료가 되기도 한다. 지난 몇 년 간 데이터 주도 마케팅data-driven marketing이 주목을 받고 있다. 행동 데이터를 바탕으로 소비자를 이해하고 그들과의 커뮤니케이션을 최적화할 수 있다. 이에 따라 앞에 언급한 소비자 개인정보 보호 문제와 소비자의 데이터 주권 문제도 광고 산업에서 함께 다뤄야할 중요한 이슈로 떠오르고 있다.

광고회사들은 위와 같은 변화의 중심에서 여러 도전적 과제를 해결하며 스스로 변화에 대응해갔다. 이 중 제일기획은 변화의 최전선에서 광고 산업의 성장을 주도한 대표적인 광고회사 중 하나이다. 1973년 1월 창립한 제일기획은 2020년 기준 광고 취급액 4,891,540백만원으로 국내 최대 규모의 광고회사[3]이며 줄곧 1위의 자리를 유지해왔다. 2000년대부터 글로벌 시장 공략에 중점을 둔 제일기획은 글로벌 광고회사들 중에서도 13위의 규모를 갖고 있으며,[4] 45개국에 53개의 지사를 보유하고, 전체 직원 7,500명 중 80%정도가 해외 기반의 직원이기도 하다.

3 광고계동향 Research, 2021년 3/4월호. 한국광고총연합회 광고정보센터.

4 Ad Age Agency Report 2021: Rankings and Analysis. Advertising Age.

제일기획은 텔레비전, 라디오, 신문, 잡지 등의 전통매체 광고뿐만 아니라 뉴미디어 사업, 조사 및 컨설팅, 프로모션 사업 등까지 아울러 커뮤니케이션 전 분야에 진출해 있는 마케팅 커뮤니케이션 회사이다. 실제로 제일기획은 스스로를 Business–Connected Agency로 규정하며, 광고뿐만 아니라 마케팅 전반에 걸친 모든 비즈니스를 다루며 성장해 나가고 있다. 제일기획은 국내 광고회사들 중 최초로 칸 국제광고제 은사자상(1991년)과 금사자상(1997년), 그랑프리상(2011) 수상을 시작으로, ADFEST, The One Show, LIALondon International Awards, D&AD 등 국내외 유수의 광고제에서 많은 수상실적을 갖고 있기도 하다. 작년에는 한국광고총연합회가 주관하는 '2021 대한민국 광고대상에서 대상 5개, 은상 2개, 동상 1개 등 총 11개의 본상을 수상하여 역대 최다의 기록을 세우기도 했다.

유정근 제일기획 대표는 1987년 제일기획 입사 후에 광고기획, 영업, 제작 등을 두루 경험하며 실력을 입증한 후 2017년부터 제일기회 대표이사로 활동하고 있다. 2014년에는 제일기획에서 최고의 실력을 보유한 광고마케팅 전문가에 부여하는 '마스터'에 선정되기도 했다. 유정근 대표와의 대담을 통해 광고 산업이 직면한 도전과제들에 대응하기 위한 제일기획의 노력과 광고인으로서 그의 철학에 대해 알아보자.

대담 내용

한상필 교수 대담 전에 제일기획 소개를 부탁드리겠습니다.

유정근 대표 제일기획은 올해 48주년을 맞은 오래된 회사입니다. 항상 국내 최초의 종합광고회사라는 타이틀을 달고 있습니다. 그런데 사실 지금 저희가 현재 45개국에 53개 지점을 갖고 있으며, 전체 직원이 약 7,000명 정도인 글로벌 회사로 변신을 해둔 상태입니다. 제일기획이 이렇게 성장할 수 있도록 도와주신 학계 교수님들과 수많은 예비광고인들에게 감사를 드립니다.

하지만 사실 광고회사라는 타이틀을 다시 생각해봐야 합니다. 전통적인 의미의 광고회사의 비중은 20% 내외 정도입니다. 해외에서는 저희가 소위 리테일 오퍼레이션Retail Operations이라고 하는, 매장을 관리·운영하고, 그곳에서 나온 데이터를 다시 마케팅에 이용하는 비즈니스를 하거나, 이커머스를 운영하거나 대행을 하거나, 저희가 직접 물건을 사입해서 운영하는 등의 여러 가지 일들을 하고 있습니다. 저희는 마케팅 전반의 모든 프로세스에 걸쳐 나올 수 있는 모든 비즈니스를 모두 연결해보자는 차원에서 비즈니스 커넥티드 에이전시Business-Connected Agency라는 말을 저희의 정체성으로 쓰고 있구요. 앞으로도 그런 차원에서 광고부터 마케팅 전반에 걸친 비즈니스를 통해 성장해나가도록 하겠습니다.

한상필 교수 대표님, 제일기획 소개 감사합니다. 이미 저희가 회사 이름에서 대한민국 최고의 광고회사라는 것을 알고 있었지만, 지금 말씀을 들어보니 전 세계 국가에 진출하지 않은 국가가 없네요. 7,000명 정도의 임직원을 가지고 있는 글로벌 회사이기 때문에 대한민국 최고를 넘어서 글로벌 1등으로 계속 나가시기를 저희도 기원하겠습니다. 본격적으로 질문을 드리겠습니다. 학계, 업계, 특히 예비 광고인들에게 도움이 될 만한 내용을 중심으로 질문을 드리려고 합니다. 첫 번째 질문입니다. 최근 광고 산업에 많은 변화가 있었습니다. 이에 대응하기 위한 광고 산업계의 대응도 다양하다고 들었습니다. 대표님이 생각하시는 현재 광고업계가 직면한 환경적 변화와 도전적 이슈는 무엇인지 설명해주시기 바랍니다.

유정근 대표 제가 광고회사에 다닌 지 33년 되었는데요. 불과 10년 전만 해도 상상하지 못할 일들이 많이 행해지고 있죠. 애드 에이지 Ad Age 기준으로 세계 광고매출순위의 탑10을 보면, 우리가 잘 알고 있는 광고회사뿐만 아니라 액센추어Accenture나 심지어 아이비엠IBM 같은 IT회사도 광고매출 순위에 올라와 있죠. 심지어는 구글과 같은 대형 디지털 미디어도 본인들이 직접 광고영업을 하고 있는 상황입니다. 그만큼 경쟁범위가 엄청나게 바뀐 거죠. 아날로그 시대에는 어느 정도 소비자와 메이커가 단절이 되어 있다고 표현을 많이 하죠. 그래서 메이커가 메이커의 메시지를 어떻게 소비자의 보이스voice로 번역해야 할 것인지에 대한 고민 때문에 광고 에이전시를 쓰게 되었고요. 오늘날의 광고 에이전시는 다 그런 형태에서 발전하게 됐습니다. 그런데 디지털 시대가 되면서 소비자의 보이스나 니즈가 메이커와 직접 연결이 되어버렸습니다. 그러다보니 메이커 사이드에서 컨설팅이나 IT솔루션을 하던 컨설팅 회사나 IT회사들이 광고 제작하는 부서만 갖다 놓으면 바로 광고나 마케팅을 할 수 있겠다는 생각이 들었나봅니다. 그러다보니 그런 회사들에서 속속들이 광고·마케팅에 참여를 하게 되었습니다. 구글 같은 회사에서도 이미 다양한 크리에이터만 영입한다면, 미디어 파워를 활용해서 영업을 할 수 있겠다는 생각을 하고 있으니까요. 경쟁이라는 맥락 속에서 환경이 변화되었다는 것을 말씀드렸지만 실제로 이런 것들이 저희에게는 도전적인 과제를 부여하고 있습니다.

몇 가지 소개를 드리겠습니다.

첫째는 역시 데이터 관련입니다. 데이터를 어떻게 확보하는지와 그 데이터를 통해서 클라이언트에게 도움이 될 수 있는 마케팅 전략을 뽑아낼 수 있는지가 바로 사활을 걸고 역량을 준비해야 하는 과제가 첫 번째입니다.

두 번째는 예전에는 광고나 마케팅을 대행하다보면 효과를 어떻게 측정하느냐에 대한 요구가 많았죠. 그 당시에는 정성적인 효과, 즉 브랜드 이미지가 얼마나 상승했느냐, 이 정도였는데 지금은 아주 구체적으로 매출 수준에까지 이르는 이른바 퍼포먼스 마케팅이 주류를 이루고 있습니다. 퍼포먼스라는 것은 결국 인풋 대비 아웃풋의 크기를 얼마나 키우느냐에 대한 것인데요. 아웃풋도 늘려야겠지만 인풋도 줄여야 하기 때문에 지금 시장에서는 극도로 경비를 절감하는 추세입니다. 광고인으로서는 굉장한 어려움에 처해 있기도 합니다.

세 번째는 소비자와 메이커가 직접 연결이 되다 보니 많은 경쟁사도 생겼지만 그중에서 가장 골치 아픈 경쟁사가 바로 광고주 본인입니다. 광고주들이 이러이러한 사람들만 채용하면 광고를 직접 할 수 있겠다고 생각을 합니다. 경비도 절감되고, 무엇보다도 굉장히 애자일agile하게 움직일 수 있다는 생각이 들어서 그런지 애플도 그런 부서를 갖고 있고, 대형 회사들, 메이커들이 실제로 광고 부서를 내재화하고 있는 현상들도 있습니다.

그리고 이미 많이 알려져 있듯이 소비자들이 이제 더 이상 단순히 소비자가 아니잖아요. 어떻게 보면 생산자로서 유튜버나 인플루언서 형태로 대행사와 적이나 친구가 되기도 하구요. 또 소비자 보이스 자체가 너무 커졌습니다. 최근에 조선구마사라는 드라마가 시청자들의 요구에 따라 하차하고 몇백억의 손해를 보았는데요, 그런 상황이 마케팅 업계에서도 많이 벌어지고 있습니다. 그렇기 때문에 그렇게 거세진 소비자의 목소리를 어떻게 대처해야 하는지가 또 다른 도전적 과제입니다.

마지막으로는 친구일 수도 있지만 적으로 돌아설 수도 있는 거대 플랫폼들과 어떻게 관계를 구축하고 그들을 활용할 것인지에 대한 부분이죠. 유튜브나 페이스북은 굉장히 거대한 플랫폼이어서요, 대행사가 그 플랫폼들을 이용하기도 하지만 고생하기도 구요. 언젠가는 그들이 에이전시를 안 쓰고 플랫폼 스스로 마케팅이나 광고를 할 날도 오지 않을까 하는 두려움도 가지고 있습니다.

한상필 교수 광고계가 갖고 있는 여러 환경적 변화와 도전적 이슈를 잘 정리해서 말씀해주셨습니다. 저도 현재 31년째 학교에서 학생들을 가르치고 있는데요, 사실 예전과 지금을 비교하면 당시에 가르쳤던 내용이 지금은 전혀 적용되지 않아요. 그래서 저도 아이들을 가르치면서 고민이 많이 됩니다. 지금 거시적으로 광고 산업의 변화에 대해 말씀해주셨는데요, 제일기획의 리더로서 혹시 제일기획은 어떤 대응방안을 준비하고 계신지 소개해 주실 수 있을까요?

유정근 대표 사실 현재 제일기획뿐만 아니라 모든 에이전시의 대응방안이 비슷합니다. 어떻게 보면 굉장히 위기일 수도 있지만 사실 엄청난 기회일 수도 있겠죠. 그만큼 저희가 가져올 수 있는 비즈니스의 영역이 넓어졌다고 볼 수도 있기 때문입니다. 관건은 우리가 어떻게 역량을 확보할 수 있느냐, 그리고 어떻게 아주 구체적인 솔루션을 확보할 수 있느냐입니다. 예전의 솔루션은 아이디어나 creativity라고 했던 정성적인, 인문학적인 솔루션이었지만 지금은 IT 솔루션 같이 아주 구체적으로 클라이언트의 문제점을 해결할 수 있는 솔루션을 갖고 있느냐가 관건으로 떠오르죠. 그러다보니 첫 번째 대응방법은 역시 M&A입니다. 저희가 지금 당장 IT솔루션들을 내재화하기는 쉽지 않기 때문에 이런 역량을 빨리 확보할 수 있느냐가 관건이구요. 이는 지금 모든 에이전시들이 M&A전쟁이라고 부를 만큼 치열하게 싸우고 있는 상황입니다.

두 번째는 예전에 에이전시는 플래닝이 중심이었습니다. 어떻게 플래닝을 하고 어떻게 크리에이티브를 내느냐, 그리고 나머지 doing 작업들은 전부 아웃소싱, 외주를 많이 했는데요. 지금은 그렇게 하면 경쟁력이 안 생기죠. 디지털 시대에는 생각이 아니라 doing을 하면서 생각이 나기도 하고, 고쳐지기도 하고, 발전하기도 하는 세상입니다. 그렇다보니 어떻게 하면 하루 빨리 플래닝뿐만 아니라 doing 능력을 갖출 수 있느냐가 관건이어서 저희는 글로벌리 여러 가지 경쟁요소를 생각해서 실린더CYLNDR[5]라고 하는 인하우스 글로벌 콘텐츠 프로덕션을 갖고 있고, 원에이전시One Agency[6]라고 하는 리테일에 들어가는 여러 가구나 도구 등을 만드는 회사도 별도로 보유하고 있습니다.

세 번째로는 이제 모든 것이 다 통합이 되는 것 같습니다. 이제 이것이 BTLbelow－the－line 현장에서 벌어지느냐, ATLabove－the－line 현장에서 벌어지느냐, 디지털 미디어에서 벌어지느냐 하는 것들은 의미가 없는 것 같구요. 통합적으로 솔루션이 진행되고 소비자의 총체적인 경험, 체험이 중요하다보니 이제 비즈니스 모델을 어떻게 단순화하고 효율화시킬 수 있느냐가 회사 측면에서의 중요한 도전과제라고 볼 수 있습니다.

네 번째로는 데이터 기반으로 성과를 측정하고 입증할 수 있느냐입니다. 그래서 데이터를 가지고 활용할 수 있는 다양한 모델, 솔루션들을 만들고 있고요. 데이터를 처리할 수 있는, 통계에 능한

5 제일기획이 지난 2008년 인수한 영국 런던의 독립광고대행사 BMB(Beattie McGuinness Bungay, 비티맥기네스번지)가 실린더(CYLNDR)라는 이름으로 2020년 한국 광고 시장에 진출함. '실린더'는 자체 스튜디오를 갖춘 복합 역량 조직으로서 콘텐츠 제작 역량을 갖춘 프로덕션임. 전 세계 7개 센터가 운영되고 있기 때문에 글로벌 수준의 콘텐츠 크리에이티브 솔루션 제공이 가능함.

6 원에이전시(One Agency)는 제일기획이 2011년 인수한 중동의 리테일(retail) 특화 광고회사로 현재 중동 이외에도 중남미, 서남아 등으로 확장했으며, 경험 마케팅, 리테일 마케팅(retail marketing), 쇼퍼 마케팅(shopper marketing) 솔루션을 제공함. 뿐만 아니라 BMB의 BTL(below－the－line) 마케팅을 담당하며 글로벌 BTL 네트워크로도 성장하고 있음.

인재들을 많이 발굴해나가고 있습니다.

마지막으로는 자체 플랫폼이나 고유 솔루션을 개발해야 하는데요. 저희는 최근에 제삼기획[7]이나 제오기획[8] 같은 이커머스 회사를 만들어 활동을 하고 있습니다. 제삼기획은 최근에 드라마 〈빈센조〉에 나오는 라이터 관련 기사도 나왔습니다. 제삼기획에서 라이터를 만들어서 드라마에서 쓰고 그걸 판매하는 식입니다. 저희가 스튜디오 드래곤과 MOU를 맺어서 그런 활동을 하고 있고요. 제오기획은 렌탈을 기본으로 하는 이커머스입니다. 저희가 이런 사업을 통해 엄청나게 수익을 올리겠다기보다는 저희 쪽에서도 경험을 쌓고 무엇보다도 여기서 저희들이 가질 수 있는 데이터를 확보하는 것이 가장 큰 목표입니다. 이런 데이터들을 클라이언트의 데이터와 어떻게 결합해서 새로운 비즈니스를 창출할 수 있느냐는 차원에서 이런 활동을 하고 있죠.

여러 가지 도전과제가 있지만 이렇게 대응방안을 만들어내면서 이런 역량을 갖추고 솔루션을 갖추는 것 자체가 실질적으로 하나하나가 다 비즈니스이기 때문에 굉장히 재미있게 일을 해나가고 있는 중입니다.

한상필 교수 말씀을 들으니 느낄 수만 있었던 산업 환경의 변화를 실감할

7 2019년 12월 제일기획이 론칭한 제삼기획은 기존의 온라인 쇼핑몰에서 판매하지 않는 제품을 판매하는 이커머스 플랫폼임. '생활 밀착형 신문물 상점'과 '콘텐츠 콜라보레이션샵'을 콘셉트로 함. 소비자들의 구매방식이 빠르게 오프라인에서 온라인으로 전환되는 추세에 맞춰 제일기획 사내 대상으로 모집한 온라인 쇼핑몰 창립 멤버들로 구성되어 있음.

8 제오기획은 제일기획의 사내벤처로 시작한 자회사로서 2021년 11월 체험 기반 라이프스타일 이커머스 GETTT(겟트) 서비스를 시작함. GETTT는 기존 렌탈 서비스에 이커머스 개념을 결합하여 중개를 통해 렌탈 중개 서비스를 운영함. 단순히 고가의 상품을 빌려 쓴다는 개념을 넘어 제품의 체험을 통해 만족스런 구매로 이어지도록 하는 수단으로 포지셔닝하고 있음.

수 있었습니다. 조금 토픽을 돌려보려고 합니다. 지금 시청하는 분들 중 교수님들도 계시고, 업계 분들도 계시지만 아마 예비광고인들도 많이 있을 것 같습니다. 이런 환경의 변화에서 옛날 사회과학만 하던 광고 준비생들과 달리 최근의 광고를 준비하는 학생들은 뭔가 새로운 것을 준비해야 할 것 같습니다. 대표님이 생각하시기에 어떤 준비를 하면 좋을지 말씀해주시기 바랍니다.

유정근 대표 저도 대표적인 아날로그 광고인이라 요즘 일어나는 변화가 두렵기도 하고 신기하기도 합니다. 중요한 것은 모든 것들이 디지털 트랜스포메이션digital transformation되기 때문에 디지털 시대에 광고인이란 무엇인가라는 차원에서 공부를 해야 할 것 같습니다. 저희도 그런 새로운 유형의 광고인을 채용하려고 노력하고 있는데요. 기본적으로 광고회사는 사실 대게가 인문학 계통이나 경영학과, 혹은 예체능이라고 불리는 미대 출신의 아트를 하는 친구들이어서 정성적인 사고를 하는 사람들의 집합체입니다. 그런데 세상이 바뀌다 보니 통계나 수학, 과학, 테크들도 같이 중요해진 것 같습니다. 그래서 실제로 저희들이 급해서 이공계들을 출신들을 많이 뽑기도 합니다. 하지만 가장 바람직한 것은 인문학 출신들이 통계나 테크에 대한 경험과 체험, 지식을 통해서 그런 역량을 통합해서 갖고 있는 것이라고 생각합니다. 그래서 정성적인 사고뿐만 아니라 어떻게 정량적인 사고나 테크적인 사고를 가질 수 있느냐 하는 것이 큰 이슈로 떠오르는 것 같습니다. 그런 관점에서 테크나 새로운 플랫폼에 대해 지속적으로 관심을 가져야 할 것입니다.

사실 크리에이티브에도 많은 테크가 쓰입니다. 애드테크라는 것이 단순히 데이터를 분석하는 데만 쓰이는 것이 아니라 지금은 크리에이티브에서도 굉장히 많은 테크들이 쓰이기 때문에 심지어 아트를 하시는 분들도 이런 데 대한 관심을 많이 가지셔야 합니다.

아까 환경의 변화에서도 말씀드렸듯이 플래닝만 갖고는 버티기 쉽지 않습니다. 본인 스스로 플래닝planning과 두잉doing을 어떻게 결합을 할 수 있느냐를 생각해야 합니다. 사실 분업이라는 것은 아날로그 시대의 키워드죠. 디지털 시대에서는 모든 게 한 곳에서 이뤄져야 한다고 이야기를 하잖아요. 그래서 본인이 플래닝한 것을 본인이 만들고, 본인이 기획한 것을 본인이 성과나 효과 측정까지 다 혼자서 해내는 시대가 점점 다가오고 있습니다. 그러다보니 그런 부분에서 실질적으로 자신이 직접 할 수 있는 능력, 통계 프로그램을 돌려본다거나 아니면 크리에이티브와 관련된 툴들을 직접 해본다거나 하는 이런 것들이 중요하죠. 어떤 면에서 보면 지금은 저희가 아트직은 오로지 디자인을 하는 친구들만 뽑았는데, 향후 2~3년 지나면 인문학 출신 중에서도 툴을 통해서 디자인적인 역량만 갖추고 있다면 인문학계에서 아트직군을 뽑는 날도 오리라 생각합니다.

마지막으로 여전히 광고회사는 창의력, 크리에이티브가 가장 중요합니다. 우리는 어떤 도구나 미디어를 활용하든 클라이언트의 문제를 해결해줘야 하기 때문에. 결국 해결하기 위해서는 창의적인 아이디어나 크리에이티비티가 중요합니다. 여기 예비 광고인들이 많이 있다면, 이런 점을 유의하면 광고회사에 와서 훌륭하게 활동할 수 있을 것 같습니다. 지금 사실은 공채가 많이 없어서 실망을 하는 학생들이 많은데요. 외국의 경우도 마찬가지이지만, 일단은 아주 소규모의 회사들에서 경험을 쌓고 조금 더 큰 에이전시로 옮기는 것이 어떻게 보면 하나의 관례라고 볼 수 있습니다. 너무 한 우물만 파지 마시고 일단은 어디서든 경험을 하신 뒤에—3년이나 4년 경험을 쌓으신다고 하면—제일기획을 들어오는 것이 그렇게 어려운 일만은 결코 아닌 것 같습니다.

한상필 교수 윤대표님께서 예비광고인들에 어떤 것을 준비하면 좋겠다고 말씀해주셨습니다. 모든 예비 광고인들에게 제일기획 가는 것이 첫 번째 목표일텐데요. 말씀해 주신대로 중소규모 회사에 가서 경력을 쌓은 다음에 경력을 갖고 제일기획으로 트랜스퍼하는 것이 가장 좋은 방법인 것 같구요. 저희도 현장에서 그렇게 학생들을 유도하고 있습니다. 그렇지만 저희 학계의 바람은 제일기획에서 조금 더 문호를 넓혀서 더 많은 예비 광고인들을 뽑아주시면 감사하겠다는 말씀드립니다.

유정근 대표 저희가 작년과 올해는 코로나 때문에 보수적으로 신입사원 뽑았는데요. 내년부터는 확대해서 뽑을 생각이 있습니다.

한상필 교수 세상이 많이 바뀌다보니 학교 현장에서도 기존 우리나라의 대표적인 교육방법인 주입식 교육이 최근에 창의적이고 융합적인 인재 양성에 걸림돌이 된다는 의견들이 많이 있습니다. 제가 몸담고 있는 한양대학교의 경우에는 10년 전부터 프로젝트 베이스드 러닝project-based learning을 하고 있습니다. 예를 들어, 기업체의 실제 문제를 갖고 와서 한 학기 동안 그 문제를 풀어나가는 형식이다. 이공계에서 시작되었고, 한양대에서는 인문사회계에서도 많은 수업에서 적용하고 있습니다. 저 같은 경우 이번 학기에 에스오일 마케팅 부서와 제일기획이 협조를 해주셔서 에스오일 새로운 슬로건과 콘셉트를 개발하는 프로젝트로 수업을 하고 있거든요. 하지만 이런 수업을 하다 보니 한계가 있냐면, 학계에 계신 교수님들 중 실무 출신인 분도 계시지만 이론에 기반을 둔 분들이 많습니다. 그러다보니 산학협동교육도 중요한데 그중에 팀티칭team–teaching을 하자는 이야기가 많이 나옵니다. 예전에는 팀티칭이 이론을 가진 교수님 두세 분이 했거든요. 지금은 이론에 기반을 둔 교수님과 산업 현장에 계신 실무자, 전문가가 같이 팀티칭을 하면 좋겠다는 이야기가 많이 나오고 있습니다. 업계의 도움이 절실히 필요한 내용인데요, 혹시 이러한 수업진행방식에 대한 요구에 대해 대표님께서는 어떻게 생각하시는지 답변 부탁드립니다.

유정근 대표 산학협동은 항상 윈–윈win–win이라 팀티칭에 대해서는 긍정적으로 검토할 수 있을 것 같습니다. 사실 직원들 교육의 일환으로도 학교에 가서 학생들을 대상으로 강의를 하는 것은 본인이 스스로 공부할 수 있는 계기가 되기 때문에 좋은 기회가 된다고 생각하기 때문에 팀티칭에 대해서는 긍정적 검토를 하고 있습니다. 또 하나 말씀드리고 싶은 것은 코로나를 거치면서 인턴십 제도가 각 광고회사별로 활성화될 가능성이 크다는 것입니다. 저희도 시범삼아 아트직군의 인턴들을 몇십 명을 뽑아서 해보고 있는데요, 예를 들면, 앞으로 이제 광고회사와 학교가 서로 5~6개월, 한 학기를 학점을 주고 회사에 와서 일을 하고 그 결과를 갖고 학점을 매기는 그런 일들을 많이 해나가야 할 것 같습니다.

다만 지금 저희들이 계속 검토하고 있는 것들이 노동법 때문에 여러 가지 문제가 있어서 관련 정부부처와 이야기를 해나가고 있는 중이긴 합니다. 하지만 그런 것들이 형식화될 수 있다면 앞으로 그런 산학협동이 늘어날 수 있을 것 같습니다.

한상필 교수 광고학회가 생긴 지 32주년입니다. 대표님께서 1년 반 전에 30주년 행사에 오셔서 축사를 해주신 것 기억하시죠? 당시에 좋은 말씀 많이 해주셨는데요, 우리나라가 다른 나라와 달리 업계와 산업계의 협력이 굉장히 잘 되고 있습니다. 그동안 광고학회는 광고 산업 발전을 위해서 여러 가지 광고규제 개혁 등에 앞장섰었습니다. 업계에서도 같이 맞장구를 쳐주셔서 여러 문제를 해결해가고 있습니다. 광고 심의문제, 광고제도 문제, 중간광고 문제 등이 해결되었습니다. 대표님께서 광고산업협회 회장도 하고 계시는데 이런 측면에 있어서 광고 산업 발전에 대한 큰 고민을 하고 계실 듯합니다. 혹시 산업 발전을 위해 학계에 바라시는 점이 있으면 한 말씀 부탁드립니다.

유정근 대표 광고학회가 많은 일들을 해주셔서 산업적으로 발전하는 데 큰 도움이 되었습니다. 그동안 여러 규제 개선에 앞장서 주셔서 감사드립니다. 최근에 사실 규제는 아니지만 정부 광고의 규모가 굉장히 커지고 있음에도 에이전시가 소외되어 있습니다. 에이전시들이 그런 부분에서 전전긍긍하고 있습니다. 뭔가 제도적인 개선이 필요해서 우리 에이전시협회에서도 많이 노력을 하고 있지만 학회에서도 그런 부분에 대해 연구를 좀 해주시고 이야기를 잘 해주셨으면 좋겠습니다.

저희들이 사실 학회에 요청 드리고 싶은 가장 큰 것은 인재양성 관련 부분입니다. 특히 아까도 예비광고인이 갖춰야 할 역량에 대해서도 말씀드렸지만 아직까지도 디지털 시대에 맞는 광고인이란 무엇인가에 대해 규정하는 것이 굉장히 어렵습니다. 에둘러서 말씀드리면 저희도 통합적인 사고나 경험 같은 것들을 설계할 수 있는 삶 정도로만 저희도 이해하고 있는데요. 그 부분에 대해서 어떤 인재상이 필요한지 저희와 함께 연구하시고 고민 해주셨으면 좋겠습니다. 그와 아울러 제가 어디 학회에 가면 농담 삼아 드리는 말씀이 융합적인 세미나, 학회, 모임 등이 필요한 것 같습니다. 광고 그 자체에 대해서만 연구를 하는 것은 이제 쉽지 않을 것 같고, IT부터 데이터, 다양한 것들을 같이 융합해서 연구를 하시고 결과를 내시면 현장에서 큰 도움이 될 것 같습니다.

한상필 교수 대표님 말씀 중심으로 학계도 산업이 잘 발전할 수 있도록 앞으로도 많이 힘을 기울이도록 하겠습니다. 개인적인 질문 하나 드리겠습니다. 광고회사 들어가신 지 33년, 평생 대행사만 계셨던 거죠. 신입사원부터 시작해서 차근차근 올라가셔서 우리나라 최고 광고회사의 CEO가 되셨는데요. 이 정도 되시면 경영 철학도 있을 거고 후배 광고인들에게 좋은 말 한마디 해주실 수 있을 것 같은데요, 이 기회를 삼아 말씀 부탁드립니다.

유정근 대표 예전 기준으로 봤을 때는 한 우물만 파면 긍정적인 이야기를 듣겠지만, 요즘 젊은 사람들 기준으로 보면 무능한 것으로 볼 수도 있을 것 같아요. 33년 동안 한 직장에 있었다고 하는 것이 말이죠. 사실은 이제 와서 그런 말씀드리기 그렇지만 재능이 부족했던 것 같습니다. 제가 사실 10년차 때까지 그저 그런 광고인이었어요. 기민하게 움직이고 코디를 한 것 같긴 한데, 기획 능력 등에서 남보다 탁월하진 못 했던 것 같아요. 회사에서 APAccount Planner를 처음 만들었을 때 AEAccount Executive를 하다가 그쪽으로 발령이 났습니다. 앞이 까마득하더라고요. 어떻게 해야 되나 하는 고민을 많이 했는데 그때 내가 이렇게 평범한 직장인이나 광고인으로 끝날 것이 아니라 내가 죽어라 한번 해보자고 생각했습니다. 요즘은 바둑 두는 사람이 없는데 재일동포 기사 중 조치훈이라는 기사가 있습니다. '목숨을 걸고 둔다'라는 좀 심각하게 들릴지도 모르지만 그 당시만 해도 죽을 각오로 한번 해보자고 해서 그 당시에 본 해외 광고가 수천 편 되는 것 같고요. 업계에 나와 있는 거의 모든 기획서를 제가 수단과 방법을 안 가리고 다 본 것 같아요. 독서백편의자현讀書百遍義自見이라는 말이 있잖아요. '책을 백 권 읽으면 다 이해가 된다.' 저는 그 말을 신봉하고 있습니다. 우리가 어려움에 처했을 때 포기하거나 망설이거나 주저하는 경우가 굉장히 많잖아요. 하지만 그것은 다 핑계 같고 진짜 독서 백 편을 할 수 있는 그런 열정만 있으면 못 할 일이 없는 것 같아요. 저 같은 사람이 CEO가 된 것이 그 증거라고 생각을 합니다. 저는 예전에도 그렇고 지금도 그렇고 회사 직원들에게 늘 하는 이야기가 'Do Something'입니다. 뭐든 좋으니까 뭐든지 망설이지 말고 포기하지 말고 일단 하라는 것이죠. 경험 중에 가장 소중한 경험이 바로 실패의 경험입니다. 한번 성공한 사람들은 예외 없이 실패한 경험이 있죠. 그냥 머릿속에서만 생각해서는 성장할 수가 없기 때문에 항상 저는 'Do Something'이라는 말을 많이 하고 있습니다.

한상필 교수 오늘 광고 산업이 직면한 여러 환경적 이슈, 이러한 새로운 환경에서 예비 광고인들은 무엇을 하면 좋겠는지, 또 학계가 산업계와의 산학협동을 위해서 어떤 일을 했으면 좋겠는지, 그리고 대학교육의 프로젝트 베이스드 러닝과 팀티칭에 대해 말씀을 해주셨고요. 또 대표님의 경영철학과 그동안의 겸손한 광고인으로서 살아오신 말씀 잘 들었습니다. 궁금하신 점이 있으면 일부 선정을 해 대표님의 답변을 듣도록 하겠습니다.
광고 산업 어렵다고 말씀을 해주셨지만 어려워도 가는 길이 있지 않습니까? 늘 하는 말이지만 위기 속에 길이 있다고요. 대표님이 보시기에 향후 광고 산업에 대한 전망은 어떤지 말씀해주십시오.

유정근 대표 지금 교수님 말씀이 딱 맞는 것 같습니다. 위기 속에 기회가 많이 있는 것 같습니다. 제가 거듭 말씀드렸지만 엄청나게 많은 경쟁자가 생긴 것이 의미하는 것이 무엇이겠는가를 생각해보면, 저희가 수비 범위가 넓어진 것은 공격 범위가 넓어진 것을 동시에 의미합니다. 광고 산업은 굉장히 무궁무진한 비스타스vistas를 갖고 있고 엄청난 성장세를 가지고 있습니다. 새로 생긴 플랫폼들의 70~80%가 비즈니스 모델이 광고라고 이야기 하는 것을 보면, 광고라는 말 자체가 갖고 있는 함의가 크다는 것이라고 생각합니다. 치열한 만큼 예비광고인들에게도 엄청난 기회가 열려있다고 봅니다. 예나 지금이나 광고업계에 이직이 굉장히 많습니다. 예전에 이직을 한다고 하면 전부 경쟁 광고회사를 가거나 본인이 차리거나, 하위에 있는 프로덕션에 가거나 했는데 요즘은 거의 백 프로 구글, 페이스북, 카카오, 네이버, 혹은 게임회사로 이직을 하는 거거든요. 그만큼 갈 곳이 많아졌다고 하는 것은 이 산업 자체가 굉장히 성장세라고 봐도 되지 않을지 개인적으로 생각을 하고 있습니다.

한상필 교수 여러분들의 질문을 선정해서 답변을 듣도록 하겠습니다. 디지털 미디어 시대가 도래하면서 소비자를 분석하고 개별 소비자에게 메시지를 전달할 수 있는 수단들이 각광을 받고 있습니다. 때문에 기존 광고에서 중시되던 많은 요소들이 힘을 잃어가고 있는 듯 보이는데요. 특히 브랜드의 역할에 대해서 갑론을박이 많은데 새로운 광고환경에서 브랜드의 역할이나 중요성이 어떤지 생각을 말씀해 주십시오.

유정근 대표 브랜드의 가장 큰 경쟁력은 식별이잖아요. 브랜드의 역할이 없어지거나 중요하지 않다고 하는 것은 사실 어폐가 있는 말입니다. 다만 브랜드를 어떻게 활용해 나가고 브랜드의 철학과 소위 브랜드가 세워둔 원칙이 무엇인가 하는 것에는 엄청난 변화가 있는 것 같습니다. 그중에 하나만 예를 들어 보면 그동안 우리가 브랜드 아이덴티티brand identity라는 것을 브랜드 핵심요소로 봤고, 이것은 누가 봐도 건들 수 없는 컨시스턴시consistency가 유지가 되어야 한다고 생각을 해왔던 거 아니겠습니까. 하지만 사실은 지금 보면 브랜드를 가지고 노는 브랜드들이 굉장히 많죠. 브랜드의 로고 컬러라든가 형태 같은 것들을 유지 안 하면 큰일 난다고 보는데 구글이나 네이버 등을 보면 자기들 로고를 갖고 많이 놀잖아요.

그런 것뿐만 아니라 요즘 〈놀면 뭐하니?〉라는 프로그램에 유재석 씨가 계속 부캐라고 하는 새로운 캐릭터를 창조해내는데요. 이것이 브랜드에서도 똑같이 적용이 되는 거죠. 원래 세워두었던 본 캐릭터나 아이덴티티 말고도 다양한 캐릭터들을 스스로 만들어내서 그것을 갖고 희화화시키고 소비자들이 갖고 놀도록 만드는 거죠. 디젤DIESEL이라는 청바지를 보면 심지어는 다이젤DEISEL이라는 카피 상품을 만들어 그걸 갖고 소비자들이 놀게 만들었더니 다이젤까지도 완판시킨 거죠. 어느 과자 브랜드는 명품 의류하고 조인을 해서 새로운 의류를 만들기도 하죠. 그러니까 이제까지 세워졌던 원칙을 다 무시하고 MZ세대라고 하는 소비자의 특성에 맞춰서 브랜드가 변화가 되고 있고, 브랜드 컨시스턴시brand consistency나 브랜드 익스텐션brand extension 같은 경우가 상당한 변화가 있을 것 같습니다. 이와 같은 경우에도 학계의 연구들이 굉장히 필요한 것으로 보입니다.

한상필 교수 브랜드라는 것은 20여 년 전 유행을 했고 지금까지도 광고에서 가장 핵심 요소였잖아요. 새로운 환경 속에서 브랜드에 대한 새로운 정립이 필요하다고 생각합니다. 마지막 질문 드리겠습니다. 광고학과 어느 교수님이 올려주신 질문입니다. 제일기획 대표 이외에도 한국광고산업협회 회장으로 봉사를 하고 계시지 않습니까? 산업협회 회장으로서 가장 중점을 두고 있는 역점 사업은 무엇인지 말씀해주시기 바랍니다.

유정근 대표 우리나라는 사실 인력 부분에서는 플렉시빌리티flexibility가 많이 떨어져서 광고회사 측면에서는 애를 먹고 있는 측면이 많습니다. 외국은 프리랜서가 굉장히 발달되어 있어 프로젝트별, 역량별로 프리랜서를 투입해서 그 프로젝트를 처리하는 형태가 굉장히 많죠. 이것이 윈-윈 형태인 것이 사람에 따라서 직장생활을 끔찍하게 싫어하고 6개월 일하고 6개월은 쉬고 싶은 사람이 많이 있잖아요. 우리나라에도 그런 사람들이 많은데 그런 것들을 수용하기가 굉장히 힘들었고, 우리나라 광고회사에서도 갑자기 생겨난 프로젝트 때문에 인력을 고용하면, 그 프로젝트가 빠졌을 때 회사가 어려움에 빠질 수 있습니다. 그래서 저희가 산업협회 내에 전문가 형태의 프리랜서 플랫폼을 만들고 있습니다. 각 광고회사에서 추천도 하고 심사도 해서 이런 플랫폼들을 가져서 역량별로 갖춰놓는다면 산업 전반에 걸쳐서 인력 운용의 플렉시빌리티가 확보가 될 수 있을 것 같고, 많은 광고인들이 훨씬 자유롭게 일할 수 있지 않을까 생각해서 지금 그 일들을 같은 에이전시 대표들과 협의해서 진행하고 있습니다.

한상필 교수 마지막으로 마무리 말씀 부탁드립니다.

유정근 대표 학계에서 늘 지원해주시는 교수님들과 미래 마케팅 광고 업계를 이끌어나갈 예비 광고인들과 이야기할 수 있게 되어서 너무 감사드립니다. 생각보다 즐거운 시간이었습니다. 다만 코로나가 빨리 끝나서 대면으로 미팅하고 차도 한잔 하면서 이야기하면 더 좋지 않았을까 하는 아쉬움이 있는데요. 하지만 모든 것이 이제 다 정리가 되지 않을까 싶습니다. 오늘 제가 말씀드린 내용 중에 가장 핵심적인 것은 경계가 없는, 모든 것이 불확실한 시대라는 거죠. 하지만 이런 것들이 단순히 위기가 아니라 하나의 기회가 될 수 있고 새로운 도전만이 살길이라고 생각이 됩니다. 따라서 여기 참여한 모든 분들이 새로운 도전을 통해 불확실한 시대에서도 다 성공하시는 길을 걸어 가시길 바랍니다.

끝맺는 말

광고 산업이 변화하면서 그동안 광고가 무엇인지, 광고의 영역이 어디까지인지에 대한 논의는 종종 이뤄졌다. 하지만 그 변화의 최전선에서 변화에 대응하며 광고 산업의 성장과 진화를 이끌어내는 광고인들이 어떻게 변화하였는지, 그리고 그들이 어떤 자세를 갖고 광고를 이해해야 하는지에 대한 논의는 거의 없었던 듯하다. 유정근 대표와의 대담은 광고 산업이 직면한 과제들과 그에 대한 광고회사의 대응방법뿐만 아니라 이런 변화 속에서 광고인과 예비 광고인이 가져야 할 자세에 대해 함께 고민하게 했다.

요즘 광고 산업에서 '통합'의 개념은 광고 마케팅 커뮤니케이션에 활용되는 여러 요소들이 통합적으로 작용하여 소비자에게 총체적인 경험과 이미지를 제공해야 함을 의미한다. 효율적이고 단순화된 비즈니스 모델 구축과 통합적 솔루션 개발의 필요성 역시 같은 맥락에서 설명할 수 있다. 유정근 대표는 광고인의 업무 방식에서도 사실상 이 통합의 개념을 설명했다. 분업은 아날로그 시대의 키워드라고 하며, 광고인들이 스스로 역할을 구분하지 않고 광고 기획과 제작 등의 수행을 결합할 수 있어야 한다고 한 것이다. 통상적으로 광고인들은 크레에이티브에 초점이 맞춰져 있는데 이런 정성정 사고 기반의 광고인이 정량적이거나 테크적인 역량을 갖추는 것을 광고인이 직면한 큰 이슈 중 하나로 언급된 것도 같은 맥락에서 이해할 수 있다.

유정근 대표는 광고 산업에서 데이터의 중요성에 대해서도 언급했다. 데이터는 확보 및 활용을 통한 효과적인 커뮤니케이션 방식의 도출과 더불어 광고의 성과를 측정하는 데도 중요한 역할을 한다. 퍼포먼스 마케팅이 주목받아 온 것도 정량적인 성과 측정의 가능성과 관련이 있다. 광고인들이 이와 관련된 역량을 갖춰야 한다는 것 역시 강조되었다.

광고 산업은 그동안 다양한 위기와 기회 속에 많이 변해왔고, 앞으로도 지속적으로 변할 것이다. 하지만 이러한 변화 속에서도 변하지 않고 유지되는 것이 있다. 광고주가 제시한 문제에 대해 해결책을 제시해야한다는 것이다. 그리고 이 해결책이 창의적인 아이디어에 바탕하고 있어야 한다는 사실 역시 변하지 않을 것이다.

유정근 대표와의 대담은 "Do Something"으로 요약될 수 있다. 어느 상황에서라도 뭐든 일단 해보자는 자세는 유정근 대표가 제일기획에서 광고 산업계의 수많은 도전과제들을 맞닥뜨렸을 때, 그리고 그에 따른 수많은 기회를 마주했을 때 등 모든 순간 그와 제일기획의 성장을 이끌어나가는 원동력이 됐을 것이다. 앞으로 지속될 광고 산업계의 발전과 진화의 과정이 순탄하지만은 않을 것이다. 하지만 앞으로 맞이할 위기 속에서 "Do Something"의 자세로 무엇이든 고민하고 시도해본다면 그 시도 자체가 광고 산업을 발전시킬 것이다. 그리고 광고인으로서, 예비광고인으로서, 그리고 광고연구자로서 자신의 역량과 역할을 단단하고 튼튼하게 다질 수 있으리라 예상한다.

02

한국광고학회 두 번째 'ACE' Talk

HS애드 정성수 대표와의 대담

이성미
(한신대학교 미디어영상광고홍보학부 부교수)

HS애드 정성수 대표

들어가며

"일에서 빠져나오기 위해 다양한 콘텐츠를 보는 편인데요, Killing time으로 시작했지만 보다 보면 뭔가 자꾸 채워지는 Filling time으로 돌아옵니다."

"분명 다 내려놓고 목적없이 쉬고 있는데 채워지는 경험을 자주 하게 돼요, 이것이 우리가 하는 광고일의 매력이자 가치라고 생각합니다."

지난해 가장 주목도가 높았던 한국관광공사의 캠페인 'Feel the Rhythm of Korea'를 비롯해 '쓱'이라는 유행어를 낳은 신세계 온라인몰SSG.com 광고, 익숙한 영화 장면들을 패러디해 무비 트레일러 형식으로 제작한 배달의 민족 광고 등 뛰어난 Creative 역량으로 업계를 이끄는 HS애드의 정성수 대표. 약 35년 가까이 광고업에 종사하면서 시대의 변화에 대처하기 위해 끊임없이 도전하고 혁신하며 진정으로 업을 즐기는 그가 들려주는 광고업에 대한 이야기를 풀어내고자 한다.

코로나19로 디지털 트랜스포메이션이 가속화되면서 광고대행사들은 전례 없는 혼돈의 시기에 직면해있다. 사회적으로나 경제적으로 가장 혼란스러운 상황이 진행됨에 따라 불확실성이 높아지고 있으며 광고업계는 소비자의 행동을 비롯한 미래를 예측할 수 없는 어려운 위기에 처해있다.

하지만 급격한 변화와 불안정이 지속되는 이 상황을 기회로 바라보며 유연하게 대처하며 성공적인 캠페인을 활발하게 제작하고 있는 광고대행사 HS애드가 있다. 전 세계가 직면한 '뉴노멀New normal'을 이해하고 끊임없이 마주하는 새로운 과제를 해결하는 HS애드의 노하우가 무엇인지 정성수 대표와의 대담을 통해 살펴보았다.

HS애드는1962년 락희화학 선전실로 출발하였다. 이 조직을 모태로 1984년 LG애드를 사명으로 한 LG그룹의 종합 광고회사가 탄생하였으며 2004년 지투알이 광고사업부문을 물적 분할하였다. 2008년 소비자와 광고환경의 대대적인 변화에 전략적으로 대응하기 위해 Hybrid Solution Company를 지향하며 HS애드로 사명을 변경하였으며 최근에는 종합광고회사를 넘어 데이터 기반의 통합 마케팅 솔루션을 제공하는 기업으로 거듭나고 있는 중이다. HS애드는 한국관광공사 캠페인 영상 'Feel the Rhythm of Korea', LG 유플러스 캠페인 '문어지지마', SSG.com 광고 '쓱', 네이버 웹툰 '하렘의 남자들', 배달의 민족 광고 등 감각적인 캠페인을 활발하게 제작해오고 있으며 국내외 여러 권위있는 광고제에서 수상하며 역량을 인정받고 있다.

정성수 대표는 한양대 신문방송학과를 졸업한 이후, 2008년 LBEST 광고본부장 및 광고사업부장을 거쳐 2015년 HS애드 어카운트 서비스 1부문장을 역임했다. 이후 2019년부터 HS애드와 LBEST, 지투알 대표를 수행하고 있다. 정성수 대표는 한국광고총연합회 부회장 및 한국광고산업협회 부회장을 역임하고 있다.

대담 내용

김상훈 교수　HS애드에 대한 소개를 부탁드립니다.

정성수 대표　1984년에 설립된 HS애드는 37년의 역사를 가지고 있습니다. 마포에 본사가 있고 반포에 엘베스트가 있으며 해외에 뉴욕 법인을 비롯하여 총 13개의 법인과 41개의 네트워크가 있습니다. HS애드의 총 매출액과 수익구조를 보면 국내와 해외물량이 50:50입니다. HS애드의 사업영역은 전통적인 광고 캠페인을 담당하는 ATL, BTL, O2O, 그리고 데이터 기반의 디지털 마케팅 솔루션을 위한 CX 부문으로 이루어져 있습니다. HS애드는 양적인 규모보다 질적인 경쟁력으로 업계를 리드하기 위한 통합마케팅컴퍼니를 지향하고 있습니다.

김상훈 교수　디지털 트랜스포메이션Digital Transformation이 광고계의 화두가 되었습니다. 특히, 2019년 코로나19 이후로 디지털 트랜스포메이션이 가속화되고 있는데 이런 급변하는 시대에 광고업계가 직면한 과제도 많이 있습니다. 광고업계에서 현안에 대처하기 위한 방안은 무엇이 있을까요?

정성수 대표 코로나19에 직면하여 디지털 트랜스포메이션이 가속화되고 있는 지금의 시기는 업계 전체 관점에서 혼란을 야기시키는 과도기라고 봅니다. 디지털 미디어가 중심이 되었다고 주장하는 현재 광고매체에 대해 두 가지 상반된 의견이 존재합니다. 첫 번째 의견은 TV광고의 시대는 저물고 디지털 광고의 시대가 왔다라는 관점이며 또 다른 의견은 광고주의 주요 과제는 여전히 TVC이므로 TV 중심 캠페인이 중요하다라는 관점입니다. 제가 볼 때 디지털 광고나 디지털미디어에 싣는 광고로 바라보기보다는 디지털 시대의 광고, 마케팅이라고 정의를 해야 분명한 지양점이 보일 수 있을 것 같습니다. 전통적으로 TV광고는 브랜드 인지도를 높이는 목적을 가지고 집행되므로 광고 메시지가 목표 소비자에게 전달되는 도달률과 빈도에 근거하는 전통 광고시대의 광고 예산 책정기준이 되어왔습니다. 그러나 지금은 전통적인 4P에 해당하는 Product, Price, Place, Promotion 중 Place인 유통에 근본적인 변화가 일어나는 시기입니다. 따라서. 개인화된 고객 데이터를 수집하고 분석 결과를 활용하여 이커머스, 온라인 쇼핑몰과 같은 특정 사이트에서 고객의 경험을 극대화시켜 구매전환율을 높이는 과정이 중요합니다. 최근 디지털미디어에서 퍼포먼스마케팅으로 시작하여 TV광고로 마케팅 활동을 확장하고 있는 대표적인 두 브랜드를 살펴보겠습니다. 미니 마사지 기계의 대표 '클럭Klug'과 수분보충 목적의 건강식품 '링티'라는 브랜드는 론칭 초기에 디지털미디어를 활용한 마케팅에 주력하였습니다. 디지털미디어를 활용한 마케팅에서 많이 활용되는 '리타기팅' 전략을 통해 구매가능성이 높은 소비자와 커뮤니케이션 하기 위함이었습니다. 하지만, 시간이 흐를수록 디지털미디어상의 캠페인으로 도달할 수 있는 소비자의 숫자에 한계가 있음을 느끼고 이를 보완하기 위해 TV광고를 시작한 결과 온라인에서 두 브랜드 모두 검색량이 증가하고 미니 마사지 기계 하면 '클릭'이 바로 떠오를 정도로 브랜딩 효과까지 얻을 수 있게 되었습니다. 위의 두 사례는 디지털미디어를 활용한 퍼포먼스 마케팅을 매출로 직결시키기 위해 TV라는 미디어를 활용하는 것이 효과적일 수 있다는 융합의 관점을 시사하고 있습니다. 디지털미디어와 전통미디어의 융합 관점은 새로운 이야기는 아닙니다. 2019년 칸 국제 광고제 광고제에서도 찾아볼 수 있습니다. 세계적인 컨설팅 기업 액센츄어Accenture는 2019년 칸 광고제에서 Data와 Creativity의 만남이란 주제로 광고 Agency인 DROGA5와 M&A를 맺습니다. 당시 액센츄어의 CEO 인터뷰에 따르면 "우리는 Data 기반으로 컨설팅과 테크놀로지에 강점을 가지고 있는 기업이지만 창의성이 부족하다는 약점을 보완할 필요가 있습니다"라는 얘기가 나오는 반면 Droga5의 CEO 인터뷰에 따르면 "우리는 스토리텔러Storyteller이기 때문에 훌륭한 창의성을 가지고 있는 기업이지만 클라이언트들은 우리에게 Data를 제공하지 않는다"라는 얘기를 하며 두 회사는 M&A를 통해 하나의 팀을 이루어 고객에게 새로운 경험의 여정을 만들어주겠다는 포부를 밝혔습니다. 북미 광고업계에서 Data와 Creativity의 융합은 2002년에도 시도가 되었습니다. 제가 2002년도에 HS애드의 NEW YORK 법인으로 출장 갔을 때 협업하고 있는 딜로이트Deloitte 뉴욕지사를 방문할 기회가 있었습니다. 이때 딜로이트 뉴욕은 Creative Agency를 인수하기 위해 추진중이었는데 그들은 "우리의 클라이언트에게 신뢰를 높일 수 있는 컨설팅 서비스를 제공하기 위해서는 창의성이라는 새로운 영역이 필요하다"라는 얘기를 하였습니다. 이로 미루어 볼 때 북미의 광고, 마케팅, 데이터 산업 업계에서는 일찍부터 data와 creativity의 융합의 필요성을 느끼고 시작하고 있었습니다. 현재 Digital Transformation 시대의 광고 및 마케팅 업계의 핵심 키워드는 구매전환률입니다. 따라서, 단순히 메시지를 전달하는 매체라는 관점에서 TV를 보는 것도 아니고 TV의 매체를 대체하는 디지털미디어로 보는 관점보다 다양한 수단들이 융합이 되어 전문성의 영역을 넓혀가야 하는 시기입니다. 북미에서 시작된 성공사례를 살펴보며 업계의 현안에 적용시켜 미디어 간의 균형을 유지하며 융합을 시도해야 하는 시기입니다.

김상훈 교수　HS애드는 이런 변화추세에 어떻게 적응하고 있는지요? 전통광고의 틀을 벗어나 업무영역의 확장이 불가피한 상황에서 업무방식에 어떤 변화가 있는지 HS애드의 구체적인 사례를 말씀해 주세요.

정성수 대표　HS애드는 일반적으로 TV광고와 같은 ATL 캠페인을 전문적으로 대행하는 업체로 알려져 있습니다. 2021년말에 연간 사업의 결과를 수치적으로 예측하는 자리가 있었는데 이때 통계에 따르면 HS애드의 전체 매출에서 ATL은 33%, 디지털 캠페인은 해외 뉴욕 법인의 성과를 포함하여 약 42%에 달했습니다. 이런 수치가 증명하는 것처럼 HS애드는 ATL, BTL 캠페인 모두 온라인과 오프라인이 통합되어 있으며 디지털미디어를 활용한 캠페인을 따로 운영하기 보단 통합적으로 운영하고 있습니다. 한편, HS애드는 2021년부터 신사업 영역을 구축하기 위해 노력하고 있습니다. HS애드는 Data를 다룰 수 있는 인력을 확보하고 있으며 이들과 함께 고객의 경험 Data를 수집하고 분석하고 있습니다. LG그룹이 보유한 고객의 데이터를 활용하여 문제점, 마켓 트렌드를 진단하고 변화를 파악하여 전략에 반영하기 위해 꾸준히 노력하고 있습니다. 즉, HS애드는 어느 때보다 CXCustomer Experience 부문을 강화시키고 있습니다. HS애드의 업무를 고객경험여정을 분석하여 솔루션을 도출하고 궁극적으로 컨설팅에 반영하는 방식으로 영역을 확장해오고 있으며 Open Innovation 관점에서 새로운 비즈니스를 모색하고 있습니다.

김상훈 교수 광고인들은 다양한 변화의 시대에 살고 있습니다. 급변하는 시대에 대응하기 위해 광고인이 필수적으로 갖추어야 할 자질은 무엇이라고 생각하십니까?

정성수 대표 2013년의 사례를 한 번 예로 들어보겠습니다. 당시에 소비자 데이터를 마케팅에서 가장 효율적으로 활용했던 기업은 나이키NIKE입니다. 그때 나이키의 CMO가 마케팅 전략에 대해 얘기할 때 하나의 키워드를 강조하였는데 그것은 바로 "Not new media, but new people"이었습니다. 즉, 새로운 미디어를 염두에 두고 전략을 구축하는 것보다 새로운 소비자의 모습을 주의 깊게 관찰하고 분석하는 업무의 필요성을 강조하였습니다. 제가 생각할 때 광고업의 본질은 Consumer sensing입니다. 즉, 광고를 업으로 삼고 있는 사람들은 소비자들을 움직이기 위한 다양한 수단을 끊임없이 진화시켜 나가는 역량을 갖추어야 합니다. NIKE+ FuelBand 캠페인을 성공적으로 운영한 R/GA라는 광고회사가 있습니다. R/GA는 디지털미디어를 활용한 퍼포먼스 마케팅에 정통한 기업으로 평가받고 있습니다. R/GA에서 나이키의 FuelBand 캠페인을 성공시킨 담당자 인터뷰에 따르면 R/GA의 강점은 아이디어라고 합니다. 이는 2020년 한국광고총연합회가 광고인들의 자긍심을 향상시키고 광고에 대한 소비자의 인식을 제고하고자 진행한 대국민 캠페인의 메인 카피 'Post Creative – 가장 크리에이티브한 시대를 준비하고 있습니다'와 일맥상통합니다. 광고업의 본질은 변하지 않는다고 생각합니다. 광고인들은 계속 진화해나가야 하고 새로운 변화에 대처할 준비를 하고 있어야 한다는 것을 Post Creative란 함축적인 표현으로 잘 묘사하고 있습니다. 광고인들이 기본적으로 갖추고 있어야 할 역량은 새로운 소비자들의 모습에 맞추기 위해 전통적인 방법에 국한되어 업무를 수행하는 것이 아니라 다양한 관점에서 문제점을 바라보고 솔루션을 찾을 수 있는 융합형 인재가 필요하다고 생각합니다.

김상훈 교수 HS애드에서 신입사원을 채용할 때 중요하게 생각하는 역량은 무엇인가요?

정성수 대표 개인적으로 "신입사원이 특별히 어떤 역량을 많이 갖추고 있을 필요가 있을까?"라는 질문에 대한 답을 찾기 위해 고민을 많이 하고 있습니다. 이런 질문에 대한 고민은 제가 공채로 입사한 신입사원을 대하는 자리에서도 고스란히 드러납니다. 저는 HS애드에 공채로 들어온 신입사원들을 만날 때 늘 하는 얘기가 있는데 그것은 바로 "새로운 광고계의 플레이어가 되기 위해 광고를 잘하려는 노력은 절대 하지 말아라"입니다. 신입사원들이 광고를 잘하기에 앞서 광고업이 과연 내가 정말 좋아하는 일인지 깊게 고민해야 하며 내가 입사 전에 간절히 바랬던 일이 맞는가에 대해 고민할 것을 강조합니다. 광고를 업으로 삼기 위해 무엇보다 초심을 잃지 않는 것이 중요하다고 생각합니다. 시간이 지나면 자연스럽게 광고를 잘하게 되어 있습니다. 해를 거듭할수록 다양한 프로젝트에 참여하면 광고를 잘할 수 있으며 패턴이 만들어져서 궁극적으로 광고가 쉬워지는 단계까지 도달할 수 있으므로 광고인이 되기 위해서는 광고를 진심으로 좋아하는 열정이 출발점이 됩니다. HS애드에서 최종면접은 출신학교를 비롯한 스펙을 배제하고 철저히 지원자의 역량만 평가하는 블라인드 방식으로 진행하고 있습니다. 블라인드 면접의 가장 큰 목적은 지원자가 HS애드를 단순히 직장으로 여기는지 혹은 광고라는 일이 정말 적성에 맞아서 진심으로 그 업을 오랫동안 하고 싶은지 심층적으로 파악하는데 있습니다. 또한, HS애드에서는 지원자 모두 충분한 준비를 하고 신입사원 면접을 보기 때문에 변별력이 없다고 판단하여 2020년부터 공채인턴을 모집하고 있습니다. HS애드의 신입사원으로 입사하기 위해서는 공채인턴부터 시작하여 자격이 주어진 사람들만 신입사원 공채에 지원할 수 있는데 이는 인턴십 과정에서 광고인으로 성장할 DNA를 갖추고 있는지 파악하기 위한 제도입니다. 다시 말해 광고일을 하고 싶은 간절함과 진정한 열정을 갖추고 있느냐 하는 것이 HS애드에서 신입사원 채용 시 가장 중요하게 생각하는 덕목이라 할 수 있겠습니다.

김상훈 교수　열정이 있어야 광고일을 하는데 전문성을 키워나갈 수 있다고 강조하셨는데요, 업의 전문성을 종요하게 생각하는 이유는 무엇이며 HS애드 직원들이 업의 전문성을 기르기 위해 하는 노력은 무엇인가요?

정성수 대표　HS애드에서는 광고업의 전문성과 광고인의 자존감을 자주 이야기합니다. 광고하는 사람이 자존감을 가지기 위해서는 광고업에 대한 전문성을 필수적으로 갖추고 있어야 하고 그것이 결과물에 반영이 되어야 한다고 생각합니다. 경쟁PT 및 캠페인의 결과, 성과가 좋지 않으면 자존감이 생기기 어려우며 성공하는 캠페인이 많아질수록 자존감이 높아집니다. 따라서, HS애드에서는 업무 과정에서 전문성을 강화하고 직원들이 자존감을 높일 수 있도록 다양한 시도를 하고 있습니다. 예를 들어, TV광고와 같은 전통 광고를 하는 ATL부문은 경쟁PT 참여여부를 결정할 때 꼭 준수하는 원칙이 "우리의 전문성을 인정하는 프로젝트에만 참여하자"입니다. 광고집행에 들어가는 비용의 규모가 커서 매출에 영향을 주더라도 우리의 전문성을 인정하지 않고 단순히 제작물만 요구하는 기업의 경쟁PT는 피합니다. HS애드는 철저하게 클라이언트의 과제를 해결하는 우리의 전체적인 솔루션을 받아줄 수 있는 프로젝트를 수행하며 제작물 하나만 가지고 평가하는 클라이언트에 맞춰주는 업무방식은 지양합니다. 또한, 클라이언트가 캠페인 과제를 설명하는 오리엔테이션 과정에서 HS애드가 지닌 업의 전문성을 인정하지 않고 클라이언트의 요구에 맞춰 업무를 내주는 등 철저한 갑과

을의 관계가 예상이 되는 경우 이런 프로젝트는 피하고 있습니다. HS애드는 직원들의 전문성을 강화하고 자존감을 높이기 위해 기존 광고주라고 해서 무조건 내년에도 대행하겠다는 자세를 지양하고 있습니다. 1년 동안 클라이언트와 함께 캠페인을 진행하면서 HS애드 역시 광고주의 역량과 태도를 평가하여 앞으로 우리의 전문성을 최대한 발휘할 수 없겠다는 판단이 들면 대행을 중단하기도 합니다. HS애드에서 위에서 언급한 것과 같은 업무의 과정에서 대행사와 클라이언트의 바람직한 관계를 중요하게 생각하는 이유는 HS애드에서 광고가 좋아서 열심히 일하는 광고인들이 전문성을 인정받지 못하고 광고주의 간섭에 의해 만족하지 못하는 최종 결과물이 나올 때 상처를 많이 받기 때문입니다. 이에 HS애드에서는 광고주와 긴밀한 관계를 유지하며 업무를 수행하는 AEAccount Executive에게 금기시하는 표현이 있는데 그것은 바로 "광고주가 좋다고 했습니다"라던지 "광고주가 이렇게 하라고 시켰습니다"입니다. 이런 태도는 광고인 스스로 전문성의 열망을 스스로 포기하고 자존감을 떨어뜨릴 수 있기 때문에 광고인으로서 피해야 하는 태도입니다. HS애드에서 대표가 된 이후 신입사원과 같은 Junior 사원들의 전문성을 길러줄 수 있는 프로그램을 운영하고 있습니다. 국제광고제에 참석할 기회가 없는 Junior 사원들에게 부산국제광고제의 참여를 독려하는 프로그램을 운영하고 있습니다. 국제 규모의 광고제에 참석하여 본인의 전문성을 확인하고 광고에 대한 열정을 키울 수 있도록 자존감을 높여주는 프로그램을 제공하고 있습니다. 왜냐하면 HS애드에서 하는 모든 업무에 대한 결정의 기준이 업의 전문성과 자존감 두 가지 요소인 만큼 신입사원 때부터 길러줄 수 있어야 한다고 생각하기 때문입니다.

김상훈 교수　창조적인 일을 하기 위해서 대표님께서 쉬실 때 어떤 활동을 하시는지요? 창의성을 발휘하기 위해 잘 쉬는 방법에 대한 노하우는 무엇이 있을까요?

정성수 대표　HS애드의 플래닝 캠프라는 과정이 있었는데 제가 부문장 시절에 이 캠프를 시작할 때 우리 일을 잘하려면 땡땡이를 잘 쳐야 한다. 저도 역시 그랬고요. 땡땡이가 목적이 아니라 일을 하기 위한 땡땡이가 필요하다고 생각합니다. 제가 자주 예시로 드는 명품 바이올린 얘기를 한 번 해볼게요. "명품 바이올린을 잘 보관하는 방법이 무엇인지 아세요?"라고 물어보면 누군가는 "명품가방에 보관해야 합니다"라고 합니다. 명품 바이올린을 가진 연주자들은 연주가 끝나면 일단 현을 다 풀어놓는다고 합니다. 그 다음의 텐션을 위해 릴랙스 과정이 필요하다는거죠. 저는 머릿속으로 일을 생각하면서 몸만 쉬는 시간을 가져서는 안 된다고 생각합니다. 특히, 광고일은 몰입이 필요하기 때문에 휴식 역시 매우 중요하다고 생각합니다. 제가 가장 중요하게 생각하는 저만의 힐링은 저는 쉬는 동안 많은 콘텐츠를 소비하려고 합니다. 영화, 음악회뿐만 아니라 집에서 장르에 상관없이 음악이 있는 예능프로그램은 모두 보려고 하고 싱어게인, 미스터트롯, 복면가왕 등을 보면서 와인을 마시면서 가장 relax할 수 있는 상태로… 그런 콘텐츠를 보는 것은 killing time으로 시작이 되는데 궁극적으로 무언가 채워지는 filling이 됩니다. 특히, 광고일은 라이프, 트렌드의 다양한 요소가 녹아드는 일이다 보니 쉬기 위해 TV 앞에서 예능프로그램, 드라마

등을 시청하다 보면 저도 모르게 채워지고 있다는 느낌이 들 때가 있습니다. 그 순간 소소한 행복감을 느낍니다. 그럴 때 광고인이 되길 잘했다는 생각이 듭니다. 우리 일은 killing time으로 출발한 휴식이 filling time으로 돌아오고는 하는데 그 이유는 광고일이 우리 삶의 모든 소재와 경험을 활용하기 때문인 것 같습니다. 쉬면서 채워지는 경험을 동시에 하는 직업이라는 점에서 광고는 매력이 있다고 생각합니다.

김상훈 교수 대표님은 광고일에 전문성과 자부심을 가지고 일을 해오시고 있으며 여러 성과를 이루셨습니다. 그럼에도 불구하고 요즘에 광고업이 과거와 달리 3D업종이다라는 얘기가 많이 나옵니다. 업무강도가 얼마나 강한지, 얼마나 힘든지 얘기가 있어서 이런 말이 나오고 있습니다. 저는 개인적으로 광고일이 창의적이고 액티브한 일이라 생각하는데 광고계의 선배로서 광고일의 매력이 무엇이라 생각하시는지요?

정성수 대표 참 안타까운 질문이고 사석에서 많이 듣습니다. 5년 전에도 이런 얘기를 들었고 최근에도 많이 듣고 있습니다. 사실 광고업계에는 제가 신입사원인 88년에도 두 부류의 사람들이 있었습니다. 광고회사를 단순히 직장으로 여기는 한 부류와, 광고를 업으로 생각하고 광고일을 하는 부류가 있습니다. 너무 힘든 3D 업종이라며 힘들어하는 선배도 있는가 하면, 업을 즐기며 액티브하고 에너제틱하게 일하는 사람들도 많습니다. 직의 관점에서 한정하면 3D 업종이라 이야기할 수 있습니다. 세상에 힘들지 않은 일은 없습니다. 내가 하고 싶은 일에 대한 열망이 없으면 힘듭니다. 과거에는

'끌로 판다'라고 할 정도로 밤샘과 야근이 흔한 직종이 광고업이었습니다. 하지만, 지금은 제도적으로 52시간제가 있기 때문에 야근과 주말근무가 제도적으로 어렵습니다. 3D업종이라고 불리는 잦은 야근, 밤샘근무, 주말근무가 많은 업무환경은 현재 광고회사의 기업문화에는 해당되지 않습니다. 그럼에도 불구하고 3D업종이라고 얘기하는 이유는 광고일에 대한 열정이 부족하기 때문이 아닐까 합니다. 액티브하고 에너제틱한 사람들은 대부분 일에 대한 열정이 있고, 업을 좋아하는 경향이 큽니다. 두 부류의 사람들이 있는데 한쪽 부류의 목소리가 너무 크지 않나 생각이 들고요, 최근에 데이터 인력을 뽑는데 클라이언트 쪽에서 데이터를 다루는 사람들이 적잖이 이직을 하고 있습니다. 데이터의 중요성이 커지고 직접 데이터를 다루는 인력에 대한 니즈가 많은데, 왜 광고회사로 이직을 하느냐고 물으면, 한결같이 하나의 브랜드만 하다보니 나만의 에너지가 생겨나지 않으며 클라이언트 입장에서 데이터 관련 업무는 메인스트림이라기보다 보조적 지원 업무일 경우가 많다는 대답을 합니다. 하지만 광고회사에 오면 끊임없이 새로운 과제와 많은 브랜드를 경험하며 누구나 메인 스트림으로 될 수 있습니다. 즉, 제가 생각하는 광고업의 가장 큰 매력은 끊임없이 새로운 프로젝트가 넘쳐나고 다양한 브랜드 일을 경험할 수 있다는 것과 내가 맡은 일이 main stream으로 느껴진다는 것입니다. 제 개인적으로 느끼는 것은 88년에 광고가 아닌 다른 계열사에 갔으면 10년도 버티기 어려웠을 것 같습니다. 광고회사에서는 내가 만들어 내는 액면이 있고 전문성이 있다고 하면 speak up을 해도 수용해주는 분위기가 있는데, 그렇기 때문에 스스로 까칠하다고 느끼는 성격이지만 광고회사 대표까지 될 수 있었다고 생각합니다.

김상훈 교수 광고 산업이 예전 같지 않다 이런 말을 합니다. 광고 산업 진흥을 위해 어떤 점이 좀 더 필요하며 산업과 학계가 함께 발전해야 하는데 학계차원에서 지원이 필요하다면 어떤 논의가 필요한지 말씀해주세요.

정성수 대표 학계에서 광고업의 진흥을 위해 많은 제도를 개선해왔고 지금도 여전히 많은 노력을 하고 있는 점에 대해 감사드립니다. 사실 광고업의 고도성장기가 있었고 그 시기를 겪은 선배입장에서 후배들에게 다소 빚진 느낌을 가지고 있습니다. 지금 광고업이 위기일까 생각하는데 어떤 관점에서 바라보느냐에 따라 위기가 될 수도 있고 기회가 될 수도 있다고 생각합니다. 그 단초는 DX라고 하는 Digital Transformation이 업계에 주는 진화된 솔루션이 있다고 생각하므로 과도기라고 생각합니다. 과도기는 어떻게 준비하느냐에 따라 생존의 문제로 직결될 수도 있고 기회의 장이 될 수도 있다고 생각합니다. 저는 개인적으로 처음에 말씀드렸듯이 우리 전문성 영역의 캔버스가 넓어지는 계기라고 생각하고 싶습니다. 하지만, 북미 선진국과 비교했을 때 제도적인 한계가 분명히 존재하고 있으며 지금까지 이어온 관행들에 모순되는 점들이 있다고 생각합니다. 특히, 데이터 기반의 마케팅을 하기에는 큰 장벽이 존재하고 있습니다. 그것은 바로 매체수수료라는 제도입니다. 매체비를 얼마나 쓰느냐에 따라 수수료로 광고수익이 결정을 하고 있는 실정입니다. 데이터 기반으로 디지털 미디어상 마케팅을 집행하는데 필요한 인력과 시간이 매우 많이 소요되며 많은 작업이 따름에도 불구하고 매체수수료로 책정되는 광고수익제도에 기인하여 결국 디지털미디어에 실리는 캠페인양에 따라 수수료가 결정이 됩니다. 하지만, 이런 매체수수료 기준으로 데이터 기반의 디지털 마케팅을 하다 보면 광고업은 적자가 날 수밖에 없습니다. 업이 살아야 학계가 사는데 학이 살아야 업이 사는데 광고업계의 DX문턱을 넘기 위해 이런 수익 모델을 개선하기 위해 업계와 학계가 함께 협력해야 하며 교수님들이 목소리를 내주는 것도 필요하다는 것을 간절히 바래 봅니다.

김상훈 교수 코로나19로 비대면, 온라인인 일상화되고 있는데요, 광고회사는 그런 상황에서 서로 의견을 나누고 필수적인 대면업무가 전통적으로 이루어져왔는데요. 지금 많은 부분에서 재택근무, 비대면 업무가 이뤄지는 상황인데 비대면 방식을 통해서 지속적으로 창의성을 만들어 낼 수 있으며 팀워크에 어떤 영향을 미치는지 궁금합니다.

정성수 대표 코로나가 광고업계에 새로운 숙제를 준 것은 분명합니다. 재택근무라는 것이 익명 게시판에서 가장 뜨거운 이슈입니다. 강제적으로 하게 해달라, 금지해달라는 의견이 분분합니다. 전 세계적으로 봤을 때 full-time으로 대면 혹은 비대면, 하이브리드 업무 방식을 추구하는 기업이 있습니다. 이 중에 100% 대면을 지향하고 있는 기업이 애플입니다. 애플은 집단 창의성의 업무를 하는 기업이기 때문에 비대면을 하지 않는다고 얘기합니다. 저는 100% 대면에 찬성하지는 않지만 재택 자체가 목표가 되면 안 된다고 생각합니다. 모든 목표는 결과물을 만들어 내는 과정에서 재택을 활용해야 합니다. 우리 업의 특징 중 하나가 브레인스토밍. 브레인스토밍이 우리 업에서 인사이트를 만들어 내는 과정인데요 집단창의성에 중요한 영역입니다. 브레인스토밍 이전에 각자 고민하는 시간이 필요합니다. 누군가의 방해를 받지 않고 오롯이 비우고 자기 생각에 집중하는 시간이 필요한데 그런 경우 재택근무를 적극적으로 활용해야 한다고 생각합니다. HS애드도 재택을 활성하기 위해 주 1회 이상 팀장부터 재택하기 이런 제도를 만들어봐야 한다 생각하며 궁극적으로 광고업에 적합한 업무방식은 대면과 비대면이 적절한 조화를 이루는 하이브리드 방식이라고 생각합니다.

김상훈 교수 마지막 질문 하나 드릴게요. 30년 동안 광고업을 하시면서 가장 기억에 남는 에피소드가 있으시면 소개해주세요.

정성수 대표 기억에 남는 사람들, 사건들은 굉장히 많습니다. 세상을 떠나셨지만 잊지 못할 인사이트를 주신 선배도 계셨고, 광고주이지만 늘 편안한 친구처럼 대해 주신 분도 계셨습니다. 수많은 PT 경험은 당연히 생생하구요. 하지만 무엇보다 처음이 가장 기억에 남습니다. 신입사원으로 채용이 확정된 후 동기들끼리 5개 조로 나누어서 실습으로 경쟁PT를 했던 것이 지금도 생생하게 기억이 납니다. 저는 마지막 순간에 프레젠테이션을 했는데요, 그 전날 기획서를 쓰고 발표 준비를 하고 동기들과의 경쟁에서 질 수 없다는 마음에 5분도 채 잠을 못 잔 상태였습니다. 프레젠테이션을 끝내고 자리로 돌아오는데 몸은 죽을 것처럼 피곤한데 어디서 자꾸 에너지가 올라오는지 알 수 없는 성취감이 들었는데요, 그 때 그 느낌이 지금까지 광고를 하게 만들었습니다. HS애드에 신입공채를

뽑고 나면 조를 나눠 동기들끼리 과제에 대해 준비를 하고 팀장 이상 임원들이 모인 자리에서 발표하는 자리를 가집니다. MZ세대의 우수성을 발견할 때마다 놀라운데요, 어떻게 연륜도 없는 친구들이 결과물을 만들고 이렇게 발표를 잘하는지 선배들 모두 경이로워합니다. 제가 겪었던 값진 경험을 지금의 후배들에게 이어질 수 있게 한다는 점에서도 처음 신입사원 시절의 기억이 가장 중요한 기억이 될 수 있겠습니다.

김상훈 교수 정대표님이 30년 전 초심을 잃지 않았기에 이 자리에 있다는 생각이 들고요 예비광고인들도 초심을 잃지 않고 광고일에 정진하면 누구나 모두 훗날 CEO가 될 수 있다고 생각합니다. 오늘 광고인을 꿈꾸는 학생들, 광고인들에게 귀감이 되는 말씀 감사합니다.

끝맺는 말

HS애드와 같은 광고대행사를 비롯하여 기업들이 데이터 기반의 비즈니스 모델로 전환하게 된 계기는 코로나19가 앞당긴 '디지털 트랜스포메이션Digital Transformation'이다. 디지털 트랜스포메이션은 빅데이터, 블록체인, 사물인터넷, 인공지능 등과 같은 디지털 기술을 통해 상품, 서비스, 프로세스, 경영방식 등을 혁신하는 과정이 기업의 필수 생존 전략이 되는 계기를 마련하였다.

HS애드 정성수 대표와의 대담은 포스트코로나 시대에 광고업계가 생존을 위해 디지털 기반의 비즈니스 모델로 전환하는데 도움이 될 수 있는 가이드라인을 제공하며 향후 광고인이 키워야 할 역량을 명료하게 제시하고 있다.

HS애드 정성수 대표의 이야기는 크게 3가지 키워드로 요약할 수 있다: Convergence, Data, Expertise.

1. Convergence

디지털 트랜스포메이션을 추진하면서 디지털 미디어를 바라보는 다양한 시각이 존재하고 있다. TV와 같은 전통 광고 미디어의 시대가 저물고 디지털 미디어가 이를 대체한다는 시각이 존재하는 한편, TV 미디어의 효과를 거드는 역할을 하는 디지털 미디어로 여기기도 한다. 하지만, HS애드의 정성수 대표는 서로 보완재 역할을 하는 융합의 관점을 강조하였다. 특히, 온라인상에서 퍼포먼스 마케팅으로 시작한 브랜드들이 매출증대를 위해 TV광고를 집행하여 매출을 올린 사례를 구체적으로 들어가며 디지털 트랜스포메이션은 미디어의 융합이 중요함을 강조하였다.

디지털트랜스포메이션 시대와 같이 변화가 지배하는 시기에 관점을 전환하면 위기가 아니라 기회가 보인다. 디지털미디어가 전통미디어 캠페인의 영역을 위협한다는 관점보다 전통미디어 캠페인의 부족한 영역을 보완해주거나 디지털 마케팅의 부족한 부분을 ATL로 채워준다고 생각을 조금만 바꾸면 의외로 매출증대와 같은 캠페인 결실을 얻을 수 있다.

2. Data

많은 기업들이 디지털 트랜스포메이션을 추진하고 있지만 제대로 비즈니스 모델을 전화하는 것은 쉬운 일이 아니다. 특히, 광고업계가 디지털 미디어를 활용한 캠페인을 집행할 때 디지털 미디어의 '미디어풍요성', '콘텐츠의 참신함' 등에 집중한 나머지 타깃을 간과하는 오류에 빠져 성공적인 캠페인 결과를 도출하는 것이 쉽지 않다.

HS애드 정성수 대표는 디지털 트랜스포메이션 시대에 기업의 중요한 비즈니스 전략 중 하나를 '고객 경험을 향상시키는 것'으로 강조하였다. 즉, 아무리 좋은 디지털 기술, 참신한 콘텐츠를 활용한 캠페인이 집행되어도 캠페인에 참여한 타깃의 변화를 이끌어 내지 못하면 가치를 창출할 수 없기 때문이다. 따라서, 광고업계가 디지털 트랜스포메이션 시대에 대처하기 위해서는 고객 데이터를 기반으로 캠페인을 제작하여 캠페인의 주체인 표적 소비자의 행동을 이끌고 경험을 향상시키는 것이 중요하다. 특히, 고객의 경험을 데이터화시켜서 분석해서 정확한 마케팅 솔루션이 될 수 있는 캠페인을 만들 수 있도록 CXCustomer Experience 부문에 관심을 가지고 소비자를 움직이기 위한 유효한 캠페인을 만든다면 비로소 가치를 창출할 수 있기 때문이다.

3. Expertise

30년 넘게 광고업계에 몸담고 있는 HS애드 정성수 대표가 광고인이 갖춰야 하는 역량으로 업의 전문성과 자존감을 강조하였다. 자존감을 높이는 것은 인사와 관련된 연구에서 동기부여를 위한 중요한 요인으로 여겨져 왔다. 자존감은 스스로에 대한 긍정적인 감정을 의미하는데 스스로 조직에 없어서는 안 될 중요한 존재라고 여길수록, 수행하는 업무를 처리하는 능력을 충분히 갖추고 있다고 자기 자신을 인정할수록, 그리고 조직 구성원들이 자신을 좋아할 것이라는 생각이 클수록 자존감이 높아진다. 이는 HS애드 정성수 대표가 강조한 업의 전문성과도 일맥상통한다. 광고일에 대한 전문성이 높아질수록 자신에 대한 중요감, 효능감, 호감이 높아지기 때문에 자존감이 높아질 수밖에 없으며 업의 전문성이 뒷받침되지 못하면 자존감이 낮아지기 때문이다.

HS애드의 정성수 대표와의 대담 중 예비광고인이 명심할 것이 있다면 업의 전문성을 높이기 위해서는 '일단 광고일을 좋아하고 즐기라'는 것이다. 정대표의 30년 넘는 경험에 비추어 볼 때 광고일을 즐기다 보면 자연스럽게 잘하게 되어 있고 전문가가 되게 마련이며 이는 궁극적으로 자존감을 높여줄 수 있다.

03

한국광고학회 세 번째 'ACE' Talk

시너지힐앤놀튼 정현순 대표와의 대담

강한나
(한남대학교 정치언론학과 조교수)

시너지힐앤놀튼 정현순 대표

들어가며

한국광고학회에서 2021년 7월 15일 3번째로 진행한 'ACE' Talk에서는 우리나라 대표적인 PR 에이전시인 시너지힐앤놀튼 정현순 대표를 모시고 이야기를 나누는 시간을 가졌다. 본 대담에서는 2002년부터 20년 동안 아시아 지역을 대표하고 있는 정현순 대표와 마케팅 커뮤니케이션 업계의 최근 동향과 변화, 그에 따른 PR 에이전시의 대응방식, 또한 새로운 시대에 커뮤니케이터들이 갖추어야 할 덕목들에 대해 이야기를 나누었다. 본 대담은 코로나 19 팬데믹이 2년 이상 지속되는 가운데, 포스트 팬데믹, 즉 변화하는 이 시대에 커뮤니케이션의 흐름이 어떻게 변화하고 있고, 또 우리가 어떻게 대처를 해야 하는가에 대해 생각해 볼 수 있는 시간이었다는 점에서 의미가 크다.

시너지힐앤놀튼은 세계 최대 규모의 종합 커뮤니케이션 그룹인 WPP Group 소속의 Hill+Knowlton Strategies(H+K Strategies)의 한국법인이다. Hill+Knowlton Strategies(H+K Strategies)는 1927년 설립되어, 전 세계 52개국, 104개 오피스를 보유하고 있고, 2010년 Holmes Report에서 선정한 가장 신뢰할 수 있는 컨설팅 회사로 선정되었으며 Fortune 500 글로벌 기업 중 40%에게 커뮤니케이션 서비스를 제공하고 있다(출처: 시너지힐앤놀트

코리아 hkblog.co.kr).

1999년에 설립된 한국 Hill+Knowlton Strategies는 기업홍보 및 명성관리, 브랜드 마케팅 홍보, 위기관리 및 뉴 미디어 관리 등 종합적인 커뮤니케이션 서비스를 국내외 기업 및 정부에게 제공하고 있다. 특히 한국 H+K Strategies는 아시아 Digital Hub Office로써 자체 개발 온라인 툴을 보유하고 있으며, 정부 및 한국 기업의 성공적인 해외 마케팅 경험을 다년간 축적하고 있다(출처: 시너지힐앤놀트 코리아 hkblog.co.kr).

시너지힐앤놀트은 다음과 같은 서비스를 제공하고 있다: 1) Strategic Consultation & Planning(디지털 기업명성 관리, 온-오프라인 IMC전략 개발, 콘텐츠 및 채널 전략, 디지털 커뮤니케이션 가이드라인, Global 프로젝트 관리, 글로벌 SNS 윤리 및 법률 컨설팅 등), 2) Research & Management(온라인 여론 조사 및 안사이트 분석(정량+정성), 온라인 모니터링 대시보드, 기업 및 브랜드 명성 트랙킹 조사, 온라인 영향력자 분석 및 맵핑, 캠페인 성과 측정, KPI &ROI 관리 등), 3) Digital Marketing(기업 및 브랜드 SNS 전략 개발, SNS 콘텐츠 기획 및 제작, SNS 플랫폼 운영 및 관리, 앱 개발, 브랜드 블로그 개발 및 운영, 브랜드 커뮤니티 관리, Multimedia Newsroom), 4) Viral Marketing(캠페인 기획 및 바이럴 프로그램, 파워 블로거 프로그램, 이미지 및 영상 콘텐츠 개발, 브랜드 콘텐츠 확산 프로그램, 포털 및 SNS 광고), 5) Crisis & Issue Management(잠재 이슈 규명 및 위험도 점검, 이슈 관리 전략 및 매뉴얼 개발, 이슈 실시간 모니터링 및 인사이트 제공, 온라인 이슈 관리 프로그램, SNS 이슈 대응, Post Crisis 명성 관리 프로그램)(출처: 시너지힐앤놀트 코리아 hkblog.co.kr).

정현순 대표는 2002년 Hill+Knowlton Strategies에 합류하기 전에, DMB&B, McCann-Erickson, 그리고, Ritz-Carlton Seoul과 The Westin Chosun의 인하우스(in-house) PR 마케팅 부서에서 재직하였다. 현재, Hill and Knowlton사의 한국 법인 시너지힐앤놀트 대표이며, ICCO Global

Awards에서 올해의 PR리더로 선정이 되었다. 시너지힐앤놀튼은 2018년, 2019년 '올해의 PR 에이전시'를 수상하였고, 2020년 글로벌 PR Awards에서 3개상을 수상하였다(출처: 시너지힐앤놀트 코리아 hkblog.co.kr). 본 대담의 진행을 맡은 연세대학교 언론홍보영상학부 한정호 교수는 제7대(2003~2005) 한국 PR학회 회장을 역임한 바 있다.

대담 내용

한정호 교수 안녕하세요. 연세대학교 한정호입니다. 오늘은 정현순 시너지힐앤놀튼 대표님과 대담 시간을 가지겠습니다. 오늘 정 대표님과의 'ACE' Talk가 우리 광고학회 회원분들, 그리고 이 방송을 보고 계신 오디언스 분들에게 도움이 되는 시간이 되었으면 좋겠습니다. 정현순 대표님 나와계시는데요. 제가 궁금한 점이 많아서 질문을 많이 준비했습니다. 그런데 시간이 한정되어 있어서 그중에서 중요한 것만 선별해서 여쭙도록 하겠습니다. 첫 번째 질문은 제가 가장 궁금한 부분인데, 정 대표님이 제가 기억하기에 20년 전에 시너지라는 PR 대행사를 만드시고, 곧 이어서 세계 최초의 국제 글로벌 대행사인 힐앤놀튼사와 합병을 하셔서 시너지힐앤놀튼을 만들고, 또 대표를 맡으셨습니다. 뿐만 아니라, 그 뒤에 세계적인 PR 마케팅 그룹사인 WPP 그룹의 관련 회사들과 계속 합병 M&A를 통해서 여러 회사를 만드시고 책임자로 근무하셨습니다. 저는 대표님의 20여년 간의 그 과정이 참 궁금했습니다. 제가 기억하기로 대표님은 조선호텔, 리치칼튼 호텔에서 PR 업무를 시작하신 걸로 알고 있고, 큰 광고회사에서도 근무하셨습니다. 그 뒤에 시너지힐앤놀튼을 만드시고 지금까지 오시면서 많은 클라이언트들을 상대로 뛰어난 업적을 남기셨는데, 정 대표님의 PR 커리어를 말씀해 주시기 바랍니다.

정현순 대표 초대해 주셔서 감사합니다. 우선 저희 회사부터 말씀드리면, 저희 회사는 2000년 1월 1일에 창업을 해서, 올해 22주년을 맞았습니다. 그리고, 2002년부터 WWP 산하에 있는 Hill and Knowlton사의 한국 법인으로 운영이 되고 있었습니다. 제가 창업을 시작한 게 정확하게 직장생활 10년을 마무리하고 벤처 붐과 닷컴 붐이 굉장하던 2000년도였습니다. 밀레니얼 시대라는 큰 변화의 시대였었죠. 저 또한 광고회사에서 커리어를 시작을 했습니다. 제가 학교를 다닐 때는 광고를 위주로 한 마케팅 활동이 이루어졌던 시기였기 때문에, 광고 회사가 압도적으로 많았고, 홍보 회사는 몇 개밖에 없었던 시대였습니다. 제가 홍보라는 것을 체험한 것은 호텔 홍보실에 입사를 해서 인하우스에서 홍보를 하나 하나씩 몸소 체험하면서 터득하면서부터였던 것 같습니다. 그 이후에 새로운 시대가 열린다는 밀레니얼을 놓고 봤을 때 그럼 나는 과연 어느 쪽을 바라보고 가야 할까에 대한 생각을 그 당시에 많이 했던거 같아요. 그때 제가 장기적으로 바라보고 결정했던 게 홍보가 발전 가능성이 높다는 것이었고, 홍보쪽으로 창업을 하게 되었습니다. Hill and Knowlton은 1927년에 설립된 전 세계에서 가장 오래된 홍보회사입니다. Hill and Knowlton사의 한국 법인이 되어서, 국내에서의 홍보만이 아니라 80여 개의 국가에 있는 다양한 저희 사무실들을 통해 국내 기업들의 해외 홍보까지 체험을 할 수 있고, 정부의 주요 프로젝트들의 해외 활동 부분까지 지원할 수 있는 소중한 경험들을 많이 했습니다. 그러다보니 22년이라는 세월이 흘렀습니다. 지금 우리는 팬데믹 시대를 맞게 되었고, 또 한 번의 큰 변화가 예상되지 않나 하는 생각을 하고 있고 실제 이루어지고 있습니다. 사실 오늘 한국광고학회에서 초대를 해주셔서 왜 홍보를 하는 사람을 초대하셨는지에 대해 의문이 있기는 했습니다. (웃음) 그렇지만 이제는 광고다, 홍보다 이거를 따질 때는 아닌 것 같고, 변화하는 이 시대에 커뮤니케이션 전체 흐름이 어떻게 변화하고 있고, 어떻게 대처를 해야 하는가 하는 부분에 대해서 말씀을 나누는 시간이 되면 좋을 거 같습니다.

한정호 교수 그렇습니다. 대표님 말씀대로 마케팅이다, PR이다, 프로모션이다, 판촉이다, 미디어다, 이런 모든 것들이 하나가 되는 세상입니다. 아마도 디지털 세계에서 자연스러운 현상이겠죠. 특히 SNS가 추가되면서 그런 현상이 강화되고 있습니다. PR 업계에 ICCO 상이라는 게 있습니다. PR 업계의 아카데미 상이라고 불리는데요. 대표님께서 작년에 PR 업계의 ICCO Global Awards에서 올해의 PR리더로 선정이 되시고, 시너지힐앤놀튼 회사가 글로벌 PR Awards를 받으셨던데, 축하도 드리면서, 영업비밀이 무엇인지, 노하우가 무엇인지 공개해 주시기 바랍니다. 특히 시너지힐앤놀튼의 클라이언트 활동, 기본 전략, 원칙, do's and don'ts(해야 할 것과 하지 말아야 할 것), 회사의 장단점, 성공사례 등을 곁들여서 노하우를 말씀해 주시기 바랍니다.

정현순 대표 감사합니다. 실질적으로 저희 회사에는 100여 명의 직원이 있습니다. 저희 회사는 2년여의 팬데믹 기간을 통해서 많이 성장을 한 케이스입니다. 이는 저희의 고객인 기업에서 바라보는 팬데믹 시대에 그들의 커뮤니케이션 니즈의 변화가 반영이 된 부분이 아닌가 생각을 해 봅니다. 아시겠지만 코로나 팬데믹 이후에 소비자들은 어떻게 변할 것이며, 행동패턴은 어떻게 될 것이며, 구매패턴은 어떻게 될 것인가 하는 등의 연구들이 엄청나게 쏟아져 나왔습니다. 그러면서 작년부터는 포스트 팬데믹을 준비해야 한다는 절대절명의 목적을 가지고 많은 기업들이 고민을 시작했습니다. 근데, 지금 현실을 보시면 실질적인 팬데믹이라는 기간이 어떻게 보면 2년도 짧고, 3년 4년도 갈 수 있는 상황입니다. 그 후에 변화하는 포스트 팬데믹은 이제 포스트 팬데믹이라고 할 수 없을 정도로 하나의 현실로 자리잡을 확률이 큽니다. 저희와 같은 홍보 회사는 기업의 비전, 기업의 비즈니스 전략과 방향, 이런 부분에 대해서 이해를 하고 커뮤니케이션 전략을 세팅을 해드려야 하는 역할을 하고 있기 때문에 C레벨들, 즉 CEO, CMO, CFO, COO 이런 분들 하고 밀접하게 많은 미팅도 하고, 또 회의도 하게 됩니다. 그러다보면, 비즈니스가 가지고 있는 근본적인 질문들, 즉 앞으로 어떤 고민들을 담고, 변화에 어떻게 대처해야 하는가에 대한 종합적인 식견을 넓힐 기회가 많습니다. 그러면서 느꼈던 것이 첫째, 소비자만을 바라보고 그들을 대상으로 했던 모든 대외적 커뮤니케이션 활동만으로 그 기업의 이미지와 그 기업에 대한 여러 생각을 형성할 수 있는 시대는 더 이상 아니라는 것입니다. 무슨 말이냐면, 기업이 비즈니스를 하는 데 있어서 굉장히 환경이 다양하고 복잡한 이해관계인들로 쌓여 있는 시대가 왔다는 것입니다. 그리고 과거에는 이를 통제하고 컨트롤 할 수 있었다면, 이제는 인터넷과 소셜미디어로 인해 투명하게 모든 것이 노출이 되는 시대가 왔기 때문에, 소비자뿐만이 아니라, 내부 직원들, 규제를 하고 있는 정부기관, NGO들, 그리고 아울러서 관련된 파트너사들, 모두를 통합적이고 전략적으로 운영해야 할 필요성이 강조되고 있습니다. 이제는 기업이 명성 관리는 물론이고 어디에서 이슈와 리스크가 터질지 모르는 그런 시대가 왔다라는 것입니다. 그래서, 실질적으로 작년에 한국에서만이 아니라 전 세계적으로 가장 두드러졌던 현상은 내부 커뮤니케이션에 관한 의뢰였습니다. 작년 이맘때에 기업들은 직원들이 집에서 일을 해야 했고, 특별한 환경에서 비즈니스는 해야 했기 때문에, 우선적으로 직원과의 커뮤니케이션 파트는 어떻게 매니지를 해야 하는지에 대한 의뢰가 엄청나게 많이 들어왔었습니다. 그래서 한 예시이지만, 이러한 부분을 놓고 보면, 지금 당장 신제품이 나왔다고 광고를 하기 전에 우선적으로 기업의 C레벨분들은 근본적인 회사의 방향성, 그리고 회사가 갖고 있는 비전, 그리고 전략, 그리고 앞으로 어떠한 회사로 알려지고 싶은지에 대한 부분에 굉장히 근본적인 고민을 하고 계셨고, 거기에 대한 전략과 플랜을 같이할 수 있는 파트너사를 갈망하고 계셨습니다. 이러한 일환으로 저희 또한 같이 손발을 맞추다 보니 성장을 할 수 있지 않았나 생각이 듭니다.

한정호 교수 사실 PR 회사들은 자기 나름대로 특장점을 가지고 있습니다. 어떤 회사는 헬스 부분에 명성이 나 있고, 어떤 회사는 위기

관리 쪽으로 유명하죠. 저희가 알고 있기로는 힐앤놀튼은 해외 PR 쪽으로 강합니다. 이 분야에서 최고죠. 기업이나 조직체들이 해외에 나가서 PR 활동을 하게 될 때, 시너지힐앤놀튼의 해외 PR 서비스는 큰 도움이 되는 것으로 알고 있습니다. 이런 서비스를 통해 많은 명성을 얻은 것으로 알고 있습니다. 우리 대표님이 보시기에 우리나라 기업들이 해외 PR 활동 수준이 어떻다고 생각하시나요? 더불어, 해외 PR의 현주소라고 해야 할까요. 문제점이라든지 그런 점을 말씀해 주시기 바랍니다.

정현순 대표　실제로 저희의 매출의 50%는 다국적기업들의 국내에서의 홍보활동 지원이 차지하고 있습니다. 다른 50% 정도는 국내 주로 대기업의 해외 홍보 마케팅 활동 지원이 차지하고 있습니다. 또 정부 프로젝트 중에서도 평창 동계올림픽, 아시안 게임, 여수 엑스포와 같은 국가적인 프로젝트에 해외 홍보 파트 부분을 지원했습니다. 이런 부분을 오랜 기간 동안 하면서 느끼는 바는 K팝, K컬처 영화 그리고 BTS와 같은 문화적 요소가 과거에 비해 한국에 대한 관심을 많이 고조시켰다는 점입니다. 우리가 사실 뒤처졌던 부분이 광고보다는 홍보에 있었는데, 이는 홍보 활동을 주도하던 대기업들이 국내 홍보 활동 방식, 예를 들어 언론 접촉, 언론관계를 통한 보도 자료 배포 등을 해외에서도 똑같이 사용하려고 했기 때문입니다. 사실 지금 현재 해외 홍보를 생각하고 있는 기업들의 입장에서는 다들 그렇게 해온 것 아니야?라고 생각하실 수도 있어요. 그런데, 저희 회사 역사와 함께한 대기업들의 해외 홍보 과정들을 지켜보면 기업들이 굉장히 많이 터득하셨고, 배움을 통해 발전하셨다는 것을 알 수 있습니다. 국가 프로젝트 못지 않게 국내 굴지의 전자, 자동차 회사들이 해외에서 적극적인 홍보 마케팅을 한 것이 코리아 브랜딩에도 많은 도움이 되었다고 생각합니다. 기업들이다 보니까 거기에 예산도 투자를 해서 많은 홍보 마케팅 활동들을 실제로 해외에서 하면서 거기서 트라이얼 앤 에러라고 하죠, 실수도 해보고, 여러 모델들도 테스팅해보는 과정들이 있었다고 전 봅니다. 그렇게 자리를 잡으시면서, 저희와 같이 전 세계 네트워크가 있는 회사와 파트너십을 가지고 운영을 하는 것이 더 효율적이라고 판단하시는 듯합니다. 그런가하면 요즘 새로 시작하는 스타트업이라던가 강한 중소기업 같은 곳은 해외에 특정 국가들을 겨냥해서 실제 영업활동도 해야 하는 부분들이 있어서, 홍보 마케팅을 어떻게 해야 할까에 대한 고민이 많으실 겁니다. 이걸 어떻게 시작을 해야 할지… 그래서 과거에는 거기에 홍보팀을 하나 만들어야 하나, 팀을 새로 뽑아야 하나, 현지인을 뽑아야 하나 이런 생각부터 하셨을 거에요. 근데 저는 이런 말씀을 드리고 싶은게, 이제는 비대면 시대, 즉 해외 언론을 만나서 꼭 관계를 형성해야지만 기사가 나는 시대는 지났구요. 이제는 오히려 콘텐츠 시대입니다. 콘텐츠 시대라는 것은 무엇이냐면 SNS를 잘 만들어서 된다는 것이 아니라, 회사에 대한 메시지를 진솔하게 담은 전략적인 메시지에 근간이 되는 그러한 콘텐츠를 회사가 투명하게 정기적으로 공유하는 그러한 시대가 왔기 때문에 그런 부분들을 잘해줄 수만 있다면, 해외의 특정 홍보팀을 세팅을 하지 않아도 분명히 잘 헤쳐나갈 수 있는 그런 시대가 왔다. 오히려 기회가 아닐까 하는 그런 생각이 듭니다.

한정호 교수 잘 알겠습니다. 조직체들이 글로벌 진출을 위해서 공부를 많이하고, PR 부서를 만드는 것도 좋지만, 좋은 대행사가 있으면 같이 코웍Co-work을 하는 게 좋겠습니다. 대표님, 이건 다른 질문인데요. PR 안에는 많은 활동들이 있지 않습니까? 흔히 말하는 위기 관리도 있고, 사내 커뮤니케이션도 있고, 브랜드 커뮤니케이션도 있고, 지역 커뮤니티 PR도 있고, 로비 활동도 있고, PR 리서치도 있고, 환경 모니터링도 있고, 이슈 관리도 있고 다양하게 많습니다. 이런 것 중에, 대표님이 보시기에 국내와 국외의 차이가 있을지는 잘 모르겠습니다만, 제일 뜨거운 이슈는 무엇이라고 생각하십니까? 이와 관련해서, 저는 ESGEnvironment, Social and Governance가 떠오르는데요. 환경, 사회, 거버넌스에 관한 문제… 제 생각에는 이것이 PR 활동하고도 관련이 있을 거 같습니다. 한동안에는 CSR 기업의 사회적 활동, CSV 공유가치창출이 굉장히 오랫동안 유행을 했었는데, 지금은 ESG로 바뀌는거 같습니다. 기업뿐만 아니라, 병원이나 학교, 관공서까지 ESG를 이야기하고 있습니다. 이것은 분명히 PR과 관련된다고 생각하는데 어떻게 생각하십니까?

정현순 대표 ESG에 대해 제가 집중해서 말씀드리기 전에 먼저 짚어볼 점은, 지금은 그 어느 시대보다 기업의 명성관리가 중요한다는 점입니다. 명성관리는 기업 혹은 브랜드의 명성을 복합적으로 관리하는 것을 뜻하는데, 이러한 팬데믹 시대에는 다양한 이해관계자들이 기업의 투명한 커뮤니케이션을 명성 관리의 필수 요소로 손꼽고 있습니다. 기업이 정확하게 어떠한 방향, 어떠한 철학을 갖고 기업을 운영하고 있는가에 대해 그리고 그것을 소통을 통해 투명히 밝히는 것이 필요한 시대가 왔습니다. 그게 국내도 그렇지만 해외는 더합니다. 코로나라는 큰 위기가 이 모든 것을 촉진하게 된 측면이 있습니다. 그러다보니 명성관리를 하는데 있어서 기업들이 그리고 정부들이 요하는 것은 교수님이 말씀하신 ESG에 대한 부분이 포함이 되는 거에요. 거기에서는 환경Environment, 즉 환경적인 어떤 책임을 갖고 기업은 활동을 하고 있는가. 예를 들어, 만들고 있는 종이, 만들고 있는 패키지. 하물며 제품의 원료들까지 무엇을 갖고 만들고 있는가까지 투명하게 알고 싶어하는 게 요즘 소비자들입니다. 아울러, 환경만이 아니라 소셜Social, 사회의 여러 불평등, 이러 부분들을 회사는 책임지고 고용을 하고 있는가, 여성과 남성의 비율은 어떤가, 그것이 단순 직원이 아니라 임원급 레벨에서는 어떤가. 인종차별은 없는가에도 소비자들은 관심을 가지고 있죠. 거버넌스Governance는 투명한 지배 구조, 누가 운영을 하고, 한 사람에 의해 회사가 좌지우지되는가 아니면 어떤 형식인가, 이것은 주식회사인가, 그 형태를 갖추고 투명하게 운영되고 있는가. 이런 부분에 대해서 목소리를 내고 이런 부분이 투명하게 공개가 되는 것을 요구가 아닌 의무화하고 있는 시대가 아닌가 하는 생각이 되고요. 우리나라의 경우는 경제적으로 수출에 의존을 하고 있는 나라입니다. 그러다보니 국내 대기업들의 매출을 보면, 90% 이상이 해외에서 발생하고 있고, 선진국이 이미 시행하고 있는 ESG에 대한 부분을 간과할 수가 없는 거죠. 미국이라던가 유럽에서는 ESG에 대한 기업들의 책임 요구 부분들이 법제화되어 공개를 해야만 하는 시기가 왔습니다. 그렇기 때문에,

우리나라 대기업을 위시로, 해외에서 활동하는 기업은 ESG를 미룰 수 없는 현실로 받아들여야 하는 거죠. 이제 그 부분에 대해서 홍보 파트를 말씀을 드리면, 현재 저희가 보고 있는 바는 여러 대기업분께서도 와서 많이 상의도 하시고 같이 논의도 해 보면 기존에 있는 CSR 부서를 좀 확장을 해서 ESG 부서화를 한다던가, 아직 본사차원에서의 조직적으로 ESG 조직을 어떻게 세팅을 해야 하는지에 대한 고민들이 있구요. 그리고 실질적으로 세팅을 하고 계시는 단계라고 보여집니다. 그래서 제가 말씀을 드리는 것은 이게 무슨 분기별 실적 발표처럼 실적에 대해, 매출에 대해, 마진에 대해, 투자에 대해 발표만 하고, 보도자료만 한번 나가고 끝나는 그런 형태의 인덱스를 공개하는 레벨로 운영이 되다 보면 실질적으로 그 인덱스와 숫자에만 사람들이 치우치면 그것이 무엇을 의미하는지, 그래서 그 기업이 무슨 노력을 했는지에 대한 스토리가 없습니다. 그리고 그것을 이해를 못합니다. 그러면 이건 명확한 ESG 활동을 하고 계시고, 엄청난 돈과 많은 변화를 갖고 계시지만, 원활하게 투명하게 외부와 이해관계자와 이것을 설명을 못하고 계시는 거죠. 그렇기 때문에 저희와 같은 PR 회사가 이것이 무엇을 의미하는가, 이 숫자는 무엇을 의미하고, 이 회사는 왜 이렇게 가고 있는가에 대한 365일 상시 거기에 대한 콘텐츠와 스토리와 이런 부분들로 소통하는 것을 지원을 해 드려야 하는 것이 매우 중요한 파트입니다. 그 부분이 앞으로 어떻게 진행될 것인지에 대한 국내와 해외까지 앞으로 지켜보아야 할 부분이 아닌가 하는 생각이 듭니다.

한정호 교수 네, 잘 알겠습니다. 대표님의 말씀을 종합을 해 보자면, 명성관리reputation management라는 것이 PR의 가장 중요한 분야 중 하나인데, 과거에는 명성관리를 위해서 기술력이라던지, 마케팅의 가함이라던지, 재정적인 튼튼함이라던지, 맨파워의 갖춤, 그리고 법적인 사항을 지키는 것 등이 많았는데, 최근에는 대표님의 말씀을 들어보면, ESG가 강화되어 ESG활동에 대한 충족, 이것이 명성관리에 포함된다는 겁니다. 아주 중요한 요소로서… 따라서, 다른 걸 아무리 잘해도 ESG쪽 활동이 무너지면 좋은 명성을 얻을 수 없다는 겁니다. 두 가지를 섞어서 잘 말씀해 주셨습니다. 그리고 당연히 현대 PR 활동에 중요한 항목이 되어 가고 있습니다.

다음 질문은요. PR은 man power가 중요하다고 말합니다. PR의 아버지라 불리는 에드워드 버네이즈 같은 분은 명함에 본인을 PR counselor라고 적었다고 합니다. 자기의 역할을 클라이언트와 파트너가 되어 PR의 조언을 해주고 충고를 해줄 수 있는 고문이다라고 카운슬러라고 했다고 합니다. 많은 PR 회사들이 PR 컨설턴트라고 많이 말을 합니다. 20여 년 동안 PR 대행사를 하시면서 대표님이 생각하시기에 성공하는 PR인이 되기 위해서는 어떤 자질들이 필요하다고 생각하십니까? 어떤 사람을 뽑아야 하고, 어떤 사람을 어떻게 관리해야 하고, 어떻게 발견하면 됩니까?

정현순 대표 제가 2002년에 WPP와 합병을 한 가장 큰 이유가 직원 교육이었습니다. 교육이라는 부분은 학교에서도 물론 교육을 받을 수 있지만, 실질적으로 현업에서 필요로 하는 교육 부분에 있어서 국내 홍보업계의 한계가 있지 않았나 하는 생각이 들어서 사실 합병을 하게 된 케이스입니다. 사회, 정치, 경제, 문화 다방면에 있어서 귀를 열고 눈을 뜨고 관심을 가져야 하는 게 저희 업인거 같습니다. 저희가 단순하게 클라이언트가 제공하는 것을 옮겨적어서 기사화하는 업무만 하는 것이 아니라 근본적인 알맹이 있는 콘텐츠가 나와야 하는, 즉 전략이라는 것이 나와야 하는 거죠. 그렇다 보니 기획, 전략이 가능해야 하는 컨설팅을 해야 하다보니 또 해당 업계나 현상에 대해서 공부도 해야 하는 그런 부분이 있습니다. 그러다 보니 실제로 어떤 사람이 적합하냐라고 질문을 해 주셨는데 저는 어떻게 말씀을 드리고 싶냐면 전공보다는 열정을 갖고 사회, 정치, 경제, 문화 모든 것에 호기심을 갖고 있는 사람, 관심을 갖고 있는 사람, 그리고, 사회의 관심과 전 세계의 관심과 그 안에 우리나라에 대한 관심이 있는 사람 모두 다 충분히 PR 쪽에서는 인재가 될 수 있다고 생각합니다. 입사를 하는 사람을 보면, 대학에서 기본적인 PR에 대한 이론, 원리, 또는 관련 프로젝트들을 다 배웠기 때문에, 완전히 문외한으로 입사를 하고 있진 않구요. 그렇지만 전혀 이쪽 전공자가 아닌 마케팅 전공이었다던가 혹은 광고를 전공했다던가, 디지털, 하물며 콘텐츠 프로덕션 쪽으로 했던 친구들에게도 입사 후에 저희가 체계적으로 교육 프로그램을 진행해 드릴 수 있는 인프라가 있지 않나 생각이 듭니다. 힐앤놀튼이 갖고 있는 교육 인프라와 온라인을 포함해서 여러 부분들이 있지만, 실제 저희 그룹사가 WPP 그룹사이기 때문에 WPP 그룹사 안의 네트워크, 예를 들어, 광고회사, 조사회사, 디지털회사, 에드테크 회사 등을 통한 교육도 가능합니다. 그렇기 때문에 관심을 갖고, 호기심을 갖고 입사를 하면 그 후에는 교육과 현장에서의 선배들의 리드에 의해서 픽업이 되지 않을까 생각이 듭니다.

한정호 교수 다음 질문은요. 대표님은 20여 년간 많은 클라이언트들을 상대하셨는데요. PR 서비스를 하시면서, 우리나라 조직체, 즉 클라이언트들의 PR에 대한 이해나 지식 수준, 맨파워, 전략 같은 부분의 수준이 어느 정도라고 생각하십니까? 대행사가 평가하는 클라이언트에 대해 한 번쯤은 묻고 싶었습니다. 특히 어떤 면을 개선을 해야 할지, 언론 위주의, 언론에 치중하는 그런 PR 전략이라던지, 아니면 PR 리서치가 부족하다던지, 아니면, 과학적인 자료 없는 구구식 PR 전략이라던지, 크리에이티브의 부재와 같은 여러 문제가 있을 텐데요. 대표님이 보시기에는 우리 클라이언트들의 문제점을 이야기해 주시기 바랍니다.

정현순 대표 좀 격차가 있지 않나 생각이 듭니다.

한정호 교수 예전보다는 많이 발전을 했죠?

정현순 대표 그렇죠. 예전보다는 많이 발전을 했는데, 이렇게 한번 말씀을 드릴게요. 전 세계적으로 출입 기자 시스템이 있는 나라는 우리나라와 일본밖에 없습니다. 이 시스템은 해당 부처 아니면 해당 업계의 기업체 홍보실에 기자들의 책상이 배정이 되는 것인데, 이러한 시스템이 일본과 우리나라밖에 없다라는 것이 무엇을 의미하냐면, 이러한 시스템하에서 굉장히 오랜 기간 대한민국의 홍보업은 관계유지, 즉, 기자들과의 관계, 어떤 사람을 내가 알고, 그 위의 누구 데스크를 알고 하는 관계를 중심으로 이루어졌다는 점입니다. 그러나 시대는 변하고 있죠. 해외 홍보를 하고 있는 대기업 홍보실 입장에서 보면 해외 쪽은 굉장히 다르다는 점을 많이 느끼고 계시구요. 그 많은 전 세계 기자들을 어떻게 관계로 관리를 하겠습니까. 할 수 없는 상황이고 그러다 보니 이제는 해외처럼 홍보실에서 홍보 파트를 하는 직원들이 기자 언론 관리와 이슈와 리스크가 있을 때 기사를 넣고 빼고 하는 일을 메인으로 생각하지 않는 것이 필요하다고 생각합니다. 그러한 일들이 홍보 직원들의 역할이라 생각하시는 기업 CEO들이 아직 계신다는 것이 저는 상당히 안타깝습니다. C레벨 분들께 드리고 싶은 말씀은, 홍보팀은 단순히 이슈관리나 관계에 의해서 기사를 넣고 빼고 하는 그 정도의 일을 하는 부서가 아니라, 전략적인 부분이라던지, 결정의 중요한 임원회의라던가 이런 쪽에 실제 홍보팀들이 개입이 돼서 많은 브레인 역할을 하는 것이 필요하다는 것입니다. 전 세계적으로 보면 오히려 C레벨 중에 CCO라는 직함이 굉장히 각광을 받고 있습니다. 이게 쉽게 말해서 기업의 홍보를 총괄하는 분인데요. Chief of Communication Officer입니다. 해외의 경우, CCO가 항상 회의에 들어옵니다. 그만큼 이제는 기업을 운영하는데 있어서, 숫자만을 가지고 이야기할 수 없고, 전반적인 이해관계인들에 대한 커뮤니케이션 활동 부분에 대해 항시 같이 논의를 해야 하는 시대가 왔기 때문에 우리도 그 방향으로 가야 하지 않나 하는 생각을 해 봅니다.

한정호 교수 예 알겠습니다. 디지털 시대 아니겠습니까? 디지털 시대에 모든 조직체들이 다 영향을 받고 있습니다. 광고, 마케팅 모두 SNS을 기반으로 한 디지털 시대에 큰 영향을 받고 있는데, 저는 PR이 그 중심부에 있다고 생각합니다. 왜냐하면, 아시다시피, 광고나 마케팅은 소비자라는 집단을 주로 집중적으로 상대하지만, PR은 주주도 상대해야죠, NGO도 상대해야죠, 언론도 상대해야죠, 정부 기관도 상대해야죠, 소비자는 물론이죠, 규제기관도 상대해야 하고, 굉장히 많은 스테이크홀더, 즉, 이해 당사자들을 상대를 하다보면, 커뮤니케이션 문제가 생길건데, 디지털 시대에 가장 큰 영향을 받는 산업은 PR이다 생각이 듭니다. 줄이자면, 디지털 시대 PR 사업의 현재와 미래에 대해 말씀해 주시기 바랍니다.

정현순 대표 SNS는 미디어 못지 않게 소통하는 창구라고 생각합니다. 그래서 미디어를 규명할 때 언론만을 생각할 수 없고, 소비자들은 어느 채널을 통해서 정보를 파악하는가를 봤을 때, SNS도 하나의 채널입니다. 그러기 때문에, 중요한 포인트는 디지털 시대이기 때문이라기보다는 어떤 채널이 되든 간에 어떠한 이야기를, 어떠한 콘텐츠를 전달할 것인가에 대한 근본적인 메시지 부분이 굉장히 중요한 시대가 왔습니다. 스토리나 꼭 전달하고 싶은 말을 한줄로 얘기했을 때, 이것이 무슨 의미이고, 이 스토리가 소비자들이나 이해관계자들한테 어떻게 해석이 되어야 하고 어떤 추가적인 설명이 되어야 이야기의 전달이 효과적으로 될까에 대해 고민을 하는 게 저희쪽 일이기 때문에 거기에 따른 메시지나 스토리텔링 부분이 진솔하고 투명하게 진행되는 파트가 더 중요해진게 SNS 시대라고 보여져서 PR의 역할이 더 있다라고 교수님께서 말씀을 해 주신거 같습니다. 거기에 대해서는 너무 동의하고 있습니다.

한정호 교수 마지막으로, 학계나 업계, 정부와 같은 조직체에게 건의하고 싶으신 말씀 있으신가요.

정현순 대표 이렇게 광고학회에서 홍보회사 사장을 초대해 주신 것부터가 저는 굉장히 큰 변화라고 생각을 합니다. 광고 따로 홍보 따로, 디지털 따로, 그 영역에 너무 집중하기보다는 변화하는 시대에 이 나라, 이 경제, 이 사회, 이 기업이 앞으로 어떻게 헤쳐나가고 어떻게 해야 경쟁력을 키울 수 있을까라는 근본적인 고민을 같이 할 수 있는 그런 자리들이 더 많아졌으면 좋겠구요. 챌린지와 문제에 대해 어떻게 솔루션을 제시할 것인가를 놓고 거기에 전문가들이 접근을 하는 것이 굉장이 중요한 시대가 왔다라고 생각을 합니다. 정부쪽이든 고객사에서도 특정 메인 대행사만 불러서 진행을 하시는 게 아니라 좀 다방면으로 다양하게 같이 논의할 수 있는 자리가 많았으면 좋겠다하는 바람이 있구요. 그러면 분명히 자리만 같이 해도 새로운 솔루션들이 나올 수 있다고 저는 생각합니다. 실제로 해외 홍보 마케팅 활동을 하다보면 실질적으로 대한민국에 대한 호감도가 높습니다. 우리나라에서 진행되는 캠페인, 광고 캠페인이든 통합마케팅 캠페인 어떤 형태가 됐든 더 많이 조명받는 시대가 됐습니다. 대한민국의 콘텐츠가 세계를 향해 가고 있는데 K 커뮤니케이션 활동도 같이 따라가서 세계적으로 한단계 업그레이드되는 커뮤니케이션 홍보마케팅 활동들이 많이 보여지면 어떨가 하는 개인적인 바람이 있습니다.

한정호 교수 오디언스 질문입니다. "최근 남양유업의 사태에서 볼 수 있듯, 기업을 포함하여 다양한 조직체에서는 이슈와 위기가 자주 발생합니다. 이러한 위기 현상의 문제점이 무엇이며, 관리하는 방안은 어떻게 되어야 합니까?"

정현순 대표 기업들의 위기나 이슈는 앞으로 더 많아질 수 있습니다. 왜냐하면 소비자뿐만이 아니라, 다양한 이해관계자들의 복잡 다변한 활동을 하고 있는 게 기업이기 때문이구요. 또, 소통이 더욱 투명해졌기 때문입니다. 그렇게 때문에 위기나 이슈가 터졌다고, one-time으로, 단타로 진행하신다는 생각은 이제 하지 않아야 하는 시기가 왔습니다. 즉 365일, 아까 말씀드린 명성 관리에 집중을 해서, 명성 관리 하에서는 ESG도 포함되고, 여러 가지가 있겠습니다만, 이슈나 위기, 즉, 그것은 뭐냐면, 나의 이해관계인들은 지금 우리 기업을 어떻게 인식하고 있는가, 어떤 부족함을 느끼고 있는가, 항상 상시 모니터링을 하면서 그 감을 갖고 소통을 하면서, 그 이슈가 터졌을 때 진솔하게 같이 사과할 건 사과하고, 거기에 대한 어떤 액션을 취할 것이고, 그것을 어떻게 fix 할 것인가에 대한 강한 의지, 그리고 실제로 fix 하는 모습을 보여주는 과정 이 모든 것이 하나의 eco-system이 되어 버렸어요. 예를 들어, 남양유업을 얘기했는데 굉장히 안타깝습니다. 많은 분들은 이런 얘기를 하세요. 어떡하나, 그 기업은 이제 끝난 건가, 그동안 우리들이 좋아했던 그 브랜드들도 그러면 이제는 안 먹게 되는 건가. 제가 생각하는 가장 큰 실패의 원인은 제가 말씀드린 것들을 안 했기 때문이라고 생각합니다. 처음에 무슨 이슈가 생겼을 때, 딱 그것만 해결하려고 했고, 그때 회사는 침묵했고, 사람들은 답답했고, 그러면 어떤 이미지가 형성이 되었을까요? 저 기업은 우리와 소통하고 싶지 않아 해. 뭔가 가릴 게 있어. 뭔가 솔직하지 못해. 이런 이미지들이 명성관리적인 차원에서 형성이 됐구요. 또한 코로라를 이용해 신제품 출시를 할 때 깜짝 마케팅으로 쓴 것이 과거 방법론적인 것을 했다는 것이 결정타였던거 같습니다. 여기서 새로 인수한 기업, 오히려 기회라고 봅니다. 대다수의 국민들은 남양유업이 이렇게 됐다는 것을 알고, 새로운 주인을 맞이 했다는 것을 알고 있을 겁니다. 그럼 저는 어떻게 말씀드리고 싶냐면, 이제부터 시작하면 됩니다. 이제부터 그 기업은 남양유업을 어떻게 운영할 것이고, 어떻게 소비자와 소통할 것이며, 우리 브랜드는 어떻게 투명하게 운영할 것입니다라는 것을 이제부터 이야기를 같이 해 가며 소통해 가는 과정을 겪으면 오히려 이미지는 더욱 극복이 될 수 있는 기회를 맞이할 수 있습니다.

한정호 교수 오늘 한 시간에 걸쳐서 시너지힐앤놀튼 정현순 대표님 모시고 PR과 PR 대행사, 그 산업과 전략, 문제점 등에 대해서 말씀을 들어봤습니다. 오늘 이 자리를 마련해 주신 안대천 광고학회 회장님과 스태프들께 감사드리구요. 오늘 이 시간이 우리 광고학회 회원님들은 물론이고 이 방송을 지켜봐주신 오디언스 분들에게 도움이 되었으면 합니다. 오늘 끝까지 경청해 주셔서 고맙습니다.

정현순 대표 감사합니다.

끝맺는 말

정현순 대표는 본 대담에서, 변화하는 이 시대에 커뮤니케이션 전체 흐름이 어떻게 변화하고 있고, 어떻게 대처를 해야 하는가에 대해 소개를 하였다. 정현순 대표와의 대담을 정리해보면, 새로운 시대에 커뮤니케이터들이 중요하게 여겨야 할 부분은 첫째, 통합적인 커뮤니케이션 전략이 필요하다는 것이다. 정현순 대표는 추가적인 오디언스의 질문에 다음과 같이 답했다. "전 세계적으로 팬데믹을 겪으면서 전반적으로 대행사들의 변화를 살펴보면, 작은 회사들보다는 WPP와 같은 큰 그룹들로 많이 모이는 경향이 있습니다. 그 이유가 많은 다국적기업들이 불확실한 이 시대에 전략을 논해야 할 때는 하나를 전문적으로 하는 곳에서 컨설팅을 받고 싶어하지 않는 경향이 있습니다." 이는 이 시대에는 통합적인 커뮤니케이션을 선호하는 경향이 있다는 의미이다.

또한, 본 대담에서 정현순 대표는 채널이 아닌 콘텐츠의 중요성을 여러 차례 언급하였다. 비대면 시대는 콘텐츠의 시대라는 것이다. 정현순 대표는 회사에 대한 메시지를 진솔하게 담은 전략적인 메시지가 필요함과 동시에 이러한 진솔하고 전략적인 메시지의 전달은 투명하게 이루어져야 한다고 강조하였다. 다시 말해, 회사는 진솔하고 전략적인 메시지를 투명하게 정기적으로 공유해야 하고, 이는 비대면 시대에 오히려 기회가 될 수 있다는 점을 강조하였다.

"옛날에는 PR 활동이 메시지 개발, 스토리텔링 개발, 보도자료를 통한 언론활동 위주의 활동으로 생각을 하셨다면, 이제는 소통 채널이 다양해졌기 때문에, 콘텐츠가 중요시되는 것 같습니다."

이 외에도 정현순 대표는 명성관리와 ESG에 대해서도 강조하였다. 지금 이 시대는 어느 때보다도 명성관리가 매우 중요한 시기이다. 명성관리를 하는 데 있어서 ESG의 활동도 포함이 되는 것인데, 이러한 팬데믹 시대에 명성관리에 있어서 가장 중요한 것은 투명한 기업의 커뮤니케이션이다. 기업의 ESG의 충족이 투명하게 이루어지는 것이 명성관리에 포함이 된다는 것이다.

2021년 뉴스와이어의 트렌드 변화 분석에 따르면, 선정된 올해 예상되는 홍보 마케팅 트렌드 5개로, 라이브 스트리밍, 구글 검색, 브랜드 저널리즘, ESG 원격 작업과 디지털화를 꼽았다. 코로나로 인해 비대면화가 급속화되면서 라이브 스트리밍 플랫폼 사용이 급증하고, 기업이 직접 콘텐츠 제작에 직접 뛰어들도록 하는 브랜드 저널리즘 시대가 열렸다. ESG를 못하는 기업은 기업의 명성이 떨어지는 시대가 되었기 때문에, PR 부서는 ESG에 노력을 기울여야 할 것이다. 또한, 코로나 환경에서 기업이 성공하기 위해서는 사무실, 집 어디서나 기업을 운영할 수 있는 모델이 필수적이라는 것이다. 특히, 마케팅, 홍보, 기업 커뮤니케이션 등 사무직 업무는 더욱 가속화될 것이고, 원격 작업은 필수라는 것이다(출처: blog.newswire.co.kr/?p=11639). 이는 정현순 대표의 말과도 일맥상통한다. "지난 2년여 간 팬데믹은 우리 일상에 엄청난 변화를 가져왔습니다. 기업의 비즈니스 환경도 급변한 가운데, 위기를 기회로 삼을 수 있는 기업의 경쟁력은 커뮤니케이션에 달려있습니다. 팬데믹 시대에 다양한 이해 관계자들이 요하는 바는 투명한 기업의 커뮤니케이션입니다." 정현순 대표의 조언처럼 변화하는 시대에 한 단계 업그레이드된 홍보 마케팅 커뮤니케이션 활동을 기대해 본다.

04

한국광고학회 네 번째 'ACE' Talk

차이커뮤니케이션 최영섭 대표와의 대담

최지혜

(한국언론진흥재단 선임연구위원)

차이커뮤니케이션 최영섭 대표

들어가며

“처음에는 차이를 만들자는 취지와 다르게 여러 군데에서 차이고 다니기도 했습니다. 하지만 결국 그 신념을 믿고 처음부터 저와 함께 열정을 가지고 새로운 것들에 꾸준히 도전해 준 친구들 덕분에 여기까지 성장해 온 것 같습니다.”

차이커뮤니케이션은 지난 2004년 오픈 후 창업 17년 만에 온라인과 오프라인 광고대행사를 통틀어 국내 10위 광고 대행사로 자리잡았다. 브랜딩, 퍼포먼스 마케팅, 소셜캠페인, 커머스 컨설팅, 브랜디드 콘텐츠까지 디지털 기반의 통합 마케팅 솔루션을 제공한다. 디지털 광고 시장에서 통합 마케팅 대행이 가능한 탑티어 업체로 부각되며 빠르게 고객사들이 늘어났다. ‘LG전자, 쿠팡이츠, 아모레퍼시픽, SSG, 아시아나항공, KB카드, CJ제일제당, 구찌코리아’ 등 대형 기획사도 수주하기 어렵다는 대기업 캠페인 사업을 연달아 따내며 국내 디지털 종합광고회사의 입지를 공고히 했다. 2021년에는 대한민국 디지털애드 어워즈에서 전체 부문 최고 대상을 수상했다. 이 밖에 소셜미디어 대상 등 7개 부문, 9개 작품을 수상하며 올해의 그랑프리로 선정되는 등 디지털 광고시장 전 분야에서 경쟁력을 뽐내고 있다. 하지만 처음 회사를 설립했을 당시의 상황은 녹록치 않았다. 당시 광고 시장에서 디지털과 전통 간의 간극은 훨씬 높았고, 디지털 광고 시장 역시 모바일 기반이 아닌 웹 기반으로 집행되는 시기였다. 2017년 구글 프리미어 파트너 어워즈에서 차이커뮤니케이션이 아시아퍼시픽 위너로 선정되며 자신의 선택이 틀리지 않았음을 확인했다. 차이를 만들어 내겠다는 회사의 신념은 최영섭 대표가 차이커뮤니케이션을 설립했을 때부터 지금까지 변함이 없다.

'차이 다움', '경계를 허물다'. 그는 인터뷰 내내 차이커뮤니케이션의 비전과 정체성을 기반에 두고 이야기를 이어나갔다. 한 회사를 여기까지 성장시켜 온 것은 더 강조해도 지나치지 않을, 그의 흔들리지 않은 운영 철학 덕분일 것이다. 그리고 그는 회사가 성장할 수 있는 원동력으로 '사람'을 꼽았다. 회사 사옥 1층에 정현종 시인의 '방문객' 시 한 소절이 적혀 있다 한다. "사람이 온다는 것은 실로 어마어마한 일이다. 그는 그의 과거와 현재와 그리고 그의 미래와 함께 오기 때문이다. 한 사람의 일생이 오기 때문이다." 이것이 차이커뮤니케이션의 경영 이념이라는 그는, 자신과 함께 업계의 고정관념, 온·오프의 경계를 허물기 위해 싸워 온 직원들이 차이의 성공비결이라 한다.

모든 것의 경계가 허물어지고 디지털 중심으로 바뀐 일상이 당연한 오늘, 새로운 시대의 기준을 빠르게 소화하고 변화된 마케팅 전략을 구사할 수 있는지가 광고 업계의 중요한 생존 가치가 되었다. 그 속에서 차이커뮤니케이션의 행보는 더욱 눈길을 사로잡는다. 경계를 허무는 것이 바로 차이 다움이라 자신 있게 이야기하는, 최영섭 대표와 끊임없는 광고 시장의 변화 속에서도 성장을 이룰 수 있는 방법들을 짚어보았다.

대담 내용

유승엽 교수 오늘은 디지털 광고대행사 차이커뮤니케이션의 최영섭 대표님을 모시고 코로나시대에 광고에 미친 영향과 포스트 코로나시대, 즉 코로나 이후에 한국의 광고 업계의 전망이라는 주제를 가지고 대담을 하도록 하겠습니다. 먼저 가벼운 질문 하나 드리겠습니다. 최영섭 대표님은 차이커뮤니케이션을 설립한 창업자이기도 합니다. 차이커뮤니케이션의 설립 역사와 발전과정에 대한 이야기를 듣고 싶습니다. 이와 함께 개인적인 경력도 함께 말씀해 주시면 감사하겠습니다.

최영섭 대표 아직 차이커뮤니케이션에 대해 잘 모르시는 분들도 많을 것 같아서 제가 간략하게 차이커뮤니케이션에 대한 어필을 좀 해 보겠습니다. 저희는 2004년 7월에 이 세상에 큰 차이를 만들어 보자는 취지로 전 직장 동료 다섯 명과 함께 창업을 했습니다. 처음에는 그런 차이를 만들자는 취지와는 좀 다르게 여러 군데에서 여기저기 차이고 다니기도 했습니다. 사실은 회사 네이밍을 잘 못한 것이 아닌가 후회 아닌 후회도 해 봤고요. 하지만 젊은 친구들이 열정을 가지고 새로운 것에 도전을 하는 것에 여러 클라이언트 분들께서 잘 봐주셔서 지금의 차이가 여기까지 올 수 있었던 것 같습니다. 저의 경력의 대부분은 차이커뮤니케이션에서 보냈습니다. 저의 전체 광고경력이 한 20여 년 되는데요, 그중에 17년 이상을 차이를 만들고, 차이에서 살아오고, 그리고 디지털 광고 회사 일선에서 우리나라 광고 시장이 성장하는 것들을 지켜보며 함께 성장해 왔습니다. 최근에는 디지털 광고라는 것 자체에 많이 관심을 가져주십니다. 그 시장이 많이 성장했고요, 규모 자체가 커졌기 때문에 최근에 디지털 광고회사에 대한 관심도 많이 가져주시고 광고 요청도 많이 받고 있습니다. 하지만 차이커뮤니케이션이 처음 디지털 광고회사로 론칭하고 시작을 했을 때에는 지금처럼 모든 환경이 좋지는 않았습니다. 그 당시만 해도 모바일 기반이 아닌 웹 기반으로 서비스를 하다 보니 웹 배너 광고라던가 웹 페이지, 웹 프로모션을 진행하는 것이 대다수 디지털 광고회사가 하던 역할이었습니다. 그중 가장 중요한 업무가 네이버 초기 배너, 타임보드를 누가 더 잘 잡느냐가 광고 회사의 역량을 평가받는 기준이 될 정도로 네이버에 한정된 마케팅을 펼치던 시절도 있었습니다. 그러한 역사를 하나 하나씩 거쳐가며 차이는 배너 광고 중심의 디스플레이와 검색 광고 중심의 퍼포먼스 광고, 두 개의 큰 갈래를 통합적으로 관리하는 유일무이한 광고회사로 성장해 왔습니다. 최근까지 제가 17년 동안 가장 많이 들은 질문이 '그럼 차이는 배너 광고를 하는 디스플레이 광고회사냐, 퍼포먼스 광고회사냐' 라는 것인데요. 저희는 창업 초기부터 두 부분을 같이 시작했습니다. 검색으로 대변되는 퍼포먼스와 배너 광고로 대변되는 크리에이티브를 같이 진행해야만 유기적인 좋은 성과를 만들어낼 수 있다는 생각을 갖고 있었습니다. 항상 그 두 분야가 함께 성장할 수 있게끔 통합적 마케팅을 중점적으로 운영해 왔습니다. 이러한 통합 관리를 시장에서 인정받게 된 계기가 2017년도 구글 프리미어 어워드에서 차이커뮤니케이션이 아시아 퍼시픽 위너로 선정된 것입니다. 고객사의 퍼스트 파티 데이터를 구글 GDN의 서드 파티 데이터와 통합해서 성과를 올린 캠페인을 인정받았는데요. 지금은 많이 일반화되어 있지만 그 당시만 해도 퍼스트 파티 데이터와 서드 파티 데이터를 통합해서 성과를 올리는 캠페인이 많이 시도되지 않았던 방식이었습니다. 그 당시 뉴욕 시상식에 직접 참석해서 느낀 것은 어찌됐든 퍼포먼스 마케팅이나 데이터 마케팅 역시도 크리에이티브가 수반이 되어야지만 퍼포먼스의 더 높은 성장률을 가져갈 수 있다는 확신입니다. 그에 따라 차이는 크리에이티브에 강점을 둔 퍼포먼스 광고 회사로 지금까지 차별화를 하기 위해 노력하며 성장해 오고 있습니다.

유승엽 교수 국내에 인터넷이 보급된 지 갓 20년이 넘었기 때문에 17년이라는 시간은 그리 짧지만은 않은 시간인 것 같습니다. 두 번째 질문으로 넘어가 보겠습니다. 4차 산업 혁명과 관련한 디지털 기술이 광고 업계에 미친 영향이 매우 큰 것으로 알고 있습니다. 디지털 광고 회사를 운영하는 입장에서 디지털 광고와 전통 광고에 어떤 차이가 있다고 생각하시는지를 듣고 싶고요. 그리고 디지털 광고를 운영하면서 성공하기 위한 중요한 핵심 요소가 무엇인지도 함께 듣고 싶습니다.

최영섭 대표 이 역시 앞서 초창기에 디지털 광고 회사를 론칭했을 때 시장에서 많이 듣던 질문과 유사한데요. 차이가 과연 배너 광고를 만드는 회사이냐, 검색 광고 중심의 퍼포먼스 광고 회사이냐라는 질문을 많이 들었듯이 최근에 제가 가장 많이 듣는 질문 중에 하나가 차이에서 하는 디지털 마케팅과 전통적 광고회사에서 하는 디지털 마케팅이 과연 무엇이 다르냐는 것입니다. 거기에 대한 답변을 드리자면, 개인적으로 차이커뮤니케이션과 전통적 광고 회사의 광고의 높은 성과를 이루는 데 대한 본질적 출발점은 같다고 생각합니다. 다만, 디지털을 바라보는 시각에 차이가 있다고 생각합니다. 차이는 디지털 광고를 단지 영상광고 미디어로 바라보지 않습니다. 영상 광고를 미디어를 통해 집행하는 데에서 끝나는 것이 아니라 바로 거기서 디지털 마케팅이 시작된다고 생각합니다. 전통적 광고를 만드는 광고회사의 경우에는 내부 조직의 특성상, 영상 미디어 중심으로 디지털 마케팅을 바라보는 성향이 강합니다. 하지만 차이는 디지털 영상 미디어뿐 아니라 그와 파생되는 여러 가지 광고 마케팅 활동에 대해서 관심을 갖고 인력과 내재된 역량들을 포괄적으로 준비합니다. 예를 들자면, 전통적 광고 회사는 영상 광고를 페이드 미디어에 타깃 중심으로 만들어서 송출하거나 송출된 광고를 통해 퍼포먼스 마케팅에 활용하는 형태로 디지털 마케팅에 접근합니다. 하지만, 차이의 경우 송출된 광고를 퍼포먼스 마케팅에 활용하는 인사이트를 기반으로 디지털 마케팅에 접근하게 됩니다. 페이드 미디어에 디지털 광고를 송출시키는 것뿐 아니라 온드 미디어에서도 어떻게 새로운 콘텐츠를 만들어 브랜드 경험을 높여줄 수 있을 것인가, 혹은 나아가 미디어 커머스를 통해 제품에 대한 판매로 어떻게 유기적으로 연결할 수 있을지를 고민합니다. 예를 들자면, 하이트 진로의 경우 '참이슬'의 '한 방울 잔' 같은 굿즈들을 직접 기획해 만들고 미디어 커머스에 판매 창구를 열어서 유기적 판매로 연결시켰습니다. 이런 부분들은 코스매틱도 마찬가지입니다. 단순히 인플루언서를 컨택해서 마케팅을 진행하는 것이 아니라 인플루언서를 통해 콘텐츠를 만듦과 동시에 이들을 통해 라이브 방송을 직접 진행하고, 매출까지도 발생시키는 역할을 하고 있습니다. 전통적 광고 회사들이 디지털 광고에 대한 비중이 많이 늘어났다고 이야기를 하시는데 그건 페이드 미디어, 즉 유튜브로 대변되는 동영상 미디어에 광고 집행 물량이 늘어난 것이지 전체 조직이 디지털 마케팅을 할 수 있는 조직으로 탈바꿈되었다고 보지는 않습니다. 차이커뮤니케이션은 그런 부분에서 여타 광고회사와 다르게 내부에 퍼포먼스 마케팅 전문가, 콘텐츠 전문가 등 디지털 마케팅을 수행할 수 있는 전문가들을 영입해서 하나의 팀으로 운영되고 있다는 점을 말씀드리고 싶습니다. 요약컨대, 기존의 전통적 광고 회사들이 갖고 있는 광고에 대한 역할을 차이는 조금 더 증대시킨 것 같습니다. 수행 채널을 훨씬 폭넓게 관여하고 성과를 만들고 있기 때문에 차이커뮤니케이션의 성공 포인트는 그것이 아닌가 생각합니다.

유승엽 교수 이야기를 조금 바꿔보면, 제가 학교에서 여러 수업을 하고 있습니다. 여러 과목 중에 '캡스톤디자인'이라는 과목이 있습니다. 이 수업을 수강하는 학생들은 팀별로 기획서를 작성하고 공모전에 참여하는 과제를 수행합니다. 그런데 이 수업을 수강하는 학생들이 매번 차이커뮤니케이션의 기획서를 볼 수 있기를 희망합니다. 아마도 학생들이 차이커뮤니케이션만의 차별화된 커뮤니케이션 전략이 있지 않을까 생각하는 것 같습니다. 차이커뮤니케이션만의 차별화된 커뮤니케이션 전략이 있다면 어떤 것인지, 기업을 창업하고 운영해 온 CEO로서 기업 운영 철학이 있다면 말씀해 주시기 바랍니다.

최영섭 대표 앞서 말씀드린 것처럼 차이커뮤니케이션만의 차별점은 경계를 허무는 것이 저희가 가장 잘하는 일이라고 생각합니다. 전통적 광고회사가 하는 일과 디지털 광고회사가 하는 일의 영역 경계를 허물었고, 디지털 내에서도 배너광고와 검색광고의 역할의 경계를 허물었듯이 모든 채널들의 유기적인 통합적 마케팅 커뮤니케이션 전략을 만들어내는 데 강점을 갖고 있습니다. 아마 학생들이 관심을 갖는 것도 그런 부분이 아닐까 싶습니다. 그러한 통합적 마케팅 커뮤니케이션 전략을 수립하기 위해서는 이에 부합하는 내부 조직 구성이 필요합니다. 전통적 광고회사에도 디지털 전문가들이 많이 영입되어 있지만 차이커뮤니케이션 역시도 기존의 종합광고회사의 기획자들, 제작자들이 많이 영입이 되어 내부적으로 통합적으로 조직 세팅이 되어 있습니다. 저희만의 조직 운영 방식의 차별점이라면 기존의 조직원들과 새로 영입된 전문가들의 노하우를 단순히 더하는 것이 아니라는 점입니다. 차이가 가지고 있는 디지털 노하우에 전문가들의 노하우가 잘 녹아들어 합쳐져야만 좋은 '뉴하우'가 발생되고 그 '뉴하우'를 통해 통합적 커뮤니케이션 전략이 도출된다는 것입니다. 저희는 내부적으로 그러한 시너지가 발생할 수 있는 '뉴하우' 도출을 위한 통제 시스템을 갖추고 있고, 한 사람의 기획서만이 아닌 전체가 참여해서 만들어낼 수 있는 커뮤니케이션 전략들을 도출하고자 합니다. 디지털이라는 것 자체가 너무 포괄적이고 마케팅에 많은 품이 들어가는 작업이 대다수입니다. 디테일하고 손이 많이 가는 작업이기에 한 사람의 역량에만 의존할 수 없습니다. 한 사람만의 역량이 아닌 회사 전체의 역량이 녹아 들어가 있는 기획서가 실질적으로 차별화된 통합커뮤니케이션 전략을 만들어내는 길이라 생각하고 이를 실질적인 조직 운영에 반영하고자 노력하고 있습니다. 외부적으로는 차이커뮤니케이션이 전통적인 광고회사의 기획과는 다른 통합적 광고를 만든다는 '차이 다움'을 많이 부각시키고 있고요, 내부적으로는 모든 친구들이 유기적으로 하나의 새로운 '뉴하우'를 만들고 있다는 '차이의 다름'을 심어주려 하고 있습니다. 한마디로 외부에는 '차이 다움', 내부에는 '차이 다름'을 많이 강조하고 있습니다.

유승엽 교수 경계를 허문다, 차이 다움이라는 커뮤니케이션 포인트가 있다는 생각이 듭니다. 최근 사회의 화두로 '코로나19'를 빼놓을 수 없습니다. 코로나19가 광고 업계에도 어려운 영향을 미치고 있는데요. 차이커뮤니케이션도 코로나19로 인해 어떠한 어려움을 겪었는지, 그리고 어떻게 극복하고 대처하고 계신지 여쭤보겠습니다.

최영섭 대표 여전히 위기와 기회가 공존하는 시기라고 보고 있습니다. 위기였던 점은 저희 회사의 대표적 클라이언트로 '아시아나 항공'

이 있습니다. 이러한 운송업이라던지 여행업과 관련된 캠페인은 지난해부터 진행이 되지 않고 있는 상황입니다. 다만 그럼에도 불구하고 기회를 찾을 수 있었던 것은 오프라인으로 많이 진행하던 신제품 행사가 코로나19로 인해 제한적인 상황이라는 점이었습니다. 'LG전자', 'CJ제일제당' 같은 경우 주로 진행하던 오프라인 신제품 행사가 대부분 언택트 마케팅으로 넘어왔습니다. 이러한 움직임에 따라 저희는 언택트 마케팅에 활용할 수 있는 인력을 구성하고 수반되는 콘텐츠들을 만들 수 있도록 대비했습니다. 이러한 노력으로 보다 좋은 기회들이 찾아왔다고 생각합니다. 지난해 유튜브와 소셜채널들에 만들어졌던 콘텐츠 수량을 살펴봤더니 약 3천여 개 이상의 콘텐츠를 만들어 냈다는 것을 확인했습니다. 광고라는 인더스트리에 국한된 것이 아니라 콘텐츠를 만들어내는 기업으로도 발전될 수 있다는 기회를 코로나19를 통해 발견한 것이죠. 이 기회를 통해 저희 회사가 콘텐츠를 개발하는 기업으로도 발전시켜 나가기 위해 노력하고 있습니다.

유승엽 교수 온라인과 오프라인 광고 대행사를 통틀어 매출액 순위를 살펴봤더니 차이커뮤니케이션이 전체 10위에 이름을 올리고 있는 것을 알 수 있었습니다. 온라인 광고 회사가 오프라인 광고 회사와 동등하게 경쟁해서 10위에 랭크되었다는 것은 최초이지 않을까 싶은데요. 포스트 코로나 시대에 차이커뮤니케이션만의 성과를 내기 위해 준비하고 있는 것이 있다면 무엇인지 궁금합니다.

최영섭 대표 2017년 이후 우리나라 광고 규모에서 디지털이 차지하는 비중이 50퍼센트를 넘다 보니 디지털에 대한 관심이 높아지고 있습니다. 그러다 보니 기존에 초청되지 않았던 온·오프 통합마케팅 비딩이라던가 전통적 미디어에 기반을 둔 PT에도 최근에는 많은 요청을 받고 있습니다. '아모레퍼시픽', '대웅제약', '쿠팡이츠', 'SSG닷컴' 캠페인에 디지털 마케팅 통합마케팅 에이전시로는 유일하게 초대받은 회사가 저희 차이커뮤니케이션이었습니다. 아마도 언택트와 퍼포먼스의 개념을 가장 잘 활용하고, 동시에 클라이언트들의 브랜드에 적합하게 만들어낼 수 있는 에이전시가 바로 저희 회사라고 생각해 주셨기에 좋은 성과를 이뤄낼 수 있었다고 봅니다. 디지털에 도래하는 트렌드에 더 민감하고 발빠르게 대응하는 조직이기에 가능한 일이라 봅니다. 최근 메타버스라는 화두가 다가오고 있습니다. 차이는 메타버스에 관련된 부분들을 준비하고 있고, 메타버스에 관련된 메타휴먼가상인간 '로지', 웹XR확장현실을 활용한 사이트들을 내재화하는 작업을 하고 있습니다. 이번에 '버츄얼 본부'를 신설했는데요. '버츄얼 본부'를 통해 XR확장현실, 웹 XR, VR가상현실 이러한 것들을 올 4분기에 론칭할 계획입니다. 나아가 메타휴먼까지도 준비하고 있습니다. 이것들은 모두 하반기에 차이의 새로운 마케팅 툴로 론칭이 될 것입니다. 앞서 말씀드린 것처럼 이런 부분이 전통적 광고회사와 차이커뮤니케이션을 바라볼 때 가장 다른 점이라 생각합니다. 디지털 트렌드와 관련한 업무들을 외주화하는 것이 아니라 조직 내에 내재화하여 내부에서 모든 것들을 가능하게 하는 팀을 갖고 있다는 것, 그것이 바로 차이커뮤니케이션의 역량이라 생각합니다.

유승엽 교수 디지털 광고 대행사에 취업을 준비하는 예비 광고인들이 많습니다. 이들에게 차이커뮤니케이션이 가지고 있는 인재상을 알려주시기 바랍니다.

최영섭 대표 차이는 IQ180이라는 공채프로그램을 가지고 있습니다. 현재 4기까지 진행이 되었는데요. 다만 코로나19로 인해 지난해부터 시행이 되지 않고 있습니다. 이 프로그램을 올 4분기, 내년 초부터 다시 시작할 생각을 가지고 있습니다. 워딩에서 느끼셨겠지만 IQ가 높은 친구들을 뽑겠다는 것은 아니고 그만큼 관점의 시각이 열려있는, 여러 경험을 갖고 있고 여러 아이디어, 통찰력을 갖고 있는 친구들을 선호합니다. 그런 친구들에게 지원을 많이 할 수 있도록 돕고 싶고 다만 한 가지 바라는 것이 있다면 좌뇌와 우뇌가 공존하는 그런 친구들을 만나보고 싶습니다.

유승엽 교수 좌뇌와 우뇌가 공존하는 사람을 선호한다는 말이 참 인상 깊습니다. 그렇다면 예비 광고인들에게 시대가 급변하는 상황에서 어떻게 적응하고 대처하는 것이 좋을지에 대한 조언을 좀 부탁드려도 되겠습니까?

최영섭 대표 차이가 가장 잘하는 것은 경계를 허무는 일이라 말씀드린 바 있습니다. 이것은 기획과 제작 등 좋은 아이디어를 만들어 내는 것에는 경계가 없다는 뜻이기도 합니다. 말씀드리고 싶은 것은 본인이 본인의 역할에 규정을 짓지 말았으면 한다는 것입니다. '나는 기획자니까', '나는 미디어 플래너니까', '카피라이터니까', '내 역할은 여기서 여기까지야'라고 특정 해당 부분에만 나의 역할이 있다고 생각한다면 그런 친구들은 이런 급변하는 디지털 광고 시장에서 적응하기가 힘들지 않을까 생각합니다. 내 역할만을 잘하는 것에서 그치는 것이 아니라, 늘 트렌드에 민감하게 귀 기울이면서 남이 하는 역할까지도 많이 살펴보고 알고 있어야만 좋은 아이디어가 나올 수 있다고 생각합니다. 좌뇌와 우뇌의 경계가 없었으면 좋겠다고 말씀드린 것이, 그래야만 좋은 아이디어를 만들어 낼 수 있다고 생각하기 때문입니다. 한 가지 더 덧붙이자면 자기 스스로의 역할에 대한 경계를 허물었으면 좋겠습니다.

유승엽 교수 마지막 질문을 하기에 앞서 저희 채널을 시청하는 분들의 질문 중 두 가지만 드리고자 합니다. 먼저 첫 번째 유튜브 시청자 질문입니다. “업계 최고의 디지털 광고 회사의 대표이자 성공한 젊은 CEO로서 성공할 수 있었던 비결이 궁금합니다”라고 보내주셨습니다.

최영섭 대표 차이 사옥에 방문해 보시면 엘리베이터 앞에 이런 문구가 있습니다. 정현종 시인의 ‘방문객’이라는 시의 문구가 새겨져 있는데요, 사람이 온다는 것은 그 사람의 일생이 함께 온다는 것이다 라는 뜻입니다. 저희 회사는 약 300여 명의 직원들이 차이라는 울타리 안에서 디지털 마케팅을 만들어내고 있습니다. 17년이라는 역사 속에 10년 넘게 저와 함께 근속해 온 친구들도 20여 명 정도 있습니다. 저는 이 친구들이 단순히 차이에서 받고 있는 처우가 다른 회사들보다 좋아서 여기에 있는 것이 아니라고 봅니다. 그분들은 저와 함께 디지털과 종합광고회사가 갖고 있는 온·오프의 경계를 함께 허물었고, 수많은 업계의 고정관념을 깨기 위해 함께 싸워왔습니다. 이러한 과정들을 함께 해 온 직원들이 제가 여기까지 온 데 있어 가장 고마운 부분이고 저의 성공비결이 아닐까 생각합니다.

유승엽 교수 두 번째 시청자 질문입니다. "요즘 최대표님이 가장 큰 흥미나 재미를 느끼고 있는 관심사는 무엇입니까?"라고 질문해 주셨습니다.

최영섭 대표 차이에서만 17년을 클라이언트의 광고를 만드는 일들을 해 왔습니다. 누구나 광고쟁이라면 그런 생각들을 해 보셨겠지만 내 브랜드를 한번 만들어 보자라는 꿈이 있습니다. 올 초에는 저희가 지역 맛집의 요리들을 '요릿'이라는 브랜드로 밀키트화해서 유통을 하고 있습니다. 다만 이것이 생각보다 규모가 커지는 바람에 지금까지 하나하나 만들어가고 있는 과정입니다. 또 하나는 올 하반기 4/4분기에 신사옥으로 이전을 하게 되었습니다. 그 신사옥에 새로운 카페브랜드를 론칭할 계획인데요. '브루주아 학동'이라는 카페브랜드를 통해서 문화를 만들어 보고자 합니다. 단지 광고만을 만드는 크리에이터가 아니라 문화를 만들어내는 크리에이터로서 역할을 해보고 싶습니다. 저나 차이커뮤니케이션의 역할이 광고가 아닌 다른 곳에도 빛이 날 수 있는 곳이 있다면 도전해보고 싶습니다.

유승엽 교수 이제 마지막 질문을 드리고자 합니다. 디지털 업계의 대표주자로서 차이커뮤니케이션이 앞으로 2022년도에 어떻게 변화할지, 또는 2022년도를 한마디로 전망한다면 어떻게 할 수 있을까요?

최영섭 대표 매년 새해 초가 되면 개인적인 소망이긴 한데요, 항상 마음 속에 이런 다짐을 합니다. '올 한해도 차이 이름값만 하자'입니다. 2021년도에는 다행히 차이 이름값 한 것 같고요, 내년에도 차이 이름값 하겠습니다. 좋은 캠페인으로 여러분들께 보여드릴 수 있도록 최선을 다해 노력하겠습니다.

끝맺는 말

결정적으로 브랜딩이 실패하는 이유는 '일관성'이 무너질 때라 생각한다. 최영섭 대표와의 대담을 들으며 이 조직은 성숙한 조직이라는 생각이 들었다. 성숙한 조직이라면 조직 내에서 함께 공유하는 가치, 약속이 있어야 하고 이를 바탕으로 지식과 경험을 축적하며 문제를 해결해 나가는 방식은 무엇인지 내부적으로 확인되고 공유되어야 한다. 조직 내부적으로 조직이 갖고 있는 비전과 가치, 사명을 일관적으로 작동될 수 있도록 조직이 세팅되어야 한다. 우수한 아이디어와 전략이 있다 하더라도 구성원들과 일관성있는 조직의 가치관이 밀도 깊게 내재화되어 있지 않다면 그 조직은 어디선가 삐그덕대기 마련이다. 브랜드 관리의 시작은 내부 브랜딩internal branding이라 해도 과언이 아니다. 내부 브랜딩은 브랜드의 정체성identity을 내부 구성원들이 내면화해서 고객들을 향한 약속을 자신의 사명으로 인식하도록 만드는 과정이다.[1] 고객들이 브랜드에 대해 갖는 기대는 바로 그 브랜드의 내부 구성원에 의해 실현된다. 마케팅의 대가인 짐 콜린스가 말한 기업의 최고 자산인 '적합한 사람right person'도 회

1 박찬수(2009.12). "직원을 내편으로 만드는 내부브랜딩". 동아비즈니스리뷰, 47호.

사가 지향하는 가치를 자신이 지향하는 가치로 받아들이고, 회사의 일을 곧 자신의 일이라 여기는 사람이다. 최대표의 이야기는 지속적으로 내부브랜딩의 가치를 말해주고 있다. 최대표의 이야기를 잘 들어보면 차이커뮤니케이션은 처음 설립의 순간부터 '차이 이름값'이 무엇인지에 대한 일관된 답이 있었다. 그리고 그는 차이의 성공 비결을 이것을 위해 함께 싸워준 동료들이라 하였다. 내부브랜딩이 가능하기 위한 바탕에는 확고한 브랜드의 변하지 않는 가치, 즉 '정체성'이 있어야 하며 이를 작동하기 위한 동력은 '제도화'에 있다. 지속적으로 내부브랜딩을 정착시키기 위해서는 반드시 이를 가능하게 하는 제도, 또는 시스템이 수반되어야 한다. 최대표는 내부적으로 계속해서 '뉴하우'를 만들어낼 수 있는 '차이 다움'을 심어주려 노력하고 있다 하였고, 이를 가능하게 하는 '통제 시스템'이 있다고 말했다. 그리고 대담 중간 중간에 차이만의 차별점을 언급하며 '조직의 세팅'에 대한 이야기들을 해 주었다. 경영자가 우리 회사는 다른 광고회사와 다르게 각자가 가지고 있는 역량들을 통합할 수 있도록 노력하라고 말만 한다면 직원들의 공감을 사지 못하고 냉소를 유발할 수밖에 없다. 하지만 최대표는 이것을 가능하게 하게 위해 내부적인 조직을 어떻게 세팅해야 하는지, 그리고 내부적인 통제 시스템을 어떻게 작동해야 하는지에 대한 고민을 했을 것이다. 아무리 경영자의 신념이 확고해도 구성원들이 같은 신념을 믿고 함께 싸워주지 않으면 불가능하며, 또한 이를 위해서는 제대로 할 수 있는 시스템을 갖추어야 한다는 것을 최대표는 알고 있다. 이것이 17년간 차이커뮤니케이션을 이끌어 온 비결이지 않을까.

이번 대담을 들으며 세 가지의 요소가 조화를 이루어야 성공적인 브랜드 관리가 이루어질 수 있겠다는 생각이 들었다. ① 일관되고 확고한 브랜드 정체성과 ② 이에 대한 구성원들의 내재화(내부브랜딩: internal branding),

③ 마지막으로 이를 가능하게 하는 조직 운영 세팅이다. '차이 다움'을 실현해 내는 구성원들, 그리고 제대로 일할 수 있도록 조직을 구성하는 경영자까지. 이제 차이커뮤니케이션은 '차이'라는 이름 하에 하나가 되어 디지털 마케팅 생태계에 불어오는 변화의 바람에 맞설 준비를 하고 있다. 마지막으로 대담의 맺음말에서 최대표는 '차이커뮤니케이션은 내년에도 경계를 허무는 데 노력할 것'이라 했다. 디지털 종합광고회사로서, 하나의 브랜드로서, 한 사람으로서 앞으로도 경계없이 도전해 나갈 그의 행보를 응원한다.

05

한국광고학회 다섯 번째 'ACE' Talk

대홍기획 홍성현 대표와의 대담

최태랑

(Texas Christina University 전략 커뮤니케이션학과 조교수)

대홍기획 홍성현 대표

들어가며

'내일을 바꾸는 살아있는 생각'이라는 슬로건 아래 '데이터 드리븐 토털 마케팅 솔루션 컴퍼니'의 비전으로 대한민국 광고업계 에이스 기업, 대홍기획의 변화를 이끌고 있는 홍성현 대표. 다섯 번째 'ACE' Talk에서는 광고학회 제19대 회장을 역임한 동국대학교 김봉현 교수와 홍성현 대표의 대담으로 이루어졌다.

대홍기획을 "패밀리"라고 표현한 홍성현 대표는 1988년 대홍기획 AE를 시작으로 최고경영자 부사장까지 오른 대홍기획과 대한민국 광고기획의 산 증인이라 말할 수 있다. 대홍기획은 1982년 국내 광고회사로는 세 번째로 창립, 올해로 창립 40주년을 맞이하는 대한민국 대표 광고대행사이다.

이번 다섯 번째 대담에서는 대홍기획 대표로써의 비전과 경영 철학, 지금의 자리에 오르기까지 걸어온 길과 그의 신념, 현재 우리 광고업계가 겪고 있는 환경적 변화와 같은 다양한 주제로 심도 있는 대화가 진행되었다. 수평적 문화를 위한 대홍기획만의 재밌는 문화, 홍대표가 직접 광고에 출연하게 된 사연, 그리고 미래 광고인을 위한 진심어린 조언 또한 들을 수 있었다. "광고회사의 실제적인 자산은 사람"이라는 경영철학으로 디지털 시대에 맞는, 빅데이터 기반의 살아있는 전략과 리얼 크리에이티브로 최적의 솔루션을 제공하는 대홍기획만의 차별화된 클라이언트 서비스에 대한 홍성현 대홍기획 대표이사의 이야기를 만나보자.

대담 내용

김봉현 교수 'ACE' Talk를 본격적으로 시작하기에 앞서서 먼저 간단한 인사말씀 부탁드리겠습니다.

홍성현 대표 안녕하세요. 방금 소개 받은 대홍기획 대표 홍성현 대표입니다. 오늘 'ACE' Talk를 통해서 광고 학회 교수님들을 이렇게 뵙게 되고 광고 일을 하시는 광고인들 그리고 예비 광고인까지 이런 채널을 통해 만나 뵐 수 있게 되어 매우 기쁘게 생각합니다. 이런 자리를 만들어주신 관계자분들께도 깊은 감사의 말씀 드립니다. 이번 주 토요일부터 한가위 명절이 시작되는데요. 한가위 명절 넉넉한 마음으로 행복한 시간 보내시기 바랍니다.

김봉현 교수 감사합니다. 'ACE' Talk를 여는 첫 번째 질문으로 이런 질문부터 드리고 싶은데요. 대표님은 AEAccount Executive를 시작으로 CEO까지 오르신 전문 광고인이자 대홍기획의 산 증인이자 역사이신데요. 대홍기획을 한마디로 표현한다면 어떻게 표현하시겠습니까?

홍성현 대표 대홍기획은 '패밀리다'라고 표현하고 싶습니다.

김봉현 교수 어떤 의미를 함축하고 있는 것인가요?

홍성현 대표 저희 대홍기획이 82년도에 국내 광고회사로써 세 번째로 창사가 됐습니다. 내년이 40주년이 됩니다. 40년 동안 선배님들이 일궈놓은 대홍기획만의 문화가 있습니다. 선배들부터 이어져오고 있는 그런 문화가 '가족적인 조직문화'이고요. 이런 가족적인 조직문화가 대홍기획의 많은 활력소가 되고 역량 발휘를 하는데 있어서 많은 도움이 되고 또 강점으로 작용하고 있는 것도 사실이거든요. 그러한 측면에서 '패밀리다'라고 말씀을 드렸고, 이런 부분에 있어서는 회사에서도 지속적으로 조직문화를 유지하기 위해서 노력을 하고 있고, 또 저희 자회사인 엠허브나 스틱인터랙티브, 모비잽미디어까지도 파급이 돼서 DCA그룹의 전체적인 문화로 정착이 되고 있고, 협업관계를 이루는데 있어 상당히 좋게 작용하고 있다고 말씀드릴 수 있습니다.

김봉현 교수 가슴에 와닿습니다. 제가 대학과 대학원을 다니던 시절 대홍기획에 대한 아주 좋은 기억을 가지고 있는데요. 특히 종합광고대행사에서 근무할 당시 대홍기획이 저술했던 광고 및 매체 전략과 관련된 전문 서적으로 공부를 했던 적이 있습니다. (웃음) 그래서 대홍기획을 떠올리면 '열심히 연구하고 공부하는 대행사다'라는 좋은 기억이 있고요. 그래서 아마 이것이 전체적으로 대홍기획을 정의하는 정신의 근간이 되었던 것이 아닌가 하는 생각을 했습니다. 연장선상에서, 대표님께서 문화도 말씀하셨지만 이런 것들이 대홍기획의 어떤 철학이나 신념, 가치 이런 것들과 관련한 것에 영향이 있었을까요? 정신이라면 무엇일까요? 그 때의 정신과 지금의 정신, 차이가 있을까요?

홍성현 대표 교수님께서 말씀하신 것처럼 저도 88년도에 대홍기획에 입사를 해서 사내 교재를 통해서 전략이나 광고에 대해서 이해를 하고 학습이 되는 과정을 거쳐서 여기까지 왔습니다. 지금은 고인이 되신 故강정문 前대홍기획 대표님이시자(저도 기억이 납니다) 그 때 당시에는 관리 본부장님이셨던 그 분은 항상 Ad Age를 끼고 다니셨어요. 그러면서 어떻게 하면 선진 광고 기법을 배워서 우리 직원들한테 전수를 할까 하는 그런 측면에서 매번 영어로 된 부분을 번역을 해서 소책자로 만들고, 그 소책자를 배포를 해서 당신께서 직접 강의까지 하시면서 대홍기획 직원들이 전략적인 마인드를 가질 수 있도록 노력해 주시고 또 그러한 부분들이 업계에도 많은 영향을 끼친 것이 사실입니다. 그 당시에 근무했던 분들이 그렇게 학습되어진 부분을 가지고 동업계로 또 이직을 했을 때 그 회사에 가서도 그러한 전략 하에 업무를 하시다 보니까 업계에도 많은 영향을 끼쳤다고 할 수 있겠습니다.

그 때 그 당시 대홍기획의 철학이 '파는 과학' '파는 예술'로 기억이 나는데요. 상당히 세일즈sales 지향적인 얘기입니다만 '광고와 판촉은 클라이언트의 매출에 기여를 해야 한다'라는 근간에서 그런 말씀을 하셨습니다. '파는 과학'이라는 철학은 마케팅을 하는데 있어서, 실행에 있어서도, 그리고 광고효과를 측정하고 분석을 하는 측면에서도 과학전인 근거에 의해서 업무를 하고 전략적 판단을 내릴 수 있도록 하는, 그리고 거기에 걸맞는 시스템을 갖추기 위해서 노력을 해온 것도 사실이구요. '파는 예술'은 매출을 증대시킬 만한 크리에이티브의 관점과 일맥상통한다고 볼 수 있습니다. 근데 이 '파는 과학' '파는 예술'이 퍼포먼스 광고나 디지털 광고를 하는 이 시대에 오히려 더 적합한 것이 아닌가 하는 이러한 생각도 해보게 됩니다. 요즘 디지털 광고를 하거나 퍼포먼스 광고를 할 때 보면 로아스ROAS; Return On Advertising Spend(광고대비 수익)이든 구매전환율이 되었든 이런 부분을 가지고 평가를 측정하고 있습니다. 물론 광고주의 KPIKey Performance Indicator(핵심성과지표)가 가입률이 되었든 클릭률이 되었든 아니면 로아스가 되었든 구매전환율이 되었든 많은 요청 사항은 있지만 궁극적으로는 매출에 얼마나 기여하느냐 이런 측면을 보면, 30년 전이었지만 '파는 과학' '파는 예술'이 오히려 선견지명을 가지고 철학적으로 우리에게 이어져 내려온 것이 아닌가 이런 생각이 듭니다.

김봉현 교수　저도 그런 부분에서 동의합니다. 광고라는 것이 다양하게 진화하고 변화하고 있는데 궁극적으로는 그런 모든 노력들이 결국 판매나 매출을 증진시키기 위한 활동이 되어야 하지 않겠습니까. 그런 면에서는 저도 절대적으로 이제 공감을 하는 것 같습니다. 그러면 대표님께서 생각하시기에 '광고 대행사는 이래야 된다'라고 하는 것, 철학을 말씀하셔도 좋고 신념을 얘기해주셔도 좋을 것 같습니다. 어떻습니까?

홍성현 대표　저는 '광고회사는 클라이언트보다 한 걸음 앞서 가야 된다'라는 생각을 합니다. 그 이유는 아무래도 광고 클라이언트한테 캠페인을 제안하고, 실행을 하고, 또 그 성과를 내기 위해서는 광고주보다는 한 걸음 앞서서 생각하고 또 선진 기법이나 툴tool들에 대한 이해, 전략적인 제안 이런 것들을 하기 위해서는 학습되고 조직화되고 거기에 맞는 서포트를 할 수 있는 능력을 준비해서 광고주를 리드해 갈 수 있는 그러한 부분들이 광고대행사의 역할이 아니겠느냐 하는 측면에서 '한 걸음 앞서 가야 된다'라는 생각이 듭니다. 따라서 트렌드나 미래에 대한 예측 이런 부분들을 좀 더 종합적으로 고려해서 광고주가 진정으로 니즈를 충족할 수 있는 쪽으로 광고대행사가 선행적으로 광고주한테 제안을 할 수 있는 그런 능력을 갖추는 것이 광고회사의 역할이라고 저는 생각을 합니다.

김봉현 교수 그런 면에서 대행사가 광고의 길을 새롭게 만드는 역할도 자행해서 적극적으로 노력을 기울여야 될 필요가 있다는 말씀이시네요.

홍성현 대표 네 그렇습니다.

김봉현 교수 홈페이지를 보면 데이터 드리븐 그리고 토털 마케팅 솔루션 컴퍼니라고 소개가 되어있습니다. 이것이 어떠한 의미인지 소개를 부탁드리겠습니다.

홍성현 대표 저희 회사의 비전이 '데이터 드리븐 토털 마케팅 솔루션 컴퍼니'라고 제가 19년도에 취임을 하면서 내건 비전입니다. 그 당시만 해도 디지털 트랜스포메이션에 대해서 상당히 대두가 되고 있던 시대인데요. 그 당시에 저는 데이터라고 하는 부분에 유념을 했습니다. 왜냐하면 '디지털 광고라고 하는 것은 결국에는 미디어가 되었든 광고 플랫폼이 되었든 아니면 커머스가 되었든 데이터를 베이스로 하지 않으면 안 될 것이다'라는 그런 측면입니다. 그래서 저는 가장 먼저 빅데이터 시스템을 업그레이드 시키는 것부터 시작을 했습니다. 아시겠습니다만, 저희 롯데 그룹은 유통사들에 의해서 3,000만 명 이상의 구매행동 관련 빅데이터를 확보할 수가 있습니다. 그러한 데이터들을 기반으로 해서 어떻게 마케팅에 접목을 시킬 것이냐 하는 그런 숙제를 저희들은 고민을 했고요.

게다가 어떤 인사이트를 추출하거나 전략을 개발하는데 있어서는 정량적인 데이터만 가지고는 부족하다는 판단을 해서 정성적인 데이터 그리고 또 앱app의 활용 데이터까지 해서 트라이앵글로 정량과 정성 데이터를 결합 시켜서 저희 대홍기획만의 디빅스2.0(대홍기획의 자체 빅데이터 분석 플랫폼)이라고 하는 시스템을 구축을 해서 활용을 하고 있고, 그러다 보니까 광고전략을 수립하거나 인사이트를 추출하는데 있어서 많은 도움을 드리고 있습니다. 그것뿐만이 아니라 데이터 구축을 했는데 그러면 그것을 어떻게 상업화시켜서 디지털 시대에 맞는 쪽으로 실행시켜 나가느냐 하는 2차적인 과제를 수행하기 위해서는, 우리 회사만 겪는 것이 아니라 광고회사 전반적으로 ATLAbove The Line시장이 위축되고 있는 이 상황 속에서 뭔가 활로를 찾아야 될 거라고 봅니다. 그러한 시장은 결국 디지털 시장으로 보여지는데 사실 광고 회사는 테크tech가 없어요. 마케팅은 있는데 테크가 없어요.

김봉현 교수 그게 무슨 말씀입니까?

홍성현 대표 어떤 디지털 광고에서는 애드테크AdTech라는 것이 필요한데 마케팅은 할 줄 아는데 테크에 대해서는 잘 모르는 그러한 부분들이 현실적으로 존재하고 있습니다. 그래서 이러한 부분들을 해결하기 위해서 테크를 가지고 있는 IT회사와 제휴를 한다거나 M&Amergers and acquisition; 인수합병를 통해서 그러한 부분을 극복을 해야 되겠죠. 앞서 말씀 드렸듯이 데이터 드리븐, 데이터를 기반으로 해서 일대일 개인화 마케팅, OTTover-the-top가 됐든 SNS가 됐든 아니면 요즘 방송국에서 어드레서블addressable이라고 하는 것을 추진한다고 하는 이야기처럼 디지털 광고는 어차피 일대일과 효율을 추구하는 것이기 때문에 개인화 마케팅으로 갈 수밖에 없다고 생각합니다. 그 개인화 마케팅을 실현시킬 수 있는 근간인 빅데이터를 우리가 가지고 신사업을 추진해야겠다고 생각해서 저희 대홍기획 자체적으로도 앱app광고 플랫폼이 되었든 애드머스가 되었든 저희만의 스피어(스피어TM, 업계 최초의 데이터 기반 원스톱 고객 행동 분석 솔루션)라든지, 기프티엘과 연결된 것이라든지 이러한 디지털과 관련된 신사업을 지금 추진하고 있고, 아직 초기라서 큰 성과는 아니지만 지속적으로 성과를 내고 있고 차근차근 단계를 밟아 나가고 있다고 말씀 드릴 수 있습니다.

김봉현 교수 그런 말씀을 들으니까 앞으로 이제 광고대행사가 갖춰야 될 역량의 한 요소를 알 수 있었습니다. 데이터 드리븐된 빅데이터에 의존한 퍼포먼스 마케팅 같은 것들이 유용하고 소셜 미디어에 들어가 보면 알고리즘에 따라서 개인에게 맞춰진 맞춤광고에도 노출되고 있는 것이 현실입니다. 하지만 제가 학생들을 가르치다 보면 자칫 많은 학생들이 데이터 드리븐된 퍼포먼스가 광고의 전부인 것처럼 생각하는 경우도 많이 있습니다. 아까 대표님이 지적하신 것처럼 정성적인 부분도 못지않게 중요하고 이에 대한 관심도 굉장히 많이 가지고 계신다고 말씀하셨습니다. 제가 볼 때는 아무래도 그러한 퍼포먼스 마케팅이 필요한 데이터를 많이 주기는 하지만 궁극적으로 소비자들이 가지고 있는 '왜'라고 하는 그 부분에 대해서는 충분히 얘기하지 못한다는 단점도 많이 제기가 되고 있거든요. 대표님께서 정성적인 부분들을 서포트한다는 말씀을 하신 걸 보면 대홍기획에서 이를 보완하기 위한 노력이 병행이 될 것 같습니다. 학생들을 위해서 이런 경우에, 구체적으로 '우리는 정성적인 부분에 마찬가지로 노력을 기울이고 있다'라는 부분이 있으신지 궁금합니다.

홍성현 대표 아무래도 정량적인 부분에 대해서는 이전에 발생했던 구매행태 같은 행태를 가지고 유추해 낼 수 있는 부분들이 있지만 사실 속마음을 알기에는 한계가 있습니다. 그래서 이러한 속마음을 알기 위해서 댓글을 살펴보면서 그 제품이나 회사나 회사의 이미지 같은 그런 것들이 긍정적으로나 부정적으로 작용하는 부분들이 있는지 캐치합니다. 그런 것들과 병행해서 사실은 빅데이터라고 하는 것은 데이터만 가지고 있는 것이 중요한 것은 아닙니다. 어떻게 그것을 분석하고 활용하느냐가 중요한 관점입니다. 또 타깃 오디언스를 다시 리타기팅해서 우리가 원하는 타깃들에게 정교하게 마케팅을 할 수 있느냐가 핵심입니다. 저는 앞서 말씀하셨던 부분에 대해서 퍼포먼스나 데이터만 활용하면 되느냐 아니냐는 부분에 있어서, 분명히 그거는 아닙니다. 거기에는 분명히 크리에이티브라고 하는 영역까지도 같이 결합이 되어야 된다고 생각합니다. 그래서 결국은 마케팅, 뭐 일반적인 얘기겠습니다만, IMCIntegrated Marketing Communications적이고 토털 마케팅을 하는 것이 바람직하다고 저는 생각합니다.

김봉현 교수 주제를 조금 바꿔서 말씀을 나누었으면 싶은데요. COVID-19이라고 보통 얘기하는 코로나 시대에 전 세계적으로 상당히 어려움을 겪고 있지 않습니까. 흔히들 우리가 위기라고 말할 때는 그 안에 기회가 또 함축적으로 들어있다고 얘기합니다. 그래서 '위기는 곧 기회다'라고 사람들이 많이 얘기를 하는데요. 아마 광고대행사도 예외는 아닐 거 같습니다. 코로나 시대에 광고회사로서 대홍기획이 특별히 역점을 두고 있다 혹은 이런 것들을 기회요소로 삼고 싶다. 이런 것들이 있으신지요?

홍성현 대표 위기는 분명한 것 같은데 기회는 별로… (웃음) 느껴지지 않는 게 실상입니다. 저희 회사뿐만이 아니라 광고 대행사들이 작년부터 시작해서 많은 어려움을 겪고 있는 것이 사실이고요. 현재도 특히 BTLBelow The Line쪽, 이벤트 프로모션이나 시네마, 스포츠 마케팅 쪽은 아직도 회복이 안 되고 있는 상황입니다. 이처럼 COVID-19 상황에서 우리가 어떤 역점을 두냐는 측면에서 이러한 상황을 극복하기 위한 노력은 기본적인 거라고 생각을 합니다. 저희 광고 회사라는 것이 공장을 가지고 있는 것도 아니고요. 실제적인 자산은 사람이라고 저는 생각합니다. 따라서 저는 코로나 상황 속에서 가장 역점을 둔 부분은 직원들의 건강과 안전 부분에 가장 신경을 써 왔고 지금도 그렇게 하고 있습니다. 따라서 작년 2월부터 저희는 선제적으로 재택근무를 시행했고 지금도 전면적인 재택근무를 하고 있는 상황입니다. 재택근무를 하다 보면 아무래도 효율도, 그리고 밀착된 광고주 서비스 이런 면에 있어서 다소 떨어진 부분도 없지 않아 있습니다만 그래도 이게 장기화되다 보니 적응이 돼서 그런 부분은 안 생기고 광고주들께 제대로 서비스를 할 수 있는 상황이 된 것 같습니다. 따라서 저는 앞으로도 직원의 건강 문제에 대해서 상당히 우선적으로 주안점을 두고 경영을 할 것입니다. 부가해서 말씀 드리면 코로나 상황이 영향을 끼친 또 하나의 부분이 비대면 상황으로 계속 전개가 되다 보니까 조직문화 관점에서 어려움이 있어요. 앞서 말씀 드렸던 저희의 장점인 가족 같은 조직 문화 이런 부분들을 계속 유지하고 강화시켜 나가는데 있어서 약간의 장애가 있는 것이 사실입니다. 이 부분에 있어서 임직원분들과 어떻게 소통을 하느냐 측면에서 늘 관심을 기울이고 있는 상황입니다.

김봉현 교수 굉장히 인간주의적 접근을 하고 계시는 것 같아요. 그런 말씀을 들으니 대홍기획은 이미 대홍TV라는 것을 통해서 단순히 정보를 제공하는 수준이 아니라 임직원을 통해서 자유로운 소통 채널로 활용하고 있는 것으로 알고 있습니다. 특히나 실시간 라이브 방송을 통해서 여러 가지 재미와 흥미가 곁들여진 콘텐츠를 직접 제작하고 활용하고 있는 것으로 알고 있는데요. 특별히 이러한 소통 채널에 의미를 둔다거나 신경을 쓰시는 이유가 있을 것 같습니다.

홍성현 대표 저희가 업계 최초로 라이브 형태로 유튜브에 방송을 해보자라는 생각을 가지게 된 부분은 광고회사이다 보니 '소통 채널을 가지자'였습니다. 목적 자체는 대내적으로는 우리 임직원들 간의 소통채널로서 활용하고자 하는 것이었고, 대외적으로는 저희 회사에 대한 PR 측면에서 하게 되었습니다. 그런데 이제 직원들께서 자발적으로 프로그램에 대한 아이디어를 개진하고 또 실질적인 콘텐츠도 임직원들의 참여로 이루어지거든요. 그러다 보니 호응도 많이 있고 광고회사에 종사하시는 분들의 특유의 재미있는 아이디어들이 많이 결합이 돼서 인기 있는 채널로 자리매김을 하고 있습니다.

김봉현 교수 특히 지금같은 비대면 상황에서는 굉장히 중요한 소통 채널로 작용하고 있겠군요.

홍성현 대표 그렇습니다. 저희가 예전에 대면 상황에서는 한 달에 한 번씩 모티베이션 먼슬리 데이motivation monthly day라고 해서 대한극장에 전 직원이 모여서 소통하는 자리가 있었고, 거기에는 저희 회사에 이제 입사하신 신입사원분들 소개라든지 대홍의 대소사라고 해서 회사의 자잘한 일들에 대해서 공유하고 소통하고 또 포상 개념의 그런 것들을 하는 자리뿐만 아니라 극장에서 그 때 유행하는 인기 있는 영화도 같이 보고 하는 그런 소통의 자리를 가졌었는데, 코로나 상황 때문에 그런 부분들은 이제 여건이 맞지 않아서 할 수 없어서 지금은 오히려 대홍TV를 통해서 임직원들과 소통을 하는 채널로 자리매김을 하고 있습니다.

김봉현 교수 참 요즘 시대에 딱 맞는 그런 소통 방법인 것 같은데요. 그러고 보니 제가 이런 이야기를 접한 적이 있습니다. 대홍기획에서 수평적 문화를 위해서 임직원들 혹은 사내 신입사원들까지도 소위 말해서 "쌤"이라고 하는 말로 불려진다고 해요. 저 같은 경우는 김쌤이겠죠(하하). 저는 학교에서 교수를 하고 있으니까 쌤이 적절한데, 모든 사람들이 다 쌤이라고 불려진단 말이에요. 대표님도 쌤이라고 불려지시는지 아니면 별도의 편하게 부를 수 있는 별칭이 있는지 소개해 주세요.

홍성현 대표 말씀하신대로 저희들이 단일 호칭으로 해서 '쌤'이라는 것을 활용하는데요. 티처teacher의 개념은 아니고요. '쌤' 해서 저도 홍쌤 아니면 대표쌤 이렇게 불리고 있습니다. 사내에서는 모두 본인이 원하는 대로, 성을 원하시는 분들도 있고, 이름을 원하시는 분들도 있고, 어떤 분들은 닉네임을 원하시는 분들도 있고. 본인이 원하는 것 뒤에 '쌤'이라고 하는 것을 붙여서 단일 호칭으로 진행을 하고 있습니다. 하지만 내용은 조금 다릅니다. 이 쌤의 C자를 가지고 저희가(호칭을 만들었습니다), 저 같은 경우에는 커뮤니케이션 익스피리언스 마스터communication experience master 그래서 Cⓔ M(쌤) 이예요.

김봉현 교수 네! 아!

홍성현 대표 예. (웃음) 그래서 전략을 담당하고 있는 AE들은 캠페인 익스피리언스 마스터campaign experience master, 미디어를 담당하고 있는 직원들은 채널 익스피리언스 마스터channel experience master,

그리고 크리에이티브를 담당하시는 분들은 크리에이티브 익스피리언스 마스터creative experience master해서 C를 이용해서 맞추고.

김봉현 교수 재밌네요.

홍성현 대표 네. 그럼 관리하시는 분들은 어떻게 해요? 쿠퍼레이티브 익스피리언스 마스터cooperative experience master해서(하하) 이렇게 CⓔM이라고 통칭으로 불리고 있고요. 저도 제 이름보다는 항상 '홍CⓔM 홍CⓔM' 이렇게 불리고 있습니다.

김봉현 교수 그런 것이 사실은 CⓔM으로 일반적으로 통일은 하지만 중의적 의미를 많이 가지고 있으니까 사람들끼리 흥미로운 대화를 이끌어 가는데 굉장히 도움이 되겠네요. 실제로 그런 것들이 현장에서 어떤 변화를 이끌어 내는 것을 확인할 수 있나요? 어떻습니까?

홍성현 대표 아무래도 상하관계에 있어서 조금 더 친밀도가 생기니까 조직문화 관점에서는 상당히 혜택이 있고 효과가 있다고 생각합니다. 특히 직책을 잘 몰라서 '대리야?' '차장이야?' 하는 그런 부분에 있어서 망설임 없이 그냥 바로 CⓔM이라고 부를 수 있다고 하는 장점도 있죠.

김봉현 교수 사실은 그런 용어는 신입사원이나 낮은 직급에 있는 직원들한테는 편하긴 하지만 어렵게 임직원까지 올라간 사람들한테는 가끔 엄근진(엄격 근엄 진지)하고 싶을 때도 있지 않습니까. 그래서 수평적 문화를 다들 지향하고 싶어 하지만, 또 그것이 자칫 조직

력에 부정적으로 영향을 줄 수 있을 것 아니겠냐라는 우려를 하실 수도 있거든요.

홍성현 대표 네. 그래서 약간 병행은 하고 있습니다. 직책자들, 예를 들어 팀장이면 팀장과 C ⓔ M을 같이 쓰는 그런 경우도 있습니다. 본부장이면 본부장C ⓔ M 이런 식으로 해서 같이 호칭을 결합해서 하는 경우도 있고 해서 '내가 어렵게 본부장까지 올라왔는데 쌤이 뭐야' 하는 그런 마인드를 좀 희석시킬 수 있는 것 같습니다.

김봉현 교수 네. 재밌게 들었습니다. 주제를 좀 바꿔서 대홍기획에 입사를 꿈꾸는 예비 광고인을 위한 질문을 드리지 않을 수가 없습니다. 대홍기획에서 특별히 어떤 인재를 찾고 계시는지 혹은 원하고 계시는지.

김봉현 교수 사실 요즘 '문송합니다'(문과라서 죄송합니다)라는 말이 유행하듯이 예비 광고인들께서 취업전선이 매우 어려워진 상황에 대해 굉장히 안타깝게 생각합니다. 그럼에도 불구하고 저희 광고 회사 입장에서는 회사에 적합한 인재들을 신입으로 채용하려는 사명도 있습니다. 그러한 측면에서 저희는 두 가지 생각을 가지고 있습니다. 저도 신입부터 광고회사에 있었습니다. 그런데 혹자들이 '광고회사 다녀서 재밌겠다'라고 그냥 이렇게 표현하시는 분도 있잖아요. 그러나 막상 우리 일을 해보면 과연 재미만 있느냐. 그렇지 않고 매우 어려운 부분도 많습니다. 그렇다면 자기가 이 일을 재미있게 할 수 있는 근거, 그 부분은 광고에 대한 열정이라고 생각합니다. 광고에 대해서 하고 싶은 사람이 오히려 재미를 더 느낄 수 있다 하는 부분이 저는 크게 작용을 해야 된다고 보거든요. 그래서 예비 광고인들께서 물론 광고에 대해서 관심도 많고 하겠지만, 광고를 해보겠다는 그 열정이 일단 기본 베이스가 되어야 한다고 생각을 합니다.

두 번째는 역시 광고회사이다 보니 창의성 측면에서 저희들이 생각을 안 할 수는 없습니다. 저희 회사는 물론 인턴 생활을 하면서 지켜보는 부분도 있고 여러 가지 테스트를 통해서 입사를 시키고 있습니다만 이런 부분을 저는 강조했습니다. 순발력. 예를 들면, 그냥 쉽게 보이는 아이시스(생수 브랜드)다 하면 아이시스를 사전에 전혀 알려주지 않고 면접 보는 당일 날 이걸 하나 주고 'A는 이 아이시스를 어떤 아이디어로 팔면 매출이 올라갈 것 같습니까? 광고주가 좋아할 것 같습니까?' 카피라이터의 경우에는 '카피를 한 번 뽑아주세요.' 아트는 '비주얼적인 아이디어' 이런 거를 즉흥적으로 한 20분 정도 시간을 줘요. 그래서 그걸 가지고 면접 때 '당신이 이거에 대해서 왜 그러한 생각을 하는지 말씀해 보세요.'

김봉현 교수　대표님이 그 말씀 하시니까 예상 문제가 떠오릅니다.

홍성현 대표　아 그렇습니까?

김봉현 교수　예. 대홍기획을 꿈꾸는 여러 광고인들은 대홍기획에서 주로 맡고 있는 클라이언트 제품들을 중심으로 해서 카피를 써보던가 아니면 그걸 가지고 어떻게 관리해야 될지 예비 질문을 가지고 대답을 하면 준비가 될 수 있을까요?

홍성현 대표 (하하하) 저는 저희 인사, HR쪽에 이런 얘기를 합니다. '종이 컵도 좋다. 볼펜을 줘도 좋다. 오히려 즉흥적인 아이디어, 소위 말하는 끼를 가지고 있느냐 하는 그러한 부분들이 필요하다.' 과거에 저희도 유관된 학과도 있지만 그렇지 않은 과도 저희 회사에 지원을 하는 분들이 계시는데 그런 분들이 오래 견디지 못하고 이직을 하시는 분들이 많으시더라고요. 그런 측면이예요. 그래서 확실히 '광고에 대해서 열정을 가져야 되겠다' 하는 생각을 저희가 가졌고, 두 번째는 창의적인 부분이 면접 20분 30분해서 거의 안 드러납니다. 말로만 하면 말 잘하는 사람이 일단은 점수를 높게 받거든요. 그러나 실제 일은 그렇지 않지 않습니까. 그래서 저희가 이러한 테스트를 병행해서 시행을 하고 있는 것입니다.

김봉현 교수 그러고 보니까 저도 대표님 말씀에 상당히 공감을 하는 부분이, 광고 일을 하다 보면 밖에서야 늘 재밌고 굉장히 역동적인 일이다 이렇게 생각을 하는데 막상 들어가서 보면 생각보다 어렵지 않습니까. 오죽하면, 지금은 어떨지 모르겠지만, 피해야 될 3대 업종 중에 하나다(하하하) 이런 얘기가 나올 정도였지 않습니까. 하지만 상당히 보람 있는 일이고 또 그러려면 사실 열정이, 다른 말로 업에 대한 어떤 신념이나 자기 철학이 굳건히 있어야 즐거움뿐만 아니라 어려움이 있을 때도 잘 극복하면서 일을 할 수 있을 거라 생각합니다. 그거를 열정으로 표현하신 것 같습니다.

홍성현 대표 네. 그렇습니다.

김봉현 교수 저도 학생들한테 그런 말을 종종 하는데요. 상당히 공감이 가는 생각입니다. 그러면 그런 측면에서 최고 경영자로써 이미 대홍기획에 입사한 전문 광고인들은 어떤 인생이 되어야 한다, 어떻게 성장을 했으면 좋겠다, 커리어 측면이 되었든 인생 측면이 되었든 바라시는 점이 있으신지 궁금합니다.

홍성현 대표 저는 각자 꿈을 꾸시는 목표는 있을 거라고 생각합니다. 그런 꿈을 이루어 나가기 위해서 각자 노력들을 많이 하실 거라고 믿고요. 근데 실질적으로 보면 많은 분들이 레퓨테이션reputation 관리를 잘 못해서 본인한테 불리하게 작용하는 부분이 있거든요. 사내에서도 레퓨테이션이 안 좋으면 윗사람들한테 받는 평가를 떠나서 본인한테 불리한 상황이 많이 생길 수 있다고 생각합니다. 또, 이직이나 이런 것을 할 경우에 사실 저희 광고업계 시장 자체가 좁습니다. 저희도 경력 채용이나 이런 것들을 많이 하고 있지만 레퓨테이션 관리를 신입부터 본인 스스로 철저하게 해야 된다는 조언의 말씀을 드리고 싶습니다. 그리고 저는 조금 앞서서 이 광고 길을 걸었던 사람으로서 두 번째 조언의 말씀을 드리자면 '조급해하지 마라'라는 말씀을 드리고 싶어요. 아무래도 요즘 경쟁이 심화되다 보니 주변분들 하고 자꾸 비교해서 생각하고, 능력을 떠나서 다른 요인에 의해서 본인에 대한 평가가 이루어지거나 영향을 받는다고 생각하시는 분들이 많이 계신데 사실 인생도 긴 레이스고 우리 광고 일도 하루 이틀에 끝나는 게 아니지 않습니까? 긴 레이스예요. 그래서 마라톤을 뛴다는 생각으로 조급하게 생각하지 마시고 본인께서 생각하시는 목표, 이 목표에 대해서 한 계단 한 계단 올라간다면 나중에 분명 좋은 성과를 내실 수 있을 것이다 하는 그런 측면에서 너무 조급하게 생각하시지 말라는 말씀을 드리고 싶습니다.

김봉현 교수 그러고 보니까 대표님께서도 대홍기획에 처음 입사하셔서 AE로 시작하셔서 CEO의 자리에 오르시기까지 33년 넘게 재직을 하셨던데 그런 면에서 보면 평판 관리라는 게 꼭 기업한테만 필요한 것이 아니라 개인 스스로에 대한 평판 관리도 매우 중요하다. 그리고 단기적으로 무언가를 승부하기보다는 인생에서 길게 내다보고 대처하는 것이 필요하다는 말씀으로 들리네요. 오픈닝에서도 소개했습니다만 홈페이지에 보면 'Live for the Next' 그리고 "내일을 바꾸는 살아있는 생각"이 홈페이지 첫 페이지에 전면으로 소개되어 있더라고요. 아마 대홍기획이 꿈꾸는 내일이라는 게 분명 있을 것 같아요. 대홍기획에서 말하는 내일이라는 것이 종합광고대행사로써 무엇을 어떻게 바꾸고 싶어 하시는지 그리고 어떻게 바꾸려고 꿈꾸고 계시는지.

홍성현 대표 교수님께서 내일에 방점을 두고 질문을 해주셨는데 저는 사실 라이브에 더 방점을 두고 슬로건을 만들었습니다. (웃음) 앞서 말씀드렸다시피 저희의 비전은 데이터 드리븐 토털 마케팅 솔루션 컴퍼니라고 했지만 직원들한테는 슬로건을 가지고 경영을 해야겠다는 생각을 해서 라이브의 개념을 대입했어요. 넥스트라고 하는 것은 '대홍기획의 지속적인 성장과 미래' 그리고 대홍기획이 꿈꾸고자 하는 미래는 분명합니다. 그러나 라이브라고 하는 부분에 대해서 제가 방점을 둔 이유는, 디지털광고 시대이기 때문입니다. 왜냐하면 지금은 리얼 타임이거든요. TV 광고를 한다 하면 특정한 요일에 특정한 시간에 청약을 해서 미리 소재 넘겨 놓으면 그 때 TV 광고가 나오고. 신문 인쇄 광고 같은 경우도 원고를 미리 전달해 주면 그 다음 날이거나 그 달에 광고가 집행되는 방식입니다(가장 전통적인 방식이죠). 그러나 디지털 광고는 지금 바로 바로 리얼 타임으로 되고 효과 측정조차도 리얼 타임이거든요. 이런 시대를 사는데 과거 ATL 방식으로는 도저히 경쟁력이 있을 수 없고 광고주의 다양한 니즈를 만족시킬 수가 없다. 우리 일 자체와 우리의 생각 자체를 고쳐야 한다. 뭐냐? 라이브적으로 생각하자. 그래서 제가 '살아있는 생각'으로 한 것입니다.

라이브라고 하는 것은, 전략도 리얼타임으로 하는 이 시대에 걸맞게 전략도 수립을 해야 되고 아이디어도 걸맞게 내야 된다. 크리에이티브 같은 경우도 TV 광고 하나 제작해 놓고 트는 방식도 아직 병행은 되고 있습니다만 디지털 동영상은 그렇지 않거든요. 소재 교체 주기가 상당히 짧습니다. 그렇다면 크리에이터들도 이러한 디지털 미디어 환경에 맞게끔 다양한 소재를 제작해내고 다양한 아이디어를 접목하는 이런 부분들을 고민해야 한다. 그게 라이브다. 미디어도 마찬가지입니다. 지금 미디어 집행을 한다고 하면 앞서 말씀드렸다시피 CTR, 클릭률 이런 걸 KPI로 하는데 있어 리얼타임으로 클릭률이 몇인지를 체크하고 있는데 미디어 전략만 따져서 되겠습니까? 그 시대는 이제 지나 왔거든요. 그러다 보니까 각자 맡은 업무에서 피보팅 관점에서 즉각적으로 라이브 관점으로 일을 해야 한다는 그런 측면을 강조하기 위해서 슬로건을 만들었고, 저희 임직원들한테 그렇게 소통을 하고 리드해 나가고 있습니다.

김봉현 교수 단순한 슬로건 같은데 많은 의미가 함축되어 있네요. 라이브라고 하는 말에 방점을 두신 건데, 실시간 리얼 타임, 이거에 대한 중요성을 강조하신 거잖아요. 어떻게 보면 리얼 타임이라고 하는 것이 오프라인뿐만 아니라 온라인에서도 이제 가능한데요. 이런 연장선상에서 이야기를 해보면 요새 메타버스 이야기 많이 하거든요. 저도 얼마 전 스필버그 감독이 제작한 메타버스 관련한 영화(제목: 레디 플레이어 원)를 본 적이 있어요. 거기에 보면 사실 오프라인상에서 가능하지 않았던 모든 경험들이 온라인에서 가능하게 되고 유명 브랜드들도 지금부터 벌써 나름대로의 온라인상에서 가상공간을 만들어서 메타버스를 경험할 수 있는 그런 세계에 광고홍보를 적용하려고 시도하는 그런 움직임들이 보이고 있습니다. 우리가 언뜻 보기에는 묘연한 얘기일 수도 있겠지만, 아까 말씀하신 것처럼 광고 대행사는 광고 클라이언트보다 한 발 항상 앞서가야 한다 이런 관점에서 보시면 아마 광고계, 특히 종합 광고 대행사도 이런 메타버스 관련한 이슈와 결코 무관하지 않다고 생각합니다.

홍성현 대표 맞습니다.

김봉현 교수 그런 관점에서 대홍기획의 메타버스 관련한 준비라든지 아니면 이런 변화들이 어떻게 앞으로 가져올 것인지에 대한 생각이 있으시면 대표님의 관점을 듣고 싶네요.

홍성현 대표 네. 흔히 화두로 abc를 얘기해왔죠. AI나 Big data나 Contents. 그 이후에 또 하나 등장한 개념이 m, 메타버스입니다. 메타버스는 또 하나의 세상이라고 생각을 합니다. 이전의 PC 환경. 그 다음엔 모바일 환경. 그 이후에 생기는 또 하나의 세상. 그런 식으로 만들어져 있다고 생각을 하는데 앞서 말씀드렸다시피 광고회사가 지속적으로 성장하기 위해서 신규 먹거리를 창출하는 일들이 병행되어야 됩니다. 그런 측면에서 광고주의 만족도나 니즈를 충족하기 위해서 한 걸음 앞서가는 측면도 있지만, 자체적으로도 살아남고 지속적 성장을 하기 위해서 그쪽 산업에 뛰어들지 않으면 안 된다라는 거죠. 그런데 문제는 땅 덩어리가 너무 큰 거예요.

김봉현 교수 메타버스 그 안의 공간이.

홍성현 대표 네. 그 세상이 너무 커요.

김봉현 교수 무궁무진하다고 할 수 있죠.

홍성현 대표 그렇게 광범위한 메타버스라는 새로운 세상에서 대홍기획이 어떤 땅에 자리를 잡아야 하느냐 이 문제인 것 같습니다. 그러니까 메타버스가 피자라고 보죠. 메타버스가 피자 한 판이라면, 대홍기획은 피자 한 조각. 우리가 먹을 수 있는 이 한 조각을 만들어내고 찾아내야 되거든요. 사실 콘텐츠도 그냥 콘텐츠 하면 그릇이 얼마나 큽니까. 콘텐츠도 그게 영화냐 모델이냐 아니면 드라마냐 이런 여러 가지를 다 콘텐츠로 말씀을 하는데 메타버스도 지금 너무나 큰 개념이거든요. 그래서 이제 고민이 생기는 겁니다. 그렇다면 광고 회사들이 메타버스의 소위 말하는 IT적인 테크를 가지고 있느냐 하면 사실 없거든요. 그러나 마케팅은 가지고 있어요.

그러면 결국 또 광고 회사들은 IT회사와 제휴나 M&A를 통해서 그 시장을 뛰어들 수밖에 없고 준비를 해 나가야 하는 거죠. 그래서 저희도 그러한 관점에서 대홍기획이 잘할 수 있는 메타버스 세상, 그 한 조각이 뭐냐는 관점에서 고민하고 있어요. 그거를 지금 찾고 있고, 찾아냈고, 또 그거를 준비하고 있는 과정 속에서 저희 자체적으로는 할 수 없으니까 코워크co-work 할 수 있는 회사들과 같이 제휴나 M&A를 통해서 메타버스 세상을 개척해 나가려고 준비를 하고 있습니다.

김봉현 교수 대표님 말씀을 들으니까 정말로 이제 앞으로의 광고 생태계가 최근에 이제 디지털 미디어뿐만 아니라 웹 2.0 이후에 여러 가지 이용자들도 생산을 할 수가 있고 또 그걸 공유할 수 있고 또 광고주가 기대했던 것과 전혀 다른 콘텐츠가 재생산되기도 하고 그게 또 유포되고. 이런 세상 속에 살고 있지 않습니까. 그러다 보니까 '이 생태계가 너무 혁신적으로 바뀐다' '지금도 정신이 없다' 이렇게 얘기하는데, 말씀 들어보면 메타버스가 가져올 생태계 변화는 정말 우리가 상상할 수 없는 그 이상의 것을 의미할 수도 있겠네요.

홍성현 대표 예. 그렇습니다.

김봉현 교수 어떻게 보면 대홍기획을 아까 피자에 비유해서 설명 하셨지만 사실 그게 우리가 먹는 그런 피자의 한 조각이 아니라 피자의 크기가 우주 정도는 된다 이렇게 생각해도 될 것 같습니다.

홍성현 대표 맞습니다. 그래서 메타버스를 단순하게 미디어 관점에서 보느냐 아니면 플랫폼 관점에서 보느냐에 따라서도 많이 다를 것 같습니다. 물론 단순하게 디지털 광고 대행하듯이 메타버스에서도 하나의 미디어를 대행하듯이 하는 것은 당연히 펼쳐질 세상입니다. 하지만 그것보다는 더 진일보해서 어떤 메타버스의 플랫폼을 가지고 뉴 비즈니스를 펼치는 것이 진정한 승부수다 이렇게 생각하고 있습니다.

김봉현 교수 대표님과 이제 재밌는 이야기를 나누다 보니까 시간 가는 줄 모르겠네요. (하하) 일단 잠깐 브레이크를 갖고 유튜브에 접속해서 대표님 말씀을 듣고 있는 여러 시청자분들이 계시니까 그 분들이 궁금해 하는 질문을 한 번 볼 필요가 있을 것 같아요.

이런 질문이 들어와 있습니다. "대표님께서 진행하셨던 광고 캠페인 중에 가장 많이 기억에 남거나 애착이 가는 캠페인이 있다면 소개를 부탁드린다." 제가 알기로도 대홍기획이 국내 우수 광고제에서 주요 상들을 많이 수상하지 않았습니까. 헤아릴 수 없을 것 같은데, 그중에서도 대표님 생각하시기에 인상 깊었거나 이런 것들이 대행사의 변화를 예고할 수 있다 이런 캠페인 있으시면.

홍성현 대표 저는 많은 캠페인을 사실 진행을 했고 수십 수백 개라고 해도 과언이 아닐 텐데요. 글쎄요. 수상을 했다 안했다 이런 것으로 애착을 가지고 싶지는 않습니다. 제가 이건 하나의 에피소드일 수도 있겠습니다만 더욱 애착이 가는 그런 광고 하나는, 제가 직접 출연을 했기 때문에. (아 그래요?) 하하. 네. 어떤 은행 광고였는데 송해 선생님이 출연한 광고였는데 (예, 기억납니다) 지역 마케팅하고 병행을 했던. 그 은행은 '기업만 거래하는 은행이 아니라 온 국민이 거래할 수 있다'고 하는 것을 인지시키는 것이 마케팅 목표였어요. 그러다 보니까 '지방에서도 다 쓰고 있다'라고 하는 그런 팁을 가지고 제작했던 광고였는데 제가 마침 충청도편에 직접 모델로 출연을 했었습니다. (웃음)

김봉현 교수 하하하. 모델료 많이 받으셨어요?

홍성현 대표 하하하. 실제적으로 사내 모델료는 가이드라인이 있거든요. 거기에 적합하게 받았습니다. (농담입니다. 하하하) 제가 고향이 충청도입니다. 그런데 그때 모델 캐스팅이 잘못 되었던 거예요. 이런 말씀드리면 그 쪽 분들은 서운해 하실지 모르겠습니다만. 사투리는 북, 남 봤을 때 남도 쪽이 좀 더 세지 않습니까. (네) 근데 충청북도에 거주하시는 분을 캐스팅하다 보니까 이 충청도의 사투리가 안 되는 거예요.

김봉현 교수 사투리의 맛이 안 났었군요.

홍성현 대표 네. 그러다보니까 광고주께서 클레임을 하셔서 '도대체 이걸 이렇게 하면 어떻게 되느냐' '당신 지금 뭐하고 있어' '사무실에 있습니다' '이게 말이 됩니까?' 해서 즉각적으로 제가 갔습니다. 강화도 쪽에서 촬영을 하는데 해는 넘어가기 시작하고요. 정말 걱정되더라고요. 그래서 저보고 어떻게 해결을 하라고 그러는데 제가 읽어봐도 이거는 카피라이터분도 충청도 분이 아니였던 거예요. 그래서 '아 이거 큰일 났다.' 그래서 일단은 옷을 갈아입었죠. (웃음)

김봉현 교수　하하.

홍성현 대표　농부 옷을 제가 입고 삽 하나 들고 정말로 애드리브로 간 거였습니다. 애드리브로 카피를 제가 머릿속에 있는 걸 그냥 해버렸어요. 시간도 없고 해는 넘어가고. 그래서 그걸로 실제 방송을 타서 광고가 나간 케이스가 있어서 저는 어떻게 보면 광고라는 업종을 떠나도 못 잊을 일이 아닐까 싶습니다.

김봉현 교수　아까 말씀하신 것처럼 예비광고인이 갖춰야 될 요소 중에 하나가 순발력을 말씀하셨잖아요.

홍성현 대표　하하하. 예.

김봉현 교수　정말 순발력이 높으시네요.

홍성현 대표　하하하.

김봉현 교수　그러고 보니 AE가 천직이 아니시고 광고 모델이 천직이신 것 같아요. (웃음) 기업은행 광고죠. 저도 기억이 나서. 송해 씨가 등장하는 그 광고가 상당히 성공적으로 해서 저도 수업시간에 항상 학생들한테 모범 사례로 다룬 기억이 납니다.
시간이 어떨지 모르겠는데 올라온 질문에서 한 가지 더 하겠습니다. 아마 아까 대표님께서 직원들의 인생에 있어서 건강도 굉장히 중요하고 일에 있어서 재밌고 즐겁고 보람 있게 하려면 업에 대한 신념도 중요하고. 이런 양질의 라이프에 대한 얘기를 하셨었어요. 그걸 보고 질문을 주신 것 같아요. "기업 문화 측면에서 워라밸(일과 삶의 균형) 같은 것. 업무와 삶이 균형 있게 가려면 기업 문화 측면도 많이 중요시 되는 것 같다. 그래서 아까 기업 문화에 대해서 설명은 해주셨지만 '대홍기획만의 독특한 기업문화가 있다'라고 한다면 어떤 건지 듣고 싶다"는 질문이 올라왔습니다.

홍성현 대표 사실 뭐 워라밸이라고 하는 것이 지금은 이제 대세화가 된 것 같습니다. 지속적으로 정부에서 추진하는 주 52시간제 이 부분에 대해서는 기본화가 되어 있고요. 그거에 부과해서 우리 대홍기획만의 여러 가지 소통 프로그램이자 워라밸 프로그램이 실시가 되고 있는데요. 몇 가지만 소개를 해드리면, 일단 아무래도 출산을 한 다음에 육아에 대한 고민들이 많이 있지 않습니까? 그러한 부분을 덜어주기 위해서 임산부뿐만 아니라 남자 직원들한테도 출산 휴가를 제공해주고 있고요. 그 다음에 근속연수 5년이 되면 안식 휴가를 보내주고 있어요. 또 매달 금요일에 한번쯤은, 뭐랄까요, 행복한 그런 시간을 보내라고 '해피 프라이데이'라고 하는 것을 운영을 하고 있고요. 그 다음에 힐링 캠프라는 것이 있습니다. 요즘 뭐 코로나 상황 때문에 힐링 캠프는 조금 주춤하고 있습니다만 힐링 캠프는, 가고 싶다 하면 속한 부서 사람과 가는 것이 아니라 타 부서 사람들하고, 다섯 명이든 여섯 명이든, 모여서 1박 2일로 가고 싶은 곳을 다녀오는 것이 힐링 캠프입니다. 소통 차원에서 가서 타 부서 사람들과 많은 대화도 나누고 또 술 한 잔 하면서 좋은 시간 보내는 그런 힐링 프로그램도 있고요. 심지어는 요즘에 정서적인 측면도 고려해서 심리 상담 프로그램까지 사내에서 제공을 해주고 있고요. 또한 워라밸 측면에서 사실 요즘 주택 문제도 많이 대두가 되고 있는데요. 그런 측면을 고려해 복지 차원에서 주택 자금을 조금 부담 덜 하시게 제공해 준다거나 하는 그런 여러 가지 방법들을 시행을 하고 있는데 아직은 미흡합니다. 하지만 지속적으로 회사에서 노력해야 될 부분이라고 저는 생각하고 있습니다.

김봉현 교수 사실 직원의 복지라고 하지만 세세한 부분까지 굉장히 관심을 가지고 계시고 또 그것이 대홍만의 기업 문화를 유지하는데 도움이 된다고 생각을 하셨네요. 저도 예전에 읽은 철학책에서 '휴식이야말로 진정한 창의성과 창조성의 근원이고 원천이다' 이런 얘기를 하는 글을 읽고 요즘 세상에 사실 딱 들어맞는 말이 아닌가 그런 생각을 하고 있습니다.

아마 대홍기획뿐만 아니라 광고 쪽에 종사하고 싶은 많은 분들한테 여러 가지 좋은 조언이 되었을 것 같고요. 또 광고 대행사라고 하는 영역이 꼭 일에만 매진하는 곳은 아니다라고 하는 측면들을 아마 시청자분들도 공감을 하셨을 거라 생각이 됩니다.

보니까 어느덧(끝나는) 시간이 다가오고 있는데요. 아무래도 이제 우리가 예정된 토크를 마무리하기 전에 대표님께서 마무리 말씀이나 당부의 말씀이 있으시다면 한 말씀 해주시면 도움이 될 것 같습니다.

홍성현 대표 네. 지금 광고 대행사의 당면 문제가 인력 문제가 조금 있습니다. 우리 광고 시장에 탁월한 분들이 많으셔서 IT 회사로 옮기시는 분들이 상당히 많아요. 그러다 보니까 우리 광고 시장 내에서 채용을 하는데 상당히 애로사항을 겪고 있는 것이 지금 광고회사들이 어려움을 겪고 있는 문제거든요. 그와 관련해서 한 번 부탁의 말씀을 드리고자 합니다.

오늘 이 'ACE' Talk를 시청해 주시는 교수님들께서는 예비 광고인들을 광고에 관심이 있는 사람으로서 적극 양성해 주실 거라고 믿습니다. 예비 광고인들께는 열정을 가지고 적극 도전해 주십사 하는 그런 부탁의 말씀을 드리고 싶습니다. 허나 우리 광고회사라고 하는 입장에서 보면 사실 광고시장에 더 많은, 수요와 공급 측면으로 보면 공급이 많이 되어야 되거든요. 근데 예비 광고인들의 진입로가 상당히 좁아져 있습니다. 그런 측면에서, 우리 광고 회사들은 신입 채용 문제를 사회적 책임이라고 생각을 하고 더욱더 확대시켜 나가야 되지 않겠느냐. 물론 저부터도 당연히 노력을 하고 있습니다만 이런 부분에 대해서 우리 광고업계가 늘 여건은 어려운 것도 저도 알지만, 그럼에도 불구하고 신입 채용에 대해 조금 더 관심을 기울여 주는 그런 쪽으로 고민이 되었으면 하는 바람입니다.

김봉현 교수　참 좋은 말씀 해주셨습니다. 특히 예비 광고인을 꿈꾸는 학생들은 사실 꿈을 꿀 수 있는 대상이 있어야 되는데 들어가는 것 자체가 워낙 좁고 이러다보면 결과적으로 하루아침에 이루어질 수 있는 부분이 아니잖아요. 대표님 말씀대로 그런 기회를 자꾸 만들고 또 신입 사원이 들어오면서 광고 대행사에서 배우고 익히고 해서 더 나은 광고인, 전문 광고인으로 성장하고, 또 그게 선순환 구조로 계속 광고의 전체적인 산업을 아주 탄탄하게 만드는 것이 아닌가 그런 생각을 합니다. 저도 대표님 말씀 듣고 희망이 좀 생깁니다. 학생들한테도 자신 있게 너의 업에 대한 자부심을 좀 가지면 굉장히 좋은 미래가 열린다 말할 수 있을 것 같습니다.

좋은 말씀 무척 감사드립니다. 어느덧 예정된 시간이 다 된 것 같습니다 여러분. 아쉽지만 마무리를 해야 될 것 같고요. 먼저 바쁘신 가운데서도 어려운 시간 내주시고 유튜브 시청자 분들과 좋은 내용의 대담 함께 해주셔서 감사드립니다. 특히 좋은 대담 프로에 참여해주신 여러분께도 다시 한 번 감사드립니다. 이 멋진 대담 프로 기획하고 마련해준 한국 광고학회의 안대천 회장뿐만 아니라 집행부께도 광고학회 회원으로써 감사의 말씀을 대신 전하고 싶습니다.

끝맺는 말

대홍기획 홍성현 대표는 본 대담에서 디지털 시대 광고회사의 역할에 대한 생각을 나누고, '내일을 바꾸는 살아 있는 생각'이라는 슬로건 아래 디지털 시대에 대응하기 위해 홍성현 대표는 어떠한 선구자적인 노력을 하고 있는지에 대해 공유했다. 그중에서도 홍성현 대표는 트렌드와 변화의 흐름을 한걸음 빠르게 읽고, 광고주의 니즈에 맞는 선행적이고 전략적인 제안을 하기 위해서는 데이터에 주목해야 한다고 강조했다. 하지만 빅데이터를 가지는 것이 중요한 것이 아니라 이를 어떻게 분석하고 활용하느냐가 핵심이라고 설명했다. 정성데이터와 함께 빅데이터를 정확히 분석하고 활용하여 오디언스를 세밀하게 타깃하고, 그 타깃오디언스를 좀 더 정확하게 리타깃해 정교한, 데이터 드리븐 마케팅 솔루션과 디지털 크리에이티브를 함께 제시하는 것이 중요하다고 언급하며, 이것이 홍성현 대표가 이끄는 대홍기획의 비전이라고 소개했다. 무비패스Movie Pass의 CEO이자 넷플릭스Netflix의 공동창업 경영진co-founding executive 미치 로우Mitch Lowe[1]도 홍성현 대표가 말한 것과 같이, 빅데이터는 마케팅 전략

1 Dans, E. (2020). Netflix: Big data and playing a long game is proving a winning strategy. Retrieved from https://www.forbes.com/sites/enriquedans/2020/01/15/netflix-big-

과 창의적 아이디어 개발 결정의 70% 이상을 차지하고 이러한 빅데이터의 사용은 더 좋은 결과를 가져올 것이라고 하며 데이터의 정확한 분석과 활용의 중요성에 대해 언급한 바 있다. 많은 것이 디지털로 이루어지고 있는 요즘의 환경에서 빅데이터를 이용하여 인사이트를 추출하고 이를 기반으로 전략을 개발하고 광고와 마케팅에 활용하는 대홍기획의 접근은 상당히 중요하다고 할 수 있다.

홍성현 대표는 데이터와 더불어 '리얼 타임live'의 중요성에 대해서도 설명했다. 디지털 광고는 집행부터 효과 측정까지 거의 모든 것이 리얼 타임으로 진행이 되기 때문에 실시간 디지털 환경을 생각한 창의적 아이디어를 고민해야 한다. 이와 함께 최근 주요 이슈인 메타버스에 대해 홍성현 대표는 미디어 관점으로 볼 것인지 플랫폼의 관점으로 볼 것인지에 대한 질문을 생각해봐야 한다고 말했다. 점점 더 많은 브랜드들이 메타버스를 광고와 마케팅에 활용하고 있는 현실에 주목하고, 앞으로 다가올 메타버스 세상에 발맞추기 위해 광고업계 및 브랜드 마케팅 실무자들은 어떠한 시각으로 메타버스를 바라보고 효과적인 전략을 세울 것인지에 대해 생각해 봐야 할 것이다.[2] 또한 홍성현 대표는 새롭게 펼쳐진 메타버스라는 플랫폼에서 대홍기획이 잘할 수 있는 것이 무엇인지에 대해 깊게 고민하고 이에 맞는 새로운 비즈니스를 펼칠 것이라고 전했다.

홍성현 대표는 2018년 대표이사 부임 이후 힘을 쏟고 있는 또 다른 한 가지는 사원들의 복지를 세심히 살펴 지속 가능한 기업으로 성장시키는 데 있다고 역설했다. 최상의 협업을 이뤄 최고의 크리에이티브한 결과

data – and – playing – a – long – game – is – proving – a – winningstrategy/?sh=7f25d054766e

2 Hiken, A. (2022). Why brands are buying land in the metaverse – and how they're doing it. Retrieved from https://adage.com/article/digital – marketing – ad – tech – news/buying – virtual – land – metaverse – what – brands – need – know/2402851

물을 만들 수 있도록 다양한 복지 프로그램과 수평적인 기업 문화 정착에 집중하고 있다. 그의 이러한 업무 혁신에 대한 꾸준한 노력의 결과는 2018년 이후 입사자를 대상으로 실시한 사내 설문 조사에 잘 나타난다. 경력직과 신입사원 모두 대홍기획의 강점이자 가장 만족하는 부분으로 워라밸을 꼽았고, 직원 수는 늘고 퇴사율은 낮아졌을 뿐만 아니라 취급액도 높아졌다.[3] 단일 호칭인 C⊚M(쌤)뿐만 아니라 대홍기획이 실천하고 있는 다채로운 차별화된 업무 혁신 제도에 대한 직원들의 높은 만족도가 가지고 오는 선순환은 분명 대홍기획의 성공 요소 중 하나일 것이다. 홍성현 대표가 중요하게 언급한 이러한 대홍기획의 문화는 일과 삶의 균형을 추구하는 오늘날의 사회변화와도 잘 맞닿아 있다. 하버드 비즈니스 리뷰 Harvard Business Review 또한 홍성현 대표의 생각과 같이, 비즈니스 리더가 신체적, 정신적, 정서적, 재정적 건강을 포함한 직원의 전반적인 웰빙을 다루는 것은 일의 효율성을 높이고 원하는 비즈니스 결과를 만드는데 있어 중요한 요소라고 말한다.[4] 사원들의 입장에서 생각하고 살피고, 새로운 업무 혁신 제도를 도입하고 이를 정착하기 위한 홍성현 대표의 끊임없는 노력은, 건강한 사내 문화를 건설하기 위한 다른 기업들에게 귀감이 될 것이다.

대담을 마치며 홍대표는 광고회사가 직면한 인력 문제와 다소 주춤해진 신입 채용과 관련하여 안타까움을 표현했다. 뛰어난 능력으로 인해 현 광고인들이 다른 업계로 이직하는 것에 대한 아쉬움을 나타내며, 예비 광

---

3 안옥희. (2019). "대표·신입사원 모두 '쌤'으로 불러요"…수직 호칭 없앤 대홍기획. Retrieved from https://magazine.hankyung.com/business/article/201910298091b

4 Michalak, C., & Jackson, M. (2022). Supporting the well-being of your underrepresented employees. Retrieved from https://hbr.org/2022/03/supporting-the-well-being-of-your-underrepresented-employees

고인들에게 광고에 대한 열정을 가지고 적극적으로 도전해 줄 것을 부탁하는 말을 전했다. 홍성현 대표는 또한 어려움이 있는 것은 알지만, 신입 채용 문제를 사회적 책임이라 여기고 신입 채용에 관심을 기울이고 기업들이 문을 조금 더 활짝 열어주었으면 한다는 바람도 밝혔다. 대담을 통해 홍성현 대표가 보여주었던 인간주의적 경영 철학과 노력이, 얼어붙은 취업시장에서 광고에 열정 있고 창의성을 갖춘 인재들에게 빛이 되어 더 많은 C ⓔM이 제작한 대홍기획의 광고를 만나 볼 수 있기를 기대한다.

06

한국광고학회 여섯 번째 'ACE' Talk

나스미디어 정기호 대표와의 대담

박세진
(한양대학교 광고홍보학과 조교수)

나스미디어 정기호 대표

들어가며

한국광고학회 여섯 번째 ACE Talk의 주인공은 나스미디어를 이끌고 있는 정기호 대표다. 국내 최대 디지털 미디어렙인 나스미디어는 '디지털광고 미디어 플래닝 선도 기업'을 목표로 인터넷 광고, 모바일 광고, 디지털 방송광고, 디지털 옥외광고 등으로 영역을 확장하고 있으며, 최근에는 사업 영역을 글로벌로 확대해 마켓을 분석하고 전략을 수립 및 시행하는 서비스를 제공하고 있다. 특히 디지털 광고에 있어서는 최신 트렌드, Ad-Tech 및 데이터에 대한 전문적인 이해를 바탕으로 최적의 캠페인 전략을 수립하고 운영하는 능력을 갖추고 있으며, 구글, 메타(페이스북) 등 국내외 굴지의 기업이 나스미디어의 주요 클라이언트로 알려져 있다. 또한 주력 사업인 온라인 DA Display AD를 넘어 문자기반커머스 K-Deal, 리워드 광고 플랫폼 Nstation, 매출연동형 광고 Nbridge 등의 플랫폼을 구축해 신사업을 확장하며 디지털 광고 산업을 선도하고 있다. 정기호 나스미디어 대표는 연세대학교 경영학과를 졸업하고, 미국 미시건 주립대에서 마케팅 MBA 학위를 받았다.

현대자동차, 오리온 등 대기업 마케팅 부서를 거쳐 나스미디어의 전신인 더블클릭코리아 대표이사를 지냈으며, 한국온라인광고협회 회장, 한국인터넷마케팅협회 부회장, 한국인터넷광고심의기구 부회장 등을 역임하며 업계 발전에 기여한 공로를 인정받아 지난 2019년 광고인으로는 최초로 동탑산업훈장 수훈자로 선정되었다. 30여 년의 시간 동안 광고 및 마케팅 분야 발전을 이끌어 온 정 대표는 본 대담을 통해 나스미디어의 경영 철학과 비전을 소개하며, 디지털 광고 산업의 과거와 현재, 그리고 미래에 대한 자신의 견해를 밝히고 있다. 대담은 한국광고학회 20대 회장을 역임한 단국대학교 박현수 교수의 사회로 진행되었다.

대담 내용

박현수 교수 안녕하세요? 단국대 박현수입니다. 예전 광고 중에 지금은 땡땡 시대 이런 광고가 있었습니다. 바야흐로 디지털의 시대입니다. 온라인 모바일 광고의 총합이 방송광고의 합을 초월한 지가 꽤 오래 되었습니다. 2017년에 이미 대등해졌고요, 2018년부터 디지털 광고의 합이 방송광고의 합을 초월하는 시대에 우리가 살고 있습니다. 그런 상황에 맞게 오늘은 국내 디지털 광고 산업의 선도 주자죠, 나스미디어 대표이시자 커머스 회사인 KT alpha의 대표이신 정기호 대표를 모시고 얘기 나누도록 하겠습니다. 디지털 광고 산업의 선두주자이신만큼 예비 광고인들이나 실무자들께서 디지털 광고의 현재와 미래에 대해서 공부할 수 있는 좋은 기회가 되지 않을까 생각합니다. 본격적인 토크에 앞서 나스미디어의 설립 역사와 발전, 그리고 정 대표님의 경력과 활동 내용을 간략히 소개 부탁드립니다.

정기호 대표 반갑습니다. 나스미디어 정기호입니다. 저 이전에 여러 분의 ACE들께서 이미 광고 및 디지털과 관련된 이야기들을 많이 하셨는데 제가 그분들께서 말씀하셨던 부분에 조금 보태서 디지털과 관련된 말씀들을 여러분들과 함께 나눠보고자 합니다. 우선 나스미디어는 크로스미디어를 기반으로 하는 미디어 전략 전문기업입니다. 우리 회사는 2000년도에 더블클릭 미디어 코리아로 시작을 했는데, 당시 더블클릭은 웹1.0 시대 그러니까 인터넷에 초기에 가장 대표적인 AD–Tech 기업이었습니다. 이후 더블클릭을 구글에서 인수해 구글의 자회사가 되었는데 현재 구글의 모든 광고 관련 기술들은 더블클릭으로부터 나온 것이라고 할 수 있습니다. 한편 2000년대 초반은 닷컴 버블이 붕괴되는 시기로 더블클릭이 전 세계에 있던 여러 가지 사업을 철수하던 때였는데 2002년에 더블클릭이 한국 시장에서 철수하며 매니지먼트 바이아웃으로 제가 더블클릭미디어코리아를 인수해 나스미디어로 이름을 바꾸게 되었습니다. 물론 더블클릭이란 이름을 계속 쓸 수도 있었습니다만 더블클릭이라는 상호를 사용하는 로열티가 상당히 컸기 때문에 나스미디어로 이름을 바꾸게 되었습니다. 나스미디어는 그때부터 본격적인 성장을 거듭해 매년 50%, 70%, 100% 이상씩 성장했고, 2008년에 KT그룹으로부터 투자를 받아 KT그룹사로 편입되었습니다. 당시에 여러 곳으로부터 투자 제안이 있었는데 KT는 광고주 컨플릭트가 가장 적고 모바일 광고 시장에서 높은 가능성 갖고 있었기에 KT의 투자를 받는 것으로 결정하였으며, 이후 IPTV 등 여러 가지 미디어를 통합적으로 집행하면서 본격적으로 크로스미디어 광고 전문 기업으로 성장을 거듭해 왔습니다. 현재는 프로그래밍 TV나 어드레서블 TV, 태국·일본 글로벌 커머스 등 여러 가지 광고와 관련한 다양한 영역에 진출하며 지역적 커버리지도 넓혀

가고 있습니다.

박현수 교수 사실 누구도 잘 생각하지 못했을 때 이미 그러한 일들을 해 오셨구요, 그래서 누구보다 디지털 미디어 산업에 대해서 잘 이해하고 계시리라 봅니다. 실제로 디지털 미디어를 활용한 기술은 광고 산업에도 많은 변화를 가져오고 있으며, 디지털미디어의 영향력이 전통미디어보다 커지고 있는 상황입니다. 디지털미디어의 활용도를 극대화하기 위한 아이디어에는 어떤 것이 있습니까?

정기호 대표 사실 제가 처음 이 일을 시작했을 때보다 디지털이라는 영역이 굉장히 넓어졌는데 지금과 같이 전통매체보다 온라인, 모바일 등 디지털 매체의 영향력 커진 게 격세지감으로 느껴지기도 하면서 제 입장에서는 참 반갑고 놀라운 변화이기도 합니다. 무엇보다도 디지털은 데이터와 기술, 그리고 이를 활용한 타기팅이 가능하다는 특징이 있습니다. 예전에도 TV 광고에 있어서 Right Time에 Right Message를 Right People에게 전달하는 것이 가장 기본적인 요소로 알려져 있었습니다. 하지만 디지털 광고는 그보다 더 정확한 시간에, 정확한 메시지를, 정확한 타깃에게 전달하는 것을 목표로 하고 있으며, 개인적으로는 앞으로 디지털 광고의 비중이 더 높아져야 된다고 생각하고 있습니다. 현재 디지털 광고의 카테고리가 확장되고 있는 많은 부분은 스타트업, 벤처기업, IT기업, 게임 기업과 같이 디지털 에코에 있는 기업들이 확장되며 그들의 광고비가 급증한데 기인한 것처럼 보이기도 합니다. 하지만 전통적인 브랜드, 즉 빅 브랜드를 살펴보면 사실 아직까지 외국에 비해 디지털 비중이 그다지 높다고 할 수는 없습니다. 저는 이러한 전통적인 빅 브랜드들도 디지털에 더 많은 예산을 투여하는 시기가 곧 오지 않을까 예상하고 있습니다. 이런 상황에서 한 가지 생각해볼 점은 광고주들의 디지털 마인드가 광고 대행 혹은 광고업을 영위하고 있는 저희들보다 훨씬 잘 갖춰져 있다는 것입니다. 어찌 보면 광고대행사나 미디어렙사, 광고관련 테크회사들이 광고주를 주도해 디지털화를 진행해야 하는데 오히려 광고주가 이런 측면에서 저희들보다 앞서 있다는 생각이 들 때가 있습니다. 사실 저는 디지털 네이티브가 아니지만 아마도 이 지금 이 글을 읽고 계시는 많은 분들은 디지털 네이티브일 것으로 생각됩니다. 디지털 네이티브 세대들께서는 저처럼 배우거나 열심히 노력해서 디지털을 연구하고 실행하는 것보다 훨씬 유리한 위치에 있다고 생각합니다. 왜냐하면 그분들은 어릴 때부터 동영상을 보고, 디지털 디바이스를 접하고, 주변 환경이 모두 디지털화되어 있는 상황에서 자랐기 때문입니다. 향후 그분들께서 광고 관련 업종에 왔을 때는 지금보다 훨씬 디지털 비중의 더 커질 것이라 저는 그렇게 굳게 믿고 있고, 따라서 그분들과 현재 광고업계에 있는 분들께서 디지털을 채택하고, 적용하고, 실행하는데 조금 더 적극적으로 변화한다면 업계의 발전에 큰 도움이 될 것이라고 판단하고 있습니다.

박현수 교수 말씀 중에 다소 의미를 내포하셨지만 현재까지 광고 산업의 주된 흐름이 전통적인 미디어 중심의 마인드에서 크게 벗어나지 못하고 있는 게 아닌가 하는 지적도 더러 있습니다. 그렇다면 광고 산업계와 업계에 종사하는 인력들이 메인 스트림으로 변하고 있는 디지털 미디어 시대를 영위하기 위해서 어떤 마인드로 무장하면 좋을지요?

정기호 대표 이전의 광고 회사를 생각해보면 광고의 꽃은 TV CF였습니다. TV CF를 촬영해 편집하고 공중파 TV에 내보내는 형태의 크리에이티브가 광고의 꽃이라고 모두들 이야기했고 저도 그렇게 알고 있었습니다. 그런데 디지털화가 많이 진행된 현재에도 광고의 핵심, 광고의 꽃이 과연 그러한 형태의 크리에이티브, 즉 15초의 종합예술 이것이 정말 광고의 핵심일까를 생각해 보면 여전히 그 중요성을 간과해서는 안되겠지만 고민해볼 부분은 있다고 생각됩니다. 예를 들어 예전에는 여러 가지 크리에이티브적 요소가 결정된 이후에 미디어가 결정되는 모습이어서 미디어 초이스는 그다지 그렇게 중요하지 않다고 여겨졌습니다. 즉, 미디어 초이스는 굉장히 간단하고 어렵지 않은 작업이었습니다. 그런데 지금 네이버와 같은 포털에 들어가보면 매우 다양한 종류의 광고들이 있다는 것을 다들 느끼실 겁니다. 첫 페이지에 있는 광고, 길쭉한 측면 광고, 텍스트 광고, 검색 광고, 이메일 광고, 팝업 광고, 동영상 광고 등 굉장히 여러 가지 형태의 광고가 있고, 깊이 들어갈수록 특정 계층에 타기팅된 광고들이 노출되고 있습니다. 이러한 시점에서 과연 TV CF만이 광고의 꽃이겠는가, 광고의 핵심이겠는가 하는 문제는 한번 더 생각해봐야 할 것입니다. 이처럼 변화된 광고 환경을 고려했을 때 저는 이제 미디어 선택에도 CF 못지않은 크리에이티브를 발휘해야 된다고 보고 있습니다. 지금 매체 환경은 정말 1년이 다르게 바뀌고 있으며, 디지털 시대에는 매체 선택이 CF 이후에 결정되는 것이 아니라 CF 이전에 결정되고 있습니다. 따라서 매체를 전략적이고 창의적으로 선택하는 미디어 크리에이티브가 필요한 것입니다. 한 가지 더 말씀드리면 저는 데이터 크리에이티브도 필요하다고 생각합니다. 데이터라는 것은 우리 주변에 이미 산재해 있습니다. 그런데 어떠한 데이터를 어떻게 수집해서 어떻게 가공하고, 어떻게 유지해서 어떻게 활용하며 어떻게 타기팅을 할 것인가 이 모든 과정도 사실은 굉장히 크리에이티브한 영역이라고 생각됩니다. 만약 20대 여자, 서울 거주. 이렇게 하면 사실 옛날 TV CF하고 별반 다를 게 없겠죠. 그런데 지금은 훨씬 정교하게 타기팅하는 미디어 크리에이티브가 중요해졌고, 데이터 크리에이티브 또한 중요한 시기가 되었다라고 말씀을 드릴 수 있습니다. 즉, 이미 미디어가 고도로 디지털화되어 있습니다만 앞으로 모든 미디어의 디지털화가 더욱 가속화될 것이라 예상되고, 디지털화된 미디어는 집행 방식이나 과금 방식, 그리고 효과 측정 방식 등도 모두 바뀌게 될 것으로 전망됩니다. 아울러 타기팅의 경우도 프로그래매틱으로 자동으로 할 수 있는 부분도 있고 어드레서블 TV를 통해 좀 더 적극적으로 할 수 있는 부분도 있으며, CPM을 넘어 CPC, CPA, CP Like 같은 것까지 생기고 있다는 점을 고려할 때 광고업계 종사자들이 앞으로 미디어 크리에이티브화, 데이터 크리에이티브화 해간다면 디지털 광고가 더욱 발전하는데 도움이 될 것으로 생각합니다.

박현수 교수 미디어 크레이티브라는 말씀에 굉장히 공감하구요, 매체의 환경은 계속 발전하고 변화하고 변모하는데 매체와 관련된 연구나 교육은 감소하고 있다는 생각도 듭니다. 굉장히 안타까운 부분이기도 하구요. 그렇다면 대표님께서는 우리나라 광고 산업의 발전을 저해하는 문제들에는 어떤 것이 있고, 해결책은 무엇이라고 생각하시나요?

정기호 대표 문제점이라고 말씀하시니 조금 부정적인 느낌이 있어 발전되었으면 하는 부분들을 위주로 말씀 드리는게 나을 것 같다는 생각이 드는데요. 우선 광고는 많은 산업의 선도 산업인 것 같습니다. 광고와 연관된 산업이 굉장히 많은데요, 예를 들면 영화, 드라마, 음악, 만화 이런 모든 것들이 개별적인 산업으로 보여지지만 실제로는 독립적인 산업이 아니라 광고와 연결되어 있습니다. 그런 측면에서 광고 산업이 많은 산업의 선도 산업이라는 말씀을 드린거구요. 그런데 아쉬운 부분은 게임 산업은 게임진흥법이 있고, 영화 산업은 영화진흥법이 있으며, 다른 영역에도 저작권 관련된 진흥법들이 있는 걸로 알고 있습니다. 그런데 콘텐츠 카테고리에 있는 광고는 아직까지도 광고진흥법 같은 부분들이 없거나 부족한 부분들이 있습니다. 물론 학계나 협회, 업계 차원에서 이런 법을 통한 많은 지원을 필요로 하는 것은 아니지만 적어도 다른 콘텐츠 내에 있는 산업들과 마찬가지로 우리도 유사한 체계를 갖춘다면 업계의 발전에 훨씬 더 도움이 되지 않을까 그런 생각을 하고 있습니다. 두 번째는 광고 산업은 선도 산업이기도 하면서 어찌 보면 인력 육성 산업이 아닌가 생각합니다. 광고와 관련된 인원은 디지털 기업뿐만 아니라 모든 전통 기업들까지 진출할 수 있기 때문이죠. 예를 들어서 나스미디어의 경우 직원들이 일정한 시기가 지나고 회사를 떠나는 경우가 있는데 개인적으로는 굉장히 안타까운 마음이 듭니다. 이렇게 열심히 그리고 잘하는 훌륭한 직원들이 회사를 나가는 것을 굉장히 마음 아프게 느끼면서 어떻게 하면 이 직원들의 나가지 않게 더 좋은 회사로 만들 수 있을까 하는 반성도 합니다만 또 다르게 생각해보면 우리 직원들이 나가서 종합대행사도 가고, 외국계 회사도 가고, 페이스북이나 인스타그램 같은 외국계 미디어 기업에도 가고, 스타트업, 벤처, 포털 등 여러 가지 생태계 내의 많은 업체 쪽으로 이동하는 걸 보면서 인재를 많이 육성해서 광고주에게 보내고, 종합 대행사로 보내고, 매체사로 보내면 결국은 이게 다 선순환이 되어 디지털 광고 산업에 굉장히 긍정적인 영향을 가져올 수 있다고 생각하고 있습니다. 또 한 가지 아쉬운 점을 말씀드린다면 요즘 공채라는 개념이 없어지고 있습니다. 주로 경력직 위주로 뽑다 보니 저희 같은 기업들, 즉 인터넷, 디지털 광고 기업 같은 경우에는 많은 사람들이 들어왔다가 많이 나가기도 합니다. 교육이란 측면에서 저희가 이바지 하는 부분도 있습니다만 업계와 학계가 다 같이 노력해서 광고 산업의 인재를 육성할 수 있는 시스템이 구축되면 좋겠습니다. 또 다른 아쉬운 점은 밸류에 대한 인정이라고 생각합니다. 대한민국이 엄청나게 발전해왔습니다만 리서치나 컨설팅, 크리에이티브, 데이터, 타기팅 이런 산업에서는 밸류를 인정하는 분위기가 아직은 좀 미진하지 않은가 싶습니다. 예를 들면 데이터 관련된 회사들이 굉장히 많은데 사실은 다들 쉽지 않습니다. 데이터가 중요하다는 것은 알고 있지만 데이터에 가치를 더 해주는 광고주나 대행사는 아직까지는 그 밸류를 인정받지 못하고 있는데 앞으로 광고대행사나 렙사나 광고 플랫폼 회사들이 가지고 있는 여러 가지 밸류를 좀 더 적극적으로 인정받을 수 있는 여건이 갖춰졌으면 합니다.

박현수 교수 밸류에 대한 인정이 부족하다는 말씀에 공감합니다. 사실 국내 광고 산업이 갖는 독특한 형태 중의 하나가 대행사나 렙사에 대한 보상이 광고 계약 금액에 따른 수수료제이기 때문이라고 생각합니다. 부동산 중개와 같이 큰 집을 팔면 많은 수수료를 받고, 작은 집을 팔면 적은 수수료를 받는 시스템인거죠. 개인적으로는 광고에 들어간 노력이나 광고의 성공여부에 의해 성과제로 보상이 주어져야 밸류가 제대로 인정받을 수 있다고 보는데 이에 대해서는 어떻게 생각하시나요?

정기호 대표 이 부분은 회사의 존립과도 관련될 수 있는 민감한 부분인데요. 간단히 말씀드리면 업계의 경쟁이 심화되다 보니 수수료를 통한 수익이 줄어들고 있는 상황입니다. 낮은 수수료로 사업을 영위해야 하니 대행사나 렙사, Ad-Tech 회사들이 인건비뿐만 아니라 투입된 노력에 대한 정당한 대가가 부족한 현실이구요. 다만 최근 구글이나 페이스북 같은 외국계 미디어들에서 마크업 같은 것이 일부 이뤄지고 있는 점을 고려할 때, 우리도 마크업 제도 등이 정착되고, 업계의 수수료 경쟁도 감소되었으면 하는 바람이 있습니다.

박현수 교수 대표님께서 조심스럽게 말씀하셨지만 제가 부연설명을 드리자면 저는 광고 산업이 발전해 있는 나라 중에 수수료 제도에만 의존하고 있는 나라가 없다고 보고 있습니다. 그래서 시급한 문제구요. 특히 광고 대행사 전문 인력의 서비스를 무료 서비스처럼 쓰고 있는 현재로서는 광고 대행사들과 광고 인력들이 만들어내는 서비스의 가치가 저하되고 악순환이 되는 거겠죠. 방송 광고를 광고주가 100억원어치 산다고 보면 직접 구매해도 100억이고 대행사를 고용해서 서비스를 받아도 나가는 금액은 같습니다. 대행사에 가는 수수료를 렙사에서 지불하기 때문인데요. 이런 제도가 KOBACO가 만들어지면서 정착이 됐고, 지금 40여 년이 지났습니다. 그걸 바꿔야 하는데 정부나 입법부 차원에서 이런 모순을 해결하기 위한 해결책이 시급하다고 봅니다. 조금 더 깊이 들어가보겠습니다. 디지털 광고 산업이 크게 성장한 것은 사실이지만 사실 광고주들과 만나서 얘기해보면 효과에 대한 검증이 부족하다는 의견이 있습니다. 객관적인 데이터가 부족하다보니 생긴 문제겠지요. 이런 부분에 대해서 좀 불평이 있는 것도 사실인데요. 디지털 광고 산업의 지속적인 발전을 위해서 미흡한 부분들이 있다면 어떤 부분들이 있고, 또 어떻게 보완되면 좋을지 대표님의 고견을 부탁드립니다.

정기호 대표 미흡한 부분이 있지만 각자 준비를 하고 있는 것 같습니다. 업계는 업계대로 학계는 학계대로 또 미디어는 미디어대로요. 디지털로 변화하면서 미디어 환경이 파편화되고 분산화되다 보니 예전처럼 한 곳으로 모아서 통합적인 리포팅을 하기가 점점 어려워지고 있습니다. 지금은 디지털 Only 캠페인, 아니면 전통 매체 Only 캠페인, 브랜딩 Only 캠페인, 퍼포먼스 Only 캠페인 이런 것보다는 전통 매체와 디지털 매체, 브랜딩과 퍼포먼스, 온라인과 오프라인 이게 다 통합적으로 이루어져야 하는데 그런 효과를 측정하기 위한 노력을 지금 현재는 각자 하고 있는 모습입니다. 그래서 앞으로는 디지털 광고도 여러 가지 협회, 학회, 산업협회 차원에서 이런 광고 효과 분석을 함께 모여서 논의할 수 있는 자리가 좀 더 크게 마련되는 게 필요하지 않을까 생각합니다. 사실 나스미디어 같은 경우는 자체적으로 20여 가지 이상의 솔루션들을 개발해 플래닝이나 광고 효과 측정에 도움을 드리고 있습니다. 비단 나스미디어뿐만 아니라 아니라 다른 렙사들도 그런 유사한 서비스를 각자 제공하고 있는데 모여서 함께 논의할 수 있는 자리가 마련되면 훨씬 체계적으로 광고효과 측정과 관련된 진전을 도모할 수 있을 거라 생각됩니다.

박현수 교수 상당히 예민한 질문이었는데 대표님께서 명쾌하게 잘 설명해 주신 것 같습니다. 사실, 효과 분석과 관련해 외국의 사례를 보면, 광고주 협회들이 중심이 되어 연구를 진행하고 있습니다. 국내에서도 광고주 협회 차원에서 더욱 관심을 가졌으면 좋겠고, 광고의 효과를 검증하고 규명하는데 정부에서 지원을 해주는 것이 어떨까 하는 의견도 드리고 싶습니다. 이제 조금은 가볍게 나스미디어의 이야기를 좀 들어보겠습니다. 나스미디어가 디지털 광고 산업의 리더였고, 지금도 리더의 역할을 하고 있는데요. 나스미디어의 커뮤니케이션 전략, 경영 원칙, 장점 등이 있다면 말씀 부탁드립니다.

정기호 대표 나스미디어의 캐치프레이즈는 "More than expected"입니다. 기대 이상의 서비스를 제공하겠다는 건데요. 항상 저희 클라이언트인 광고 대행사나 광고주, 매체사에서 기대하는 것 이상으로 우리의 서비스 퀄리티를 높이고, 연구하며, 새로운 방식을 개발해 서비스를 제공함으로써 우리의 클라이언트의 만족을 높이는 것이 저희의 가장 기본적인 캐치프레이즈입니다. 제가 개인적으로는 회사를 경영해 오면서 제일 마음에 두고 있는 것은 상대방과 '다름'을 인정하는 것입니다. 예를 들면 제가 의사결정을 할 때 어느 임직원은 저와 굉장히 비슷한 생각을 하며 유사한 의사 결정을 내리고자 하는 사람이 있고, 또 어떤 임직원은 저와는 정반대의 의견을 내며 매우 적극적으로 자신의 주장을 피력하는 경우도 있습니다. 그런데 저는 저와 똑같은 사람들만 회사에 있으면 회사가 잘 운영되기 어렵다고 생각합니다. 즉, 저와 다른 의견을 가진 사람들을 인정함으로써 사람에 대한 중요함, 인정, 고마움 등을 느끼고자 하는 것이 제가 그동안 나스미디어를 운영해오면서 가져왔던 가장 근본적인 생각입니다. 다음으로는 투명경영을 말씀을 드릴 수 있습니다. 나스미디어가 2013년에 IPO(기업공개)를 했습니다만, 그 이전부터 저희 회사의 모든 손익계산서를 투명하게 공개하고, PS Profit Sharing 제도를 유지하며 회사의 이익을 직원들과 공유했습니다. 그래서 항상 제가 투명하게 공개할 수 있다면 그게 우리 직원들에게도 도움이 되고 회사에도 도움이 될 거라는 생각을 합니다. 회사의 대표로써 지시를 하기보다는 지휘를 함으로써 좀 더 회사가 조화를 이루고 시너지를 낼 수 있도록 하고자 합니다.

박현수 교수 감사합니다. 역시 아주 특별한 비결은 없었던 것 같습니다. (웃음) 개인적으로 대표님을 20여 년 가까이 알고 지냈는데 말씀하신 'More than expected'라기보다는 항상 똑같으셨던 것 같습니다. 언제나 일관성 있고 reliable한 모습으로 계셨던 것 같고 그러다보니 회사도 직원들도 어떤 방향으로 가겠다라는 일관된 믿음이 있지 않았을까 개인적으로 추측해봅니다. 다음 질문은 대표님의 경력에 관한 것인데요, 대표님 경력 중에서 가장 기억에 남는 사건은 무엇인지요?

정기호 대표 제가 90년대 중반에 PC 통신 사업을 시작했고, 나스미디어 설립 후 KT의 투자를 받으면서 모바일, 크로스미디어 영역으로 발전을 해왔습니다. 25년이라는 시간 동안 IMF, 금융위기 등 여러가지 이벤트들이 많이 있었는데 가장 기억에 남는 한 가지 일을 말씀드린다면 2019년 말 유공 광고인으로 대한민국 훈장을 받은 것이 저한테는 굉장히 감사하고 영광스러우면서도 많은 분들한테 다시 한번 고맙다는 말씀을 드려야 될 이벤트일 것 같습니다. 그전까지 디지털 업계에 국무총리 표창, 대통령 표창, 문화관광부 장관 표창은 다수 있었습니다만 훈장은 2019년에 처음 수여됐습니다. 업계 최초였는데 그 의미는 25년의 시간과 더불어 디지털 업계가 광고의 가장 핵심적인 부분으로 들어와 여러 가지 면에서 전통 매체들과 거의 유사한 수준까지 왔다는 것으로 해석할 수 있습니다. 저는 이게 저 혼자 잘해서 받은 것이 결코 아니기 때문에 저희 클라이언트들, 임직원들, 또 이전에 함께했던 임직원들에게 모두 감사를 드려야 할 일이라고 생각하며, 앞으로 디지털 광고 업계가 더 발전할 수 있도록 노력하라는 뜻으로 받아들였습니다.

박현수 교수 다시 한번 축하드립니다. 사실 잘 모르시겠지만 광고 산업이라서 받는 불이익들이 상당히 있습니다. 광고가 상업적인 메시지라는 이유로 15조 규모의 큰 산업 규모임에도 불구하고 부당한 대우를 받는 것들이 있죠. 그래서 정 대표님과 같이 뛰어난 분들이 많으심에도 불구하고 훈장의 영예를 누린 분들이 별로 없습니다. 앞으로도 많은 분들이 이런 영예를 누리시길 바라겠습니다. 이제 거의 마무리 단계에 왔는데요, 대표님께서 하셨던 가장 성공적인 캠페인도 소개해주시면 고맙겠습니다.

정기호 대표 아무래도 나스미디어가 디지털 관련 회사이기 때문에 디지털 캠페인을 말씀드리는게 좋겠습니다. 2014년과 2015년도에 집행됐던 핀란드 게임사 Super Cell의 클래시 오브 클랜 광고 캠페인은 당시에 상당히 파격적인 형태였습니다. 2014년에 200억, 2015년에 150억 정도를 옥외, 온라인, 모바일 광고에 집행했습니다. 물론 저희가 집행하진 않았지만 전통 매체도 유사한 수준으로 집행을 했었구요. 특정 시기에, 특정 캠페인과 특정 매체에 수백억씩 광고를 집행하는 것이 지금은 자연스럽게 여겨지지만 그때 당시만 해도 상당히 파격적이었는데 목표는 모바일이든 옥외든 SOV 20% 이상을 목표로 해서 대세감을 줄 수 있도록 적극적인 노출을 하고, 브랜딩과 퍼포먼스를 같이 집행한다는 것이었습니다.
덕분에 Super Cell 광고는 굉장히 성공했고, 얼마 지나지 않아 구글 스토어 최고의 게임이 되었습니다. 아마도 그 Super Cell 광고가 게임 광고 시장에 있어서 룰 체인저가 아니었을까 그렇게 생각하고 있습니다.

박현수 교수 감사합니다. 마지막 질문은 예비광고인들을 위한 것인데요. 대표님께서 신입사원을 모집하고 면접하실 때 가장 중요하게 생각하는 능력이나 자질은 어떤 것들이 있을까요? 그리고 급변하는 디지털 광고 및 미디어 시대에 준비해야 하는 것이 있다면 무엇일지 말씀 부탁드리겠습니다.

정기호 대표 신입사원 지원하시는 분들한테 드리고 싶은 말씀은 나스미디어가 아닌 다른 회사를 지원하시더라도 동일할 것 같습니다. 그분들이 치열한 경쟁을 통해 지금까지 쌓아온 경력, 스펙 등 능력이나 자질은 변별력을 가질 수 없을 정도로 우수하다고 봅니다. 다만 제 생각에 신입사원에게 있어 가장 중요한 것은 애티튜드인 것 같습니다. 무엇이든 할 수 있다는 열정, 좌충우돌 하더라도 두려워하지 않는 도전정신, 아주 에너제틱하고 액티브한 그런 모습이 신입사원에게는 가장 필요하지 않을까 싶습니다. 만약 광고 회사의 신입사원이라면 앞서 말씀드린 데이터와 테크 관련된 부분들을 조금 더 습득하면 좋을 것 같고, 광고 회사이기 때문에 굉장히 트렌드에 민감하며 지적 호기심이 많아야 된다고 생각합니다. 현재의 트렌드라 하면 뉴스에 자주 등장하는 메타버스, NFT, 코인, AI, 빅데이터 이런 용어들인데 항상 호기심을 갖고 트렌드를 쫓아가는 것이 광고 회사에 지원하는 사람들에게 필요하지 않을까 생각하며, 끝으로 내가 지원하는 회사에 대한 애정과 관심 이런 것들도 중요한 요소라고 생각됩니다. 감사합니다.

박현수 교수 네, 이제 시청자 질문을 여쭙겠습니다. "안녕하세요 대표님, 커머스 업체인 KT alpha 대표도 겸직하고 계신데 그 배경은 무엇인가요?" 이렇게 질문하셨습니다.

정기호 대표 네, 커머스와 광고는 나름 굉장히 유사성들이 있습니다. 어떤 상품을 최종 소비자에게 잘 전달하고자 하는 루트나 방법 이런 면에서 커머스와 광고는 굉장히 유사성이 있습니다. 두 영역이 모두 디지털화되고 있고 데이터와 테크가 중요해지고 이런 내용들은 아마 다른 인더스트리도 마찬가지겠습니다만 커머스와 광고도 이런 부분에서 유사성이 있다고 생각됩니다. 저는 나스미디어 만 20년 이상을 운영을 해오다가 올해 이제 KTH와 KT 엠하우스라는 회사가 합병이 된 KT alpha의 대표까지 같이 하게 됐는데 굉장히 바빠졌고 쉽지가 않습니다. 또 광고라는 것은 한 15조 시장이라고 말씀드렸고 커머스는 500조 시장인데 우리가 많이 들어본 강력한 플레이어들이 많습니다. 또 최근의 트렌드는 광고 회사들이 커머스를 굉장히 많이 하고 있습니다. PB 이런 제품들을 만들어서 D2C 형태로 제공을 하고 그러다 보니까 성공한 기업들도 나오고 있고 지금도 많은 광고 관련된 회사들이 커머스의 진출하고 있는데 이런 회사들도 다 앞으로 그 좋은 결과가 있기를 바라겠습니다.

박현수 교수 네, 고맙습니다. 한 가지 질문이 더 있지만 시간이 다된 관계로 이쯤에서 마무리하겠습니다. 사실 저는 개인적으로 강렬했던 정기호 대표님과의 첫 만남을 잊을 수가 없습니다. 아마 대표님은 기억도 못하실 거에요. 제가 초짜 교수일 때 여기저기 데이터를 구하러 다니느라 정신이 없었을 때입니다. 제가 30대 중반의 신출내기 교수였는데 다들 잘 만나주지도 않을 때 정기호 대표님은 저를 만나서 따뜻한 커피도 주시고, 데이터도 주시고 해서 제가 그 강렬했던 인상과 기억이 여전히 선명합니다. 오늘 이렇게 이 자리에서 뵙게 되니까 유난히도 반가웠구요 또 이렇게 좋은 말씀 주셔서 너무 감사합니다. 그동안 선도적인 역할을 해주셨던 만큼 앞으로도 지속적으로 디지털 광고 산업을 이끌어 주시길 부탁드리겠습니다. 감사합니다.

끝맺는 말

나스미디어 정기호 대표는 대담에서 미디어 크리에이티브와 데이터 크리에이티브의 중요성을 강조했다. 미디어 환경은 빠르게 변화하고 있으며, 이전과 달리 매체의 선택이 광고의 성패를 좌우하는 중요한 요소가 되었기 때문에 매체를 전략적이고 창의적으로 선택하는 미디어 크리에이티브가 필요하다는 것이다. 또한 데이터가 산재한 이 시대에 어떤 데이터를 수집하고 가공해 어떻게 활용할 것인가에 대한 고민은 광고 업계뿐만 아니라 모든 산업에서 고민하고 있는 사항이다. 실제로 광고 업계 종사자들이 최근 이구동성으로 하는 이야기가 바로 미디어와 광고를 이해하고 있는 데이터 사이언티스트의 부재不在다.

데이터를 활용한 광고 시장이 확대됨에 따라 데이터를 다루고 분석할 수 있는 인재들이 필요한데 대다수의 데이터 전문가들이 미디어 및 광고에 대한 이해도가 부족해 활용 영역이 제한되고 있다는 것이다. 정 대표 역시 이러한 점에 아쉬움을 표하며 미래의 광고인들이 데이터 기술과 관련 지식을 습득하는 것이 좋겠다고 조언했다. 아울러 정 대표는 디지털 광고 산업의 발전을 위해 몇 가지 제언을 했다. 먼저 광고 인력의 외부 유출을 방지하고 전문 인력을 육성하기 위해 학계와 업계가 힘을 모아야 한다고 말했다. 사람의 중시하는 그의 경영 철학이 느껴지는 대목이다. 이를 위해서는 양질의 인력을 채용해 경험과 능력을 쌓게 하고 후배들에게 노하우를 전수하게 함으로써 업계가 성장하는 선순환 구조가 이뤄져야 한다고 보았다. 또한 그는 광고 회사의 가치를 인정받을 수 있는 법적, 제도적 장치가 마련되어야 하며, 광고 효과를 검증하고 규명하는 체계가 구축되어야 한다고 주장했다. 광고 산업이 발전하기 위해서는 노력에 대한 정당한 보상이 반드시 필요하지만 현재의 수수료 제도 하에서는 제약이 따를 수밖에 없다는 것인데 현재 파편화되어 있는 광고 효과 검증 노력이 한데 모아진다면 광고인들의 성과에 대한 정당한 평가와 가치 부여가 가능할 것으로 전망했다.

한편 그는 디지털 미디어를 활용한 광고 시장이 더욱 확대될 것으로 보고 있었다.

코로나로 인해 시작된 모바일, 디지털 전환이 불러온 시장의 변화는 팬데믹 이후 디지털 광고 시장의 확장을 가속화할 것으로 보인다. 이러한 변화를 이끌고 있는 정 대표의 포부는 남달랐다. "현재 드라마, 영화, 음악, 만화 등 대한민국의 콘텐츠들이 전 세계적으로 인기를 누리고 있습니다. 한국의 디지털 광고도 전 세계적으로 뻗어나가서 한류 열풍을 함께 누릴 수 있는 기회가 있길 바라며, 그런 기회를 만들기 위해서 저도 계속 노력하겠습니다." 국내를 넘어 세계의 디지털 광고 시장을 선도할 나스미디어의 미래가 기대되는 이유다.

07

한국광고학회 일곱 번째 'ACE' Talk

에델만코리아 장성빈 대표와의 대담

박한나
(선문대학교 미디어커뮤니케이션학부 부교수)

에델만코리아 장성빈 대표

들어가며

코로나19는 전 세계적으로 사회, 경제, 정치, 문화 등 사회 전반에 많은 영향을 미치고 있다. Public Relations(PR) 업계도 예외는 아니다. PR 실무자들이 일하는 방식은 물론, 커뮤니케이션 방식이나 채널에 이르기까지 여러 변화가 이루어지고 있다. 한국광고학회에서 2021년의 마지막이자 일곱 번째로 진행한 'ACE' Talk에서는 국내 주요 PR 대행사인 에델만코리아Edelman Korea의 장성빈 대표가 초대되었다. 2021년 12월 16일에 진행된 본 대담은 코로나19 팬데믹이 2년 이상 장기화되는 시점에서 PR 업계에서는 현재 어떠한 트렌드가 주로 논의되고 있는지, PR 분야 커리어를 준비하는 사람들은 어떤 준비를 하는 것이 좋을지에 대한 통찰력을 줄 수 있다는 점에서 의미가 있다. 한국광고학회가 공식 유튜브 채널을 통해 실시간으로 생중계하는 'ACE' Talk 시리즈는 광고, PR, 커뮤니케이션 업계를 대표하는 기업 CEO와의 일대일 대담 프로그램으로, 2021년 5월 20일 제일기획 유정근 대표와의 대담을 시작으로, 주요 광고 PR 대행사 대표로부터 업계의 주요 현안 및 변화와 향후 발전 방향, 실무자 및 학자들을 위한 조언 등을 제공하고 있다.

1993년 한국에 설립된 에델만코리아는 세계 최고의 커뮤니케이션 대행사인 에델만의 글로벌 네트워크와 전문성을 기반으로 하여 한국의 대표적인 커뮤니케이션 대행사로 성장해왔다(ABOUT US, n.d.).[1] 에델만코리아는 웹사이트를 통해 에델만은 최고를 추구하는 프로 정신, 진실성에 기반한 기업가 정신, 고객과의 상호 이익을 지향하고 있으며, 브랜드 저널리즘brand journalism에 기반한 뉴스룸newsroom을 한국에 처음 도입한 회사로 소개하고 있다. 에델만코리아는 마케팅, 브랜딩, 미디어 관계, 기업 명성 관리, 위기 관리, 디지털, 리서치 및 데이터 분석 등 다양한 분야에 대한 전문성을 갖고 있으며, 에델만코리아의 포트폴리오와 고객사 리스트는 https://www.edelman.kr/expertise에서 확인할 수 있다.

1952년 다니엘 에델만Daniel J. Edelman이 시카고에 PR 에이전시를 설립한 이후로 지속적인 성장을 이루고 있는 에델만은 현재 전 세계에 60개 이상의 사무실과 6,000명 이상의 직원을 보유한 세계 최대의 PR 회사 중 하나이다(ABOUT EDELMAN, n.d.).[2] 에델만은 수익을 통해 비즈니스를 강화하고 체계적인 직원 교육을 통해 마케팅marketing, 헬스커뮤니케이션health communication, 공공관계활동public affairs, 위기 관리crisis management, 디지털digital, 데이터 컨설팅data consultancy 등 다양한 분야로 사업을 확장해 왔다. 미국 내 PR회사 순위를 매년 조사하여 발표하는 오드와이어즈O'Dwyers'에 따르면, 에델만은 2021년 PR회사 순위 1위를 차지했다.[3] 에델만에서는 다양한 조사를 통해 자사 웹사이트(https://www.edelman.com/insights)에 업계 뉴스 및 트렌드를 소개하고 있으며, 포트폴리오는

1 ABOUT US (n.d.). Retrieved from https://www.edelman.kr/about-us

2 ABOUT EDELMAN (n.d.). Retrieved from https://www.edelman.com/about-us

3 Top PR Firms-2021 Firm Rankings (2021). Retrieved from https://www.odwyerpr.com/pr_firms_database/537/edelman.html

https://www.edelman.com/work에서 확인할 수 있다.

2011년 6월 에델만코리아의 사장으로 임명된 장성빈 대표는 1990년 초에 뉴질랜드 대사관 공보관으로 PR 업무를 시작하여 PR대행사 버슨-마스텔러Burson-Marstellar에서 근무했으며, 2009년 국내 PR 대행사인 프레인Prain의 부사장직을 역임하였고 2009년까지 8년 동안 비자 인터내셔널Visa International의 홍보 총괄 임원으로 재직한 바 있다(MANAGING DIRECTOR, n.d.).[4] 주로 미디어트레이닝 및 미디어 관리, 위기 관리, 투자자 관리, 기업 명성 관리 및 대정부 관계를 전문적으로 담당했다. 본 대담의 진행을 맡은 유창조 동국대 경영학부 교수는 제12대 한국광고학회 회장으로, 한국경영학회 회장, 한국마케팅학회 회장, 한국소비자학회 회장 등을 역임한 바 있다.

본 대담에서 장성빈 대표는 에델만코리아의 경영철학 및 운영 방침은 물론, 위기 및 명성 관리, 직원 참여 및 몰입의 중요성, 그리고 최근에 화두가 되고 있는 메타버스, 디지털 트랜스포메이션, ESG경영에 이르기까지 다양한 개념을 언급하였다.

4 MANAGING DIRECTOR (n.d.). Retrieved from https://www.edelman.kr/people/sb-jang

대담 내용

유창조 교수　연말에 여러 가지로 굉장히 바쁜 일정 속에서 저희 광고학회 회원들을 위해 귀한 시간을 내 주신 장성빈 대표님께 깊은 감사를 드립니다. 오늘 대담은 광고학회 석박사 과정의 회원들과 실무자들이 향후 커리어를 쌓는 데 있어서 도움이 될 수 있는 이야기를 중심으로 진행될 것입니다. 장대표님께서 세계적인 PR회사인 에델만코리아의 사장을 현재 10년째 재직하고 계시는데, 거기까지 온 여정에 대해서 공유를 해 주시면 우리 회원들에게 도움이 되지 않을까 생각해서 부탁드립니다.

장성빈 대표　저는 PR회사에 현재 종사하고 있지만 실질적으로 public relations가 제 전공분야는 아니었습니다. 커뮤니케이션 과목을 이수는 했지만, 제가 갈 길이라고 생각하지는 않다가 어쩌다 보니 한국에 있는 모 대사관에서 공보관으로 일을 하면서 대사관과 접점을 맺고 있는 이해관계자들과의 관계를 형성하다 보니깐 PR의 중요성과 성장성에 눈을 뜨게 되었습니다. 이 분야로 공부를 더 하고 싶어서 대학원에서 공부를 하게 되었고, 그 이후에 다국적 홍보 대행사에서 근무를 하면서 대정부 관계public affairs라는 분야를 좀 더 깊이 공부하고 싶어서 현업도 그쪽으로 경험을 많이 하게 되었습니다. 이후에 그런 경험을 바탕으로 또 인하우스in-house 비자카드에서 홍보 및 대관 업무를 담당하는 총괄 임원으로 일을 하게 되었습니다. 그러다가 10년 전쯤에 에델만코리아라는 회사로 이직하게 되었고, 10년째 회사를 운영하고 있습니다. 제가 조인(시작)할 때는 한 50여 명의 직원이었는데 지금은 150명이 넘는 회사로 성장하고 있고요. 그렇게 하기 위해서 노력했던 다양한 분야들이 있는데 "항상 쉼없이 한 분야를 깊이 파자"라는 경영철학을 갖고 진행했던 것 같습니다.

유창조 교수 광고학회 회원들이 궁금해 할 것 같아서 추가적으로 질문을 드리면, 10년 전에 에델만코리아의 사장으로 취임을 하셨는데 그 때 본인이 발탁된 가장 중요한 이유를 추측해 보신다면 어떤 것들이 있었을까요?

장성빈 대표 저는 면접을 볼 때 상당히 진정성 있게 제가 가지고 있는 경영 철학이나 그런 것들을 잘 어필했던 것 같습니다. 그때까지 제가 사장을 하진 않았었기 때문에 모시고 계시던 분들을 통해서 배우는 점도 많았고요, 반대로 내가 사장이 된다면 이런 부분은 좀 더 향상시킬 수 있겠다 등… 두 번째는 보여지는 현상보다는 어떤 컨텍스트를 읽으려고 하는 그런 노력들을 오랫동안 해 왔던 것들이 잘 반영이 된 것 같습니다. 비즈니스를 경영하고 하는 것은 한 가지 관점만으로 운영될 수 있는 것이 아니지 않습니까? 다양한 관점의 어떤 연결점을 찾아야 하고, 집합체를 만들어야 하고, 또 어떤 때는 분리할 것은 분리를 해야 하고… 그런 측면에서 높이 평가를 받지 않았나 생각합니다.

유창조 교수 회원들에게 어떤 일에 대한 진정성과 미션 그런 것들이 중요하다는 것을 일깨워 주는 시간이었기를 바랍니다. 에델만코리아와 에델만글로벌에 대한 설명을 간단히 해 주시기 바랍니다.

장성빈 대표 에델만코리아는 에델만이라는 회사가 100% 지분을 갖고 있는 구조로, 현지 출자 법인으로 보시면 될 것 같습니다. 에델만이라는 회사는 1952년도 시카고에서 설립이 되었는데, 지금은 뉴욕이 워낙 크다 보니깐 뉴욕 오피스가 본사 역할을 하고 있습니다. 시카고와 뉴욕을 중심으로 66개의 오피스를 전 세계적으로 갖고 있고, 6,000명 정도의 프로페셔널들이 있습니다. 10개 정도의 자회사, 즉 리서치 회사부터 다른 PR회사까지 자회사로 되어 있습니다. 특히나 리서치 분야나 기업의 자문에 필요한 인프라를 상당히 잘 갖추고 있는 그리고 IPintellectual property들이 상당히 많은 회사로 보시면 되겠습니다. 기업 PR 및 커뮤니케이션 전략 수립 자문에 상당히 강점을 갖고 있습니다. 지난 20년간 디지털과 마케팅 이런 쪽으로 영역을 확장해서, 최근에는 2021년 칸 국제 광고제에서 저희가 생산한 콘텐츠가 크리에이티브 대상, 그러니깐 그랑프리Grand Prix를 받게 되었는데, PR회사가 칸 광고제에서 대상을 받는 경우가 처음이었습니다. 지금은 이 컨버전스 시대, 즉 통합의 시대에 맞게 저희도 영역을 상당히 확장하고 있는 상황입니다. 에델만코리아 같은 경우에는 1993년도에 한국에서 법인이 설립이 되었습니다. 한 30년 전에 설립된 이후 점차 새로운 영역을 도전하고 있습니다. 그리고 한 가지 회사에 대해 말씀드리면, 에델만은 전 세계적으로 커뮤니케이션이나 마케팅이나 PR에이전시들의 집합체로 구성되어 있는 지주회사들이거든요. WPP나 옴니콤Omnicom이나. 그런데 저희는 그런 지주회사가 아니고 독립된 법인체로 운영이 되는, 즉 독립된 법인체로 운영이 된다는 것은 수익이 발생이 되면 회사에 언제든지 재투자하는 구조라는 것이죠. 다른 PR회사도 잘하고 있지만, 저희가 특히나 잘하는 것이 사회나 기업이나 경제에 도움이 될 수 있는 커뮤니케이션 IP들을 계속 개발하고, 인재에 상당히 많은 투자를 한다는 것입니다. 그렇기 때문에 지난 20년 가까이 PR업계에서 부동의 1위를 유지하고 있지 않을까 생각하고 있습니다.

유창조 교수 장성빈 사장은 부임한 지 10년이 되었는데요, 특히 미국의 기반을 둔 다국적기업에서 10년 이상 사장으로 재직하고 있는 경우가 굉장히 드뭅니다. 그러한 결과를 봤을 때 굉장히 많은 성장과 성과를 보여주셨을 것이라고 생각이 되는데, 이런 다양한 사업기회에 대한 모색, 사회에 공헌하고자 하는 경영철학 이런 것들이 모기업의 경영철학과 잘 맞아 무한한 신뢰를 받고 있는게 아닌가 생각이 듭니다. 에델만이라는 글로벌 대행사, 에델만코리아라는 국내 PR회사 두 가지 관점을 함께 보실 수 있을 것이라는 생각이 들어서 질문을 드리는데요, 글로벌 PR회사 입장에서 국내 PR회사들의 특징이나 장단점은 어떤 것이 있을지, 국내 PR회사들이 앞으로 갖추어 나가야 할 글로벌 경쟁력은 어떤 것인지를 소개해 주시기 바랍니다.

장성빈 대표 먼저 에델만이 하고 있는 역할에 대해서 좀 더 짚어보면, 한국에서 저희 같은 경우에는 기업 홍보 또는 기업 자문을 하는 코퍼레이트팀corporate team이 있고, 마케팅이나 소비재 등을 담당하는 브랜드와 관련된 일들이 있고, 입법이라든지 이것에 영향을 미칠 수 있는 다양한 컨센서스를 이루는 활동인 public affairs가 있습니다. 디지털 부서도 있고, 헬스케어 부서도 있고, 이 외에도 다양한 부서들이 있습니다. 저희가 하고 있는 것을 구분하자면, 크게 세 가지로 나누어 살펴볼 수 있습니다. 어떻게 브랜드를 프로모션 할 것인가가 한 분야입니다. 에델만이 갖고 있는 강점이라고 한다면 브랜드 명성을 관리 및 보호하는 프로텍션 업무를 아주 잘한다는 점입니다. 그리고 거기에 digital transformation이나 지금 사회적으로 이슈가 되고 있는 ESG, PIpresident identity, employee engagement 등등 다양한 분야의 컨설팅 역량을 갖고 있어서 기업이 그 쪽으로 더 발전할 수 있도록 도와주는 역할을 하고 있습니다. 그래서 프로모션, 보호, 발전, 이 세 가지가 큰 축이라고 보면 저희가 하는 일이 규정될 것 같습니다. 그런데 한국 기업들의 특징, 또 국내 PR의 특징을 보면 아직도 퍼블리시티 또는 언론관계media relations 중심의 프로모션 부분에 너무 많은 비중을 쏟고 있는 것이 아닌가 라는 생각이 듭니다. 최근에는 기업마다 대외협력 부분을 신설하고 이해관계자의 접점을 넓히려고 하는 다양한 노력들을 하고 있지만, 여전히 '피할 건 피하고 알릴 건 알리자'라는 언론 중심의 특징이 강한 것 같습니다. 그래서 향후에 국내 기업들이나 국내

PR시장도 명성을 어떻게 보호하고, 신뢰를 형성할 것인가 하는 과정이 브랜드를 빌드업하는 것보다 더 중요하다는 것을 인식하고, 그러한 활동들이 좀 필요해질 것 같습니다. 그리고 최근에 에델만이 매년 조사하고 있는 신뢰도 지표조사Edelman Trust Barometer[5] 라는 것이 있습니다. 전 세계적으로 조사를 하고 다보스포럼World Economic Forum in Davos에서 매년 발표를 하고요. 그런데 올해는 저희가 조사량을 좀 늘려서 한 여섯 번 정도 다양한 주제를 가지고 했었는데, 재화를 구매할 때 소비자 입장에서 내가 좋아하는 브랜드보다 내가 신뢰하는 브랜드를 더 선호한다라는 내용이 올해 처음으로 나왔습니다. 신뢰를 구축하는 것도 중요하지만, 어떻게 유지하고 발전시킬 것인가 측면에서 본다면, 위기 관리나 대외협력, 사회적 책임, social purpose, 직원 참여engagement등 다양한 분야로 PR의 관심이 확장되는게 필요하지 않을까 생각하고 있습니다.

유창조 교수 브랜드 프로텍션을 넘어서 더 발전시키는 것이 중요하다는 말씀에 많이 공감이 됩니다. 혹시 지금까지 해 오셨던 것이나 지금 하고 계신 것 중에서 이것과 관련된 사례를 간단히 소개해 주시면 청중들이 이해하는 데 도움이 될 것 같습니다.

장성빈 대표 에델만코리아 같은 경우에 상징적으로 붙는 수식어들이 있습니다. 위기 관리를 가장 많이 하고 있는 회사 중에 하나일 것 같고요, 국내 일반 PR대행사와는 다르게 저희는 대관팀을 어느 정도

5 에델만에서는 20년 이상 신뢰도 조사를 진행해 왔으며, 매년 조사 내용을 발표함. 2022년 신뢰도 조사 결과는 https://www.edelman.com/trust/2022-trust-barometer에서 확인할 수 있음.

규모 있게 운영을 하고 있고, 디지털 분야를 가장 빨리 받아들인 곳입니다. 다만 위기 관리나 대정부 관계 이런 부분은 저희가 대외적으로 공개를 하기가 좀 힘든 부분이 있습니다. 기업의 신뢰를 build up 하는데 20년이 걸리지만, 그 기업의 신뢰를 망가뜨리는 데는 이틀이면 된다고 합니다. 최근에 언론을 통해 개인 정치인, 기업인 등 많이 보지만 상당히 노력을 해서 신뢰를 형성했지만, 어떤 사건이나 이슈, 사고에 휘말려서 퇴출되거나 이미지가 추락하는 사례를 많이 보죠. 그래서 저희 같은 경우 위기 관리와 관련하여 어떤 위기에 처할 수 있는지에 대한 진단, 그리고 그것에 대한 사전 준비, 위기가 발생했을 때 현장 대응, 그리고 사후 관리까지 할 수 있는 체제가 잘 갖추어져 있다고 보시면 될 것 같습니다.

유창조 교수 에델만은 예방, 실시간 대응, 신속한 사후 관리 이런 것들에 전문성과 시스템을 갖추고 있다는 생각이 듭니다. 최근에 위기 관리나 사내 커뮤니케이션, 브랜드 관리, 명성 관리, 환경 모니터링, 이슈 관리 등 이런 것들이 많이 언급되는데, 가장 뜨거운 화두는 뭐라고 이야기할 수 있을까요?

장성빈 대표 예로 말씀하신 위기 관리나 환경 모니터링, 명성 관리 다 중요하고요, 그런 것들이 효율적으로 진행이 되기 위해서는 리서치가 기반이 되어야 한다는 건, 즉 데이터나 과학적 근거가 있어야 된다는 것은 너무나 중요한 이야기죠. 그런데 저는 저희가 커뮤니케이션 대상을 좀 제대로 보고 있는 것인가라는 측면에 대한 고민을 좀 해봤으면 좋겠다는 생각이 있습니다. 예를 들어 시대적으로 보면 예전에는 소수의 엘리트 집단이 대중에게 영향을 미치는 구조였습니다. 그들이 권위를 갖고 영향력을 미치는 구조였다면, 지금의 영향력은 대중이 더 많이 갖고 있죠. 과거에 저희가 커뮤니케이션을 할 때는 오피니언 리더opinion leader나 인플루언서influencer에 포커스를 맞춰서 커뮤니케이션 했었는데, 이제는 누가 더 영향력을 갖고 있는가, 커뮤니케이션 대상이 누가 되어야 하는가 등, 즉 어떤 혼돈의 시대에 와 있는 것은 분명하거든요. 그런 점에서 봤을 때 Z세대, 밀레니얼 세대들은 재화의 소유적 측면에서 다른 세대에 비해 떨어질지는 몰라도, 남한테 영향을 미치는 부분은 훨씬 더 강화되어 있는 측면이 있죠. 그렇다면 구매 패턴이나 이런 연결점을 봤을 때 누가 과연 더 일차적 타깃이 되어야 하고, 이차적 타깃이 되어야 하는가라는 고민을 할 수 있을 것입니다. 커뮤니케이션 타깃을 전방위적으로 다 설정할 수 없다면, 어떻게 타깃을 설정할 것인가, 그리고 그들과의 커뮤니케이션을 하기 위해서는 어떤 채널을 이용하여 어떤 메시지 사용할 것인가 하는 문제에 대해서 업계가 전반적으로 다시 한번 고민해 봐야 되지 않나 생각이 듭니다. 다음으로 기업의 사회적 책임에 대한 요구가 상당히 중요해 지고 있고요, 심지어는 젊은 소비층들도 'me' value보다 'we' value를 더 중요하게 생각하고 있는 사회인 것은 분명한 것 같습니다. 그리고 사회적으로 책임감을 느끼지 못하는 기업에 대해서는 뭐 물품을 구매하지 않겠다는 의사가 명확해지고 있는 이런 시점에서 어떻게 기업이 진정성 있는 사회적 책임을 실현할 것인가라는 측면을 좀 더 심도 있게 고민해야 할 것 같습니다. 그리고 기업이나 브랜드를 둘러싸고 있는 이해관계자들(정부, NGO, 소비자 등)이 많이 있지 않습니까? 저희가 조사를 해 보면 이해관계자

중에서 가장 중요한 이해관계자로 논의되는 것이 직원입니다. 최근에 직원 행동주의employee activism라고 해서 직원들이 목소리를 내고, 오너나 탑 매니지먼트에 대한 어떤 책임감이나 도덕성 이런 것을 요구하는 빈도가 상당히 높아지고 있지 않습니까? employee activism이 상당히 중요해짐으로써 그들과의 커뮤니케이션, 또 그들이 외부와의 커뮤니케이션을 얼마만큼 회사가 심각하게 받아들이고 직원들 입장에서 권장해야 할 것인가 하는 것도 중요하게 생각해봐야 할 부분이라고 생각합니다.

유창조 교수 상당히 중요한 부분을 언급해 주신 것 같습니다. 커뮤니케이션 타깃과 전략을 과거와는 다른 새로운 방향으로 설계하는 것이 바람직하다라는 말씀에 저도 공감을 합니다. 과거에 일방향적 커뮤니케이션 시대에서 쌍방향적으로, 사실 쌍방향이라기보다는 역방향이라고 봐야 하는 게 맞을 것 같아요. 소비자들이 이제 확대된 네트워크를 가지고 강력한 파워를 행사하고 주도하는 세상이 되었기 때문이죠. 누구를 대상으로 어떻게 해야 하는가에 대한 재조정이 되어야 할 것 같고요. 그리고 employee activism에 대한 언급을 해 주셨는데, 직원 관리에 대한 특별한 노하우가 있으시더라고요. 잠깐 소개를 해 주시죠.

장성빈 대표 특별한 노하우라기보다 저는 떠나는 직원들인 경우에 반드시 전화를 한다든지, 식사를 한다든지, 차를 한다든지, 잠깐 이야기를 나누는 등 이런 것들을 반드시 하려고 노력을 합니다. 물론 휴가중이나 출장중이어서 못한 직원들도 있습니다. 그 분들이 회사를 떠나는 것에 대한 아쉬움이 당연히 크지만, 또 성장할 수 있는 다른 꿈을 위해 회사를 떠나는 것에 대해서 응원을 해주는 것이 좋다고 생각을 합니다. 그러다 보니 에델만코리아에는 다른 회사로 옮겼다가 다시 돌아오는 직원들도 있었습니다. 저는 회사를 운영함에 있어서 윈윈win-win이 중요하다고 생각합니다. 훌륭한 직원들로 인해서 회사가 성장을 하지만, 실제로 그들이 성장할 수 있는 토양을 제공하고 기회를 제공하지 못한다면 그 회사는 그냥 성장에 대한 욕심만 많은 회사라는 생각이 듭니다. 직원도 성장하고 회사도 같이 성장할 수 있는 그런 생태계를 만들어가는 것이 상당히 중요하다고 생각을 하고 있습니다.

유창조 교수 굉장히 중요한 부분인 것 같습니다. 회사의 성장과 직원의 성장이 있는데, 두 가지를 함께 보는 CEO가 있다면 그 직원은 행복한 사람일 것 같습니다. 떠나는 직원을 성장하기 위한 모습으로 바라본다면, 그 직원이 다른 곳에 갔을 때 이전 회사에 대한 평판이 당연히 호의적이겠죠. 이러한 선순환을 가져오는 그런 직원 관리 방침이 아닌가 하는 생각이 듭니다. 우리가 흔히 그런 이야기를 하잖아요. 헤어질 때 잘 헤어져야 한다. 서로 행복하게 헤어질 수 있어야 한다. 그래야 다시 만나도 서로 어색하지 않을 것 같다는 이야기를 하는데, 우리가 생각해 볼 수 있는 그런 좋은 방식이 아닌가 하는 생각이 듭니다. 아까도 잠깐 언급을 했는데, ESG가 화두입니다. 이해관계자 자본주의라는 것은 이해관계를 맺고 있는 종업원, 고객, 협력사, 미디어, 이런 구성원들이 함께 성장하는 모델을 추구하는 건데, 어떻게 보면 과거의 PR관리의 대상이 그런 다양한 구성원들이었잖아요. 그래서 ESG가 부각이 되면서 PR

에 대한 평소에 갖고 계신 확장된 영역이 구현될 수 있는 기회를 맞고 계시지 않을까 싶은데, ESG 활동 관련해서 어떤 계획을 갖고 계신지, 어떻게 보고 계신지 궁금합니다.

장성빈 대표 ESG는 일시적 트렌드는 아니겠죠. 당연히 이것은 기업이 반드시 고민해야 할 중요한 사명이자 운영 덕목 중 하나입니다. ESG라는 단어가 나오게 된 배경을 살펴보면, 자본투자사들이 기업의 지속가능성이 담보가 되어야 투자를 할 수 있는데, 환경적 이슈, 사회적 이슈 등등에 대한 어려움이 많아지니 기업이 이것을 얼마만큼 잘 지켜야 하는가, 그리고 거버넌스도 위험요소가 되니 그러한 측면에서 요구되는 것 때문에 중요하게 언급되기 시작했습니다. 환경적, 사회적, 그리고 지배구조적 이슈는 반드시 좋은 기업이면 해결하고 향상시켜 나가야 된다라는 측면에서 ESG는 앞으로 좀더 중요하게 요구될 것이라고 생각합니다. 그러나 평가에 대한 기준이 명확치 않고 상당히 혼재되어 있기 때문에 기업들이 좀 우왕좌왕하는 그런 경향은 있어 보입니다. 그리고 한국에서는 E와 S라는 부분에 대해서는 이야기를 많이 하는데, G라는 부분은 한국 기업이 오너십과 경영권이 분리가 되어 있는 회사들이 많이 없지 않습니까? 가족소유기업인데 상장사인 경우도 있고, 여러 가지 것들이 좀 혼재해 있는 측면에서 보면 향후 한국은 거버넌스 부분을 어떻게 더 강화할 것인가라는 고민은 다른 나라보다 더 많이 해야 할 것이란 생각이 듭니다. 홍보적 관점에서 보면 이해관계자의 접점을 다양하게 다루었던 것이 홍보팀이었고, CSRCorporate Social Responsibility(기업의 사회적 책임)을 홍보팀 또는 관련된 부서에서 했기 때문에, 저는 ESG도 홍보팀이 설계 단계부터 회사 비즈니스 정체성과 부합하는 프로그램을 만들어야 한다고 봅니다. 회사의 정체성과 부합하지 않는 프로그램은 지속 가능성이 떨어지기 때문에 그러한 점을 반영하고, 기업이 순수하게 의도하고 있는 ESG 프로그램의 진정성을 아주 적절한 메시지로 대외적으로 전달하는 활동들이 이루어져야 하고, 무엇보다 내부 임직원들의 지지와 참여도 너무 중요하고요. 이것이 우리만의 목소리가 아닌, 회사 밖에 있는 소비자나 다양한 이해관계자들이 같이 참여함으로써 더 의미가 있을 것이라고 생각합니다. 그런 측면에서 PR이나 커뮤니케이션팀의 역할이 점점 더 중요해질 것이라고 생각합니다.

유창조 교수 ESG에서 거버넌스, 즉 투명한 경영을 위한 의사 결정 시스템이 필요하고, 또 그러기 위해서는 기업을 운영하는 CEO가 갖고 있는 사업을 하는 목적에 대한 명확한 미션 설정, 끝으로 그것이 전 직원과 공유되어야 된다라는 그런 관점은 바로 지금 현재 화두가 되고 있는 ESG가 요구하고 있는 핵심사항이 아닌가라는 생각이 듭니다. 이번에는 젊은 회원들에게 좀 도움이 될 만한 질문을 드리겠습니다. PR 커리어를 쌓고자 하는 후학들이 굉장히 많은데, 어떤 자질이 필요할까요? 또한 에델만코리아가 어떻게 직원들을 성장시키려고 노력하고 있는지를 소개해 주시면 좋겠습니다.

장성빈 대표 한 분야를 전문으로 하는 에이전시들이 있어요. 제가 생각할 때는 헬스컴처럼 어떤 특정적 분야를 하고 있는 경우에는 특정한 재능과 자질, 그것과 관련된 학업 등의 백그라운드를 필요로 할 것 같습니다. 그런데 저희는 종합 에이전시로, 다루고 있는 섹터sector가 좀 다양합니다. 그렇기 때문에 저희는 전공 불문입니다. 물론 커뮤니케이션을 전공한 직원들이 많지만, 과반수는 PR을 전공하지 않은 직원들입니다. 전공이나 업무적 재능도 중요하겠지만, 그것보다는 발전하려고 하는 끊임없는 지적 욕구와 발전하려고 하는 노력을 좀 많이 봅니다. capability역량, 즉 개인이 갖고 있는 재능이나 업무를 잘 할 수 있는 탤런트talent도 중요하지만, 저는 그것보다 퍼스널리티personality를 더 중요하게 봅니다. 태도attitude가 좋으면 발전 가능성이 있는데, 태도는 별로인데 재능만 뛰어날 때 발전하지 못하는 경우도 있거든요. 또한 제가 조언하고 싶은 것은, 장기적 관점에서 PR이나 커뮤니케이션 업계에서 내가 어떻게 커리어를 쌓을 것인가에 대한 충분한 고민을 해 봤는가입니다. "10년 뒤에 혹은 15년 뒤에 이 업계에서 어떤 성장을 해 있을 것 같은가?"라는 질문을 해 보고요, 그리고 업계 또는 본인이 하고 있는 일에 대한 관점이 얼마나 넓은지를 봐요. 식견일 수도 있고, 그만큼의 관심일 수도 있고요. 전체적인 맥락을 읽을 수 있는 사람이 잘 성장을 한다고 봅니다. 내가 하는 일에 대한 명확한 규정, 어떻게 그것을 정의하는지가 중요합니다. 예를 들어 "뭐 하세요?" 그러면 "그냥 홍보하는데요." 하는 사람보다는, 내가 하고 있는 것들의 사회적 의미는 무엇이고 나에게는 어떤 의미가 있고 내 주변에 영향을 주고 받는 사람들에게는 어떤 의미가 있는지에 대해서 답이 있어야 합니다. 그렇지 않은 경우, 이 직업에 대한 혼란이나 혼선을 갖게 되는 것을 볼 수 있습니다. 관심을 갖고 노력하고 매진하는 태도가 있다면 PR업계에서 상당히 성공할 수 있고요, 이쪽 업계에서 7년 정도 일을 하신 분들은 공급과 수요 측면에서 수요가 공급보다 한 다섯 배 정도 되는 것 같습니다.

유창조 교수 여러분들께서 짧은 면접 시간에 지원자가 자기의 미래와 성장에 관한 계획을 고민해왔는지, 그냥 순간적으로 만들어낸 이야기인지를 어떻게 구별할 수 있느냐 궁금해하실 수 있을 것 같습니다. 그런데 저도 여러 학생들 면접이나 회사 직원 승진 면접에 참여를 해 보면, 지원자들의 답변이 고민에 바탕한 것인지, 순간적으로 임기응변식의 대답인지는 충분히 구별이 된다고 생각을 합니다. 덕 워스Angela Duckworth라는 학자가 이야기한 성장 마인드셋growth mindset이라는 용어가 있습니다. 내가 성장하고자 하는 마음가짐이 미래에 성공을 하는데 있어서 굉장히 중요하고, 이제 그걸 그릿grit이라고 하죠. 어떤 역경이 있어도 내가 세워놓은 목표를 향해서 역경을 인내하고 참아내고 견뎌내고 헤쳐나가는 원동력이 growth mindset입니다. 오늘보다 내일 더 성숙한 나를 만들어 나가기 위해서 노력하는 모습이 여러분들의 미래의 성공으로 이끄는 원동력이 아닌가 생각합니다. 에델만코리아가 직원들을 성장시키기 위해 운영하는 프로그램도 소개를 해 주시면 좋을 것 같습니다.

장성빈 대표 일단 전 세계 6,000명 이상의 직원들이 근무를 하고 있는데요, 그들이 만드는 창의적인 아이디어나 심도 있는 제안서 등을 내부적으로 다 볼 수가 있습니다. 그리고 저희 직원들이 에델만에 대해서 좋아하지만 또 싫어하는 부분이 교육이 너무 많다는 것입니다. 글로벌 차원에서의 교육도 있고, 내부적으로 직원들을 성장시키기 위해서도 많은 교육을 하고 있습니다. 그리고 당연히 저희가 해야 한다고 생각을 하고 있는 부분입니다. 또한 여기서 일을 하면서 보람을 느끼고 더 성장하고 싶어서 해외 오피스로 트랜스퍼를 원하는 직원들이 있다면 회사가 아주 적극적으로 도와주려고 노력하고 있습니다.

유창조 교수 역시 교육이군요. 에델만코리아 직원들은 행복할 것 같습니다. 해외에 나가서 견문을 넓힐 수 있는 기회를 자연스럽게 가질 수 있게 되지 않을까 생각이 듭니다. 앞서 잠깐 언급을 해 주셨는데 디지털 시대, AI시대, 4차 산업혁명 등 이런 시대에 맞추어 PR 산업이, 또한 에델만코리아가 준비하고 있는 것들은 어떤 것들이 있는지 소개를 해 주시죠.

장성빈 대표 저희 에델만 신뢰도 지표 조사 결과에 따르면 같은 콘텐츠를 적어도 세 번에서 다섯 번 정도 들어야 신뢰를 한다고 합니다. 심지어는 60%가 넘는 분들이 그렇게 대답을 했습니다. 한국의 경우 열 번 이상 반복적으로 들어야 신뢰하게 된다라는 것이 27% 정도로 나왔습니다. 아주 정확authentic하고 좋은 콘텐츠를 만들어 한 번이나 두 번 정도 확산하는 것은 그만큼 효과가 떨어진다는 것입니다. 그런 측면에서 본다면 콘텐츠를 잘 만드는 것도 중요하지만, 다양한 커뮤니케이션 채널에 대한 분석도 해야 합니다. 전통 미디어, 온드owned 미디어, 페이드paid 미디어 등등 많은 것들이 있지 않습니까? 그리고 심지어는 네이버와 같은 플랫폼 자체를 미디어라고 생각하고 있고, 기자들도 인플루언서 역할을 하고 있는 복잡한 상황입니다. 이제 디지털을 빼고는 이야기하기가 힘들 정도이니, 당연히 PR에이전시도 디지털 내재화를 해야겠죠. 우리가 해 왔던 고유의 영역 위에 어떻게 디지털을 내재화시킬 것이냐라는 작업을 오랫동안 해 왔고요, 상당히 성공적이었습니다. 저희는 지금 브랜드 저널리즘의 바탕에서 글로벌 뉴스룸newsroom을 여러 개 운영하고 있고 저희가 직접 제작할 수 있는 스튜디오를 만들었습니다. 페이드 미디어paid media, 인플루인서 마케팅influencer marketing, 퍼포먼스 마케팅performance marketing 등 비즈니스를 확장하고 있는 그런 상황입니다. 전체 직원 중에 거의 1/3 정도가 디지털 영역이라고 보시면 될 것 같습니다.

유창조 교수 웹사이트에 들어가보니 에델만이라는 회사가 스토리텔링storytelling에 기반한 브랜드 관리를 처음 시도한 회사라는 내용이 있었습니다. 브랜드 스토리텔링이라는 것이 상당히 오랜 역사를 갖고 있다는 것도 알게 되었습니다. 디지털 시대에 맞추어서 이런 플랫폼을 구성하고, 플랫폼에서 다양한 접점을 찾아내고, 그걸 신뢰할 수 있도록 만드는 다양한 노력을 하고 계신 것 같고, 선제적인 대처 이런 것들이 성장의 원동력이 아닌가 싶습니다. 요즘 젊은이들이 관심을 갖고 있는게 메타버스입니다. 메타버스에 대해서 회사에서 구상하고 있거나 대처하고 있는 것이 있으면 간단하게 소개해 주시죠.

장성빈 대표 메타버스가 다음 플랫폼으로 각광을 받고 중요한 자리매김을 하고 있는 것은 부정할 수 없는 사실입니다. 그리고 현실세계를 가상 공간으로 옮겨서 디지털 트윈digital twin을 만든다는 측면에서 상당히 중요하다고 생각합니다. 하지만 저희가 고민해야 될 부분이 과연 메타버스 안에 경제 체제가 얼마만큼 빨리 구축이 될 것인가 하는 문제입니다. 블록체인blockchain 기반으로 경제 체제가 구축이 되어야 하는데, 메타버스가 소비자의 경험치를 극대화하는 데는 효과적이긴 하지만, 경제 체제가 구축되기 전까지는 좀 변동성을 갖고 발전할 것 같습니다. 저희가 당장 메타버스가 없으면 세상이 망할 것 같은 조바심을 내는 것 같은데, 그렇지는 않을 것 같습니다. 또한 소비자의 경험을 극대화하기 위한 디바이스라든지 VRvirtual reality의 정교함, 이런 여러 가지 측면들이 만들어지는 과정이라고 볼 수 있을 것 같습니다. 저희가 ESG도 그렇고, 메타버스도 그렇고, 에델만 내부에 태스크포스팀이 있습니다. ESG는 이제 태스크포스팀을 넘어서 이미 컨설팅을 많이 하고 있고요, 메타버스는 팀이 구성이 되어서 이 안에서 우리가 어떤 최적화된 서비스를 제공할 수 있을지에 대해서 스터디를 하고 있습니다. 한국도 마찬가지로 예의주시하고, 그 트렌드에 뒤지지 않기 위해서 노력을 하고 있는 상황입니다.

유창조 교수 저는 메타버스에 대해서 전문성을 갖고 있진 못합니다만, 중요한 언급을 해 주신 것 같습니다. 경험치를 극대화하는 것이 메타버스의 최근 트렌드인데, 그것보다는 메타버스가 가져다주는 경제적인 인센티브incentives가 무엇인가를 예측을 하고, 그런 시스템을 구축하는게 미래를 대비하는 것이 아닌가 싶습니다. 한국광고학회 'ACE' Talk를 통해서 앞으로도 학회와 서로 긴밀한 어떤 협력관계가 유지가 될 수 있기를 기대하고요, PR산업이 성장하고 영향력을 발휘하게 되는데 학회가 담당해야 하는 역할이 있으면 어떤 것이 있는지 언급해 주시면 저희가 앞으로 학회 활동을 하는데 많은 도움이 될 것 같습니다.

장성빈 대표 항상 훌륭한 인재들을 배출해 주시고 저희 업계에 공급해 주셔서 너무 감사 드립니다. 워낙 이 세상이 빨리 변하다 보니깐 저희도 트렌드에 뒤지지 않기 위해서 상당히 잰 걸음으로 달려가야 되는 상황입니다. 그래서 학생들 교육도 좀 더 실용적인 부분들이 강화가 되었으면 좋겠다라는 생각이 듭니다. 학계에서는 물론 학문적 관점이나 좀 더 다른 관점의 교육을 시켜주지만, 업계 트렌드나 업계에서 요구되는 부분들을 부합하기 위해서 산학협력이나 이런 부분들이 좀 더 강화되었으면 좋겠다라는 생각이 듭니다. 저희는 두 군데 정도와 산학협력을 꾸준히 하고 있는데, 좀 더 확장할 계획입니다. 앞으로도 그런 기회를 통해서 좋은 인재를 영입할 수 있으면 좋겠습니다.

유창조 교수 앞으로 이번 계기를 통해서 뭔가 긴밀한, 윈윈win-win할 수 있는 다양한 방향을 모색할 수 있는 기회가 있으면 좋겠습니다. 다음은 시청자들이 질문한 내용입니다. ESG란 무엇이며 CSR과의 차이점이 무엇일까요?

장성빈 대표 CSR의 발전을 살펴보면, 예전에 장학금을 록펠러 재단the Rockefeller Foundation에서 내는 등의 필란트로피philanthropy 자선 활동이 있습니다. 그리고 직원들이 직접 참여해서 사회 봉사하는 참여형 활동도 있고요. CSR 개념이 나오고, CSVcreating shared value(공유가치창출)가 나오고, 지금은 ESG가 화두가 되고 있습니다. 어떤 분들은 CSV가 나오면 CSR이 없어지고, ESG가 나오면 CSV는 대체

되는 거다라고 보시는데, 큰 틀에서 보면 그게 사회적 책임, social purpose라는 틀 안에서 다양한 역할을 하고 있다라고 보시면 될 것 같습니다. 그래서 여전히 CSR이 중요한 역할을 차지하고 있고요, 투자사들이 지속가능성sustainability을 확인하는 차원에서 환경과 사회, 거버넌스라는 부분에 초점을 맞춰 다루어지는 개념이 ESG라고 생각하시면 될 것 같습니다.

유창조 교수 제가 좀 더 부연설명을 해 드리면, 기업이 사업을 하는 목적이 무엇인가를 바탕으로 해서 개념이 발전되었다는 점에서 저와 장성빈 대표님의 의견이 같습니다. 돈을 벌기 위해서 사업을 하는 것인가? 더 좋은 세상을 만드는데 기업이 어떤 역할을 담당하기 위해서 하는 것인가? 그 비중에 따라서 점점 주주에 대한 것뿐만 아니라 다양한 이해관계자들에 대한 관심을 높여 나가는 방향으로 전개되는 것이 기업의 사회적 책임이라고 볼 수 있을 것 같습니다. CSR, CSV, sustainability, ESG 등 다양한 용어가 등장을 하는데, 기업의 목적이 무엇인가의 관점에서 보시면, 각 개념을 좀 더 이해하기가 쉬울 것 같다는 생각이 듭니다. 시청자 질문 중 두번째는 "PR 취업을 고려할 때 국내 홍보 대행사와 글로벌 홍보 대행사의 장단점은 무엇일까요? 어떠한 준비를 하면 좋을까요?"입니다.

장성빈 대표 본인의 선택의 문제일 것 같고요, 국내의 PR 대행사들도 아주 잘하고 있습니다. 저희는 글로벌 네트워크다 보니, 하나의 프로젝트를 위해 해외 여러 나라 사람들과 같이 일을 하기도 합니다. 또한 예를 들어 ESG나 employee engagement와 같이 본인이 관심 있는 어떤 커뮤니티에 들어가면 그것과 관련된 컨설팅을 하는 전 세계의 여러 멤버들과 심도 있게 고민하고, 관련 자료도 볼 수 있습니다. 그런 측면에서 본인이 발전하고 싶다고 한다면 받을 수 있는 트레이닝이나 교육 등 기회들이 많다는 것이 저희의 강점인 것 같습니다. 글로벌 관점을 확장하고 싶다면 저희와 같은 글로벌 에이전시가 좋을 것 같고요, 로컬 에이전시local agency는 로컬 나름대로의 경쟁력과 영향이 있다고 판단을 합니다.

유창조 교수 여러분들이 진로를 생각할 때 좋은 힌트가 되었을 것 같습니다. 제가 생각할 때는 국내 PR회사인가, 글로벌 PR회사인가보다는 내가 얼마나 PR활동에 대한 흥미진진함을 갖고 있고 그를 통해서 성장하려는 마인드를 갖고 있느냐 그게 가장 중요할 것 같습니다. 자신에게 주어진 여건 안에서 도전해보는 게 필요하지 않을까 이런 생각이 듭니다. 마지막 질문입니다. 에델만의 신뢰도 지표 조사에 75%의 세계 시민은 기업이 본연의 이익 창출에 목적을 두면서도 동시에 사회, 경제적 문제 해결에 적극적으로 동참해 줄 것을 기대한다고 합니다. 앞으로 에델만에서는 코로나19시대에 기업과 어떠한 방법, 파트너십으로 사회, 경제적 문제를 해결하는 데 기여할 수 있을지에 대한 의견을 듣고 싶습니다.

장성빈 대표 아까 제가 말씀드린대로 에델만이라는 회사는 수익이 발생되면, 사회, 경제, 기업의 문제를 해결하기 위한 IP개발 등의 많은 노력들을 하고 있습니다. 그중 하나가 에델만 신뢰도 지표로, 그 많은 비용을 들여 조사를 해서 무료로 누구나 사용할 수 있게 배포를 하는 것입니다. 올해에도 팩데믹 관련된 신뢰나 사람들의 갈등 구조, 이런 부분에 대한 조사를 진행하여 발표를 했습니다. 이와 같이 다양한 이해관계를 맺고 있는 집단이나 이들의 문제 해결을 하는데 간접적 지원을 하고 있습니다. 참고로 에델만이란 회사에는 여섯 가지 가치가 있는데, 그중 하나가 CSR입니다. 시티즌십citizenship[6]이라고 해서 저희가 반드시 잘 지켜야 하는 덕목이 CSR(기업의 사회적 책임)이라고 보고 있어서, 같이 동참하고 개선하려고 노력하고 있습니다.

유창조 교수 시간이 거의 다 된 것 같습니다. 마지막으로 저는 성장에 대한 갈구가 오늘 장성빈 대표님께서 주신 메시지 중에서 가장 중요한 것이 아니었을까 싶습니다. 우리가 흔히 다른 사람과 비교하지 말라는 말 많이 합니다. 다른 사람보다 더 잘하려고 하지 말고, 내가 오늘보다 내일 더 나아지고, 그 다음날 더 나을 수 있기 위해 노력하는 그런 마인드를 갖고 노력하다 보면 성공이라는 길에 더 가까워지지 않을까 생각합니다. 저도 내일 어떻게 지금보다 더 나은 모습을 만들 수 있을까를 고민하게 되었던 대담이었던 것 같습니다. 또 다른 메시지는 'me' value와 'we' value가 있다는 이야기는 참 의미가 큰 것 같습니다. 내가 성장하는 것과 동시에 사회가 함께 성장하는 것, 사회에 어떻게 유익한 '우리'가 될 수 있는가에 대한 마음가짐, 기업은 기업으로서의 미션을 명확히 하는 것이 ESG시대에 요구되는 것이 아닌가 싶습니다. 오늘 시간을 내주신 장성빈 대표님, 감사드립니다. 마지막으로 우리 회원들에게 인사 한 말씀 해주시죠.

---

6 에델만 글로벌의 시티즌십에 대한 자세한 내용은 https://www.edelman.com/about-us/citizenship에서 확인할 수 있음

장성빈 대표 오늘 제한된 시간에서 충분한 메시지를 못 드린 것 같아서 송구스럽습니다. 오늘 논의와 관련되거나 이 외에도 관심이 있는 부분이 있다면 언제든지 이메일이나 연락 주시면 감사하겠습니다.

끝맺는 말

에델만코리아 장성빈 대표는 본 대담에서 PR업계의 중요한 변화 및 트렌드에 대해 언급하고, 에델만코리아에서 이러한 트렌드를 이끌어가기 위해 어떠한 노력을 하고 있는지 소개하였다. 그중 하나는 명성 관리 및 위기 관리의 중요성이다. 버크셔 해서웨이Berkshire Hathaway의 CEO 워런 버핏Warrant Buffett도 "명성을 쌓기 위해서는 20년이 걸리지만, 그것을 망치는 데는 5분이면 충분하다"고 하면서 장성빈 대표와 마찬가지로 명성을 관리하는 것의 중요성을 언급한 바 있다.[7] 미국 텍사스A&M대학Texas A&M University의 티모시 쿰스Timothy Coombs 교수는 어떠한 조직도 위기에서 자유롭지 않으므로 위기에 대비해야 한다고 강조한다.[8] 장성빈 대표가 언급한 바와 같이 브랜드 명성을 쌓는 것도 중요하지만, 지속적인 모니터링과 스캐닝을 통해 조직과 관련된 주요 이슈를 관리하고, 이해관계자들의 다양한 요구를 이해하는 것은 오늘날 상당히 중요하다. Coombs(2014)

7 Berman, J. (2014). The three essential Warren Buffett quotes to live by. Forbes. Retrieved from https://www.forbes.com/sites/jamesberman/2014/04/20/the-three-essential-warren-buffett-quotes-to-live-by/?sh=7b2293b56543

8 Institute for PR (2014). Crisis management and Communications. Retrieved from https://instituteforpr.org/crisis-management-communications/

에 따르면 기업은 위기 발생 전에 위기 관리팀을 구성하여 위기 발생 시 신속하고 효과적으로 대처할 수 있어야 한다. 또한 위기 이후에는 명성 회복을 위한 커뮤니케이션 노력은 물론, 위기 대응 과정을 평가하여 위기 대응 개선 방향을 찾고, 향후 위기를 예방하기 위한 전략도 수립되어야 한다.[9] 본 대담에서 장성빈 대표가 여러 차례 언급했던 직원 참여employee engagement, 직원 행동주의employee activism도 오늘날 중요하게 다루어지고 있다. 직원 참여란 직원들의 업무 및 직장에서 직원의 적극적인 참여와 열정enthusiasm으로 정의할 수 있다(Gallup, n.d.).[10] 피알뉴스와이어(PR Newswire, 2019)에 따르면 HR업계에서 직원 참여가 채용만큼 중요하게 논의되고 있으며, 더 많은 기업들이 직원 참여가 성과, 유지 및 생산성에 미치는 영향의 중요성을 인지하고 있다.[11] 실제 갤럽에서 실시한 조사에 따르면 참여도가 높은 직원이 있는 조직은 경쟁업체보다 주당이익earning per share, EPS이 147%나 높은 것으로 나타났다(Sorenson, 2013).[12] 이뿐만 아니라 내부 공중인 직원들은 본인들의 경험을 토대로 외부 공중들이 조직에 대한 이미지를 형성하는데 직접적 혹은 간접적으로 영향을 미칠 수 있는 중요한 이해관계자이다. 따라서 이들의 목소리에 귀를 기울이고, 이들이 조직의 의사 결정 및 경영에 적극적으로 참여할 수 있는 기회를 제공

[9] Institute for PR (2014). Crisis management and Communications. Retrieved from https://instituteforpr.org/crisis-management-communications/

[10] Gallup (n.d.). Employee engagement solutions. Retrieved from https://www.gallup.com/workplace/229424/employee-engagement.aspx

[11] PR Newswire (2019). 7 employee engagement trends to expect this year. Retrieved from https://www.prnewswire.com/news-releases/7-employee-engagement-trends-to-expect-this-year-300794459.html

[12] Sorenson, S. (2013). How employee engagement drives growth. Gallup. Retrieved from https://www.gallup.com/workplace/236927/employee-engagement-drives-growth.aspx

하는 것은 상당히 중요하다고 할 수 있다.

이 외에도 장성빈 대표는 디지털 시대 Z세대의 영향력이 큰 점도 주목해야 할 점으로 언급했다. 전통적 대중 매체 중심의 커뮤니케이션에서는 미디어나 오피니언 리더와 같이 소수의 엘리트 집단을 통해 여론이 형성되었다면, 이제는 누구나 콘텐츠를 생산할 수 있고, 소셜미디어를 통해 쉽고 빠르게 공유할 수 있기 때문에 더욱 복잡한 다방향적 커뮤니케이션이 이루어지고 있다. 디지털 트랜스포메이션 시대의 요구에 부응하기 위해 PR업계 및 실무자들은 커뮤니케이션 타깃, 효과적인 채널 및 메시지 전략에 대해서도 다시 한번 고민해 봐야 할 것이다. 끝으로 전 세계적으로 기업의 사회적 책임CSR 및 ESG경영이 점점 더 중요하게 다루어지고 있다는 점에 주목할 필요가 있다. 오늘날의 소비자들은 과거에 비해 기업에게 더 많은 사회적 책임을 기대하고 있으며, 에델만의 신뢰도 조사에서 나타난 바와 같이 기업에 대한 신뢰가 소비자들의 구매활동에도 영향을 미치기 때문에 기업 또한 한 사회의 시민으로서 기업시민정신corporate citizenship을 갖고 진정성 있게 경제적, 법적, 윤리적, 사회적 책임을 실현하는 것이 중요하다(Carroll, 2016).[13]

13 Carroll, A. B. (2016). Carroll's pyramid of CSR: Taking another look. International Journal of Corporate Social Responsibility. 1(3). Retrieved from https://jcsr.springeropen.com/articles/10.1186/s40991-016-0004-6

08

한국광고학회 여덟 번째 'ACE' Talk

TBWA코리아 이수원 대표와의 대담

홍지미

(인하대 국제학부 조교수)

TBWA코리아 이수원 대표

들어가며

TBWA코리아의 정식 표기는 'TBWA＼KOREA'이다. 누군가에겐 이 두 단어 사이를 잇는 '역슬래시Backslash(＼)'의 문장부호가 어딘가 낯설고 불편할 수 있을 것이다. 그런 이들에게 "왜 꼭 슬래시(/)를 써야 하느냐"라고 TBWA는 반문한다. 이것은 생각의 관습을 깨고 새로운 것을 창조해 획기적인 아이디어로 다시 태어난다는 의미의 '디스럽션(단절)'이 왜 TBWA의 경영이념인지를 잘 보여주고 있다.

이러한 '단절'의 경영철학을 바탕으로 TBWA코리아는 1999년 설립 이래 매년 급성장을 거듭하며 탁월한 기획력과 차별적인 크리에이티브로 업계에서 주목받고 있다. 국내 최초 2017년 Facebook Award 본상, Korea Agency of the Year 금상 수상, 그리고 Effie Awards에서는 2016년 대상, 2015년 금상을 연속 수상하였다. 그러나, 이러한 화려한 수상실적에도 불구하고, "우리는 광고회사의 성공 대신 클라이언트의 성공을 자랑합니다"라며 수줍게 웃는 이가 있다.

'ACE' Talk의 여덟 번째 손님으로 초빙된 TBWA 코리아의 이수원 대표가 바로 그 주인공이다. 광고제에서 수상을 해서 광고회사가 빛나는 것보다는 오히려 클라이언트의 성공을 더 중요하게 여긴다는 그는 지난 2014

년부터 국내 최대 독립 광고대행사인 TBWA코리아를 이끄는 수장이다. 이수원 대표는 1991년 제일기획 AEAccount Executive로 광고계에 입문한 후 2000년 TBWA코리아로 이직해 SK텔레콤, 현대카드, 광동제약, 삼성생명 등의 캠페인을 성공적으로 이끈 장본인이다.

새롭게 하되 목표를 잊지 않는 광고, 마음 속에 사랑을 쌓는 브랜드를 꿈꾸며, 복잡한 마케팅 상황 속에서도 남다른 솔루션을 찾고 늘 믿을 수 있는 파트너가 되고자 노력한다는 이수원 대표를 한국광고학회의 'ACE' TALK를 통해 만나보았다. 이번 대담에서는 브랜드 솔루션을 찾기 위한 독창적인 플랫폼인 이른바 '디스럽션 플랫폼Disruption Platform'을 활용하여 브랜드 가치를 제고하는 TBWA만의 '시장의 판을 뒤집는 독창적 시도'에 대해서는 물론이고, 우리나라 광고 산업을 둘러싼 환경적인 변화, 우리 광고계가 나아가야 될 방향, 미래 광고인들을 위한 제언, 또 광고회사 CEO로서의 비전과 철학을 들어보았다. 본 대담은 광고학연구 편집위원장을 역임한 연세대학교 조창환 교수의 사회로 진행되었다.

대담 내용

조창환 교수 네 여러분 반갑습니다. 저는 오늘 사회를 맡은 연세대학교 언론정보학부의 조창환입니다. 지금 현재의 광고 산업을 만약에 단 한 단어로 묘사하라고 하면, 아마 저는 '외줄타기'라고 말씀드릴 수 있을 것 같습니다. 저를 비롯하여 많은 광고 종사자들과 학계에 계신 교수님들은 외줄타기 하는 심정처럼 불확실성 속에서 위기의식을 다 느끼고 계십니다. 그 이유는 무엇일까요? 아마도 우리가 따라가기 힘들 정도로 빠르게 변화는 혁신이 그 이유일 것 같습니다. 전 세계적으로 4차 산업혁명과 팬데믹 상황 속에서 정치, 경제, 사회, 문화 등 많은 변화를 저희가 현재 겪고 있습니다. 특히 그중에서 매체 환경과 기술의 변화를 저희 광고인들은 주목할 수밖에 없습니다. 왜냐하면 매체가 바뀌면 그 매체를 사용하는 소비자의 특성과 라이프스타일이 바뀌겠죠. 그리고 그 소비자와 매체를 통해서 소통을 해야 하는 광고는 당연히 영향을 받고 바뀔 수밖에 없습니다. 자 이렇게 급변하는 대한민국의 광고산업에서 오랫동안 중심적인 역할을 해 오시고 광고 업계 리더로서 큰 역할을 해 오신 TBWA코리아의 이수원 대표님을 모시고 오늘 현재 대한민국 광고산업의 대해서 진단하고, 앞으로 우리가 나아가야 될 방향성에 대해서 같이 모색해 보는 기회를 갖도록 하겠습니다. 오늘 우선 주인공이신 이수원 대표님을 여러분께 소개해 드리겠습니다. 대표님 간단하게 본인소개 부탁드리겠습니다.

이수원 대표 예, 안녕하십니까? TBWA코리아에서 CEO로 일하고 있는 이수원이라고 합니다. 저는 올해로 32년째 동료, 후배들과 함께 열심히 광고일을 하고 있는 광고인이라고 제 소개를 드리고 싶습니다. 오늘 이런 기회가 주어져서 정말 감사하게 생각합니다. 반갑습니다.

조창환 교수 저희 본격 대담에 들어가기 전에, TBWA일명 학생들은 뭐 '트바' 이렇게 부르기도 하더라고요. 비전을 포함해서 회사소개 간단히 부탁드리겠습니다.

이수원 대표 저희는 한국 광고 시장에서 오랜 기간 독립 광고회사 1위의 위치를 지켜온 광고 회사입니다. TBWA는 관습을 깨고 새로운 비전으로 나아간다는 'Disruption'이라는 광고 철학을 가지고 있고요. 저희 TBWA코리아는 이것을 바탕으로 해서 브랜드 솔루션 컴퍼니, 즉 클라이언트 브랜드가 갖고 있는 모든 문제를 함께 해결해 나가는 파트너라는 비전을 실현해 나가고 있습니다.

조창환 교수 네, 사실 그동안 대한민국의 여러 글로벌 대행사가 들어왔다가 나가고 반복적인 일이 있었는데요. TBWA코리아는 글로벌 대행사로서 오랫동안 대한민국에서 크게 성공을 한 대행사로 저희가 알고 있습니다. 글로벌 대행사의 관점으로 바라보실 때 대한민국의 국내 광고 시장과 그리고 글로벌 시장의 차이점과 장단점은 어떤 것들이 있을 수 있을까요?

이수원 대표 저희가 이제 글로벌 광고회사이긴 한데 저희 스스로 생각하기에는 가장 로컬화된 글로벌 광고회사라고 생각을 합니다. 저희의 클라이언트 비중 중에 85%~90% 가까이 가 로컬 클라이언트들입니다. 그래서 가장 로컬화가 잘 되어 있는 글로벌 광고회사라는 생각이 들고요. 제가 이제 살펴본 결과 우리나라 광고시장의 장점은 그 역동성과 스피드에 있다라는 생각이 듭니다. 이게 아마 우리나라에 어떤 국민적 특성 하고도 관련이 있을 것 같은데 변화를 굉장히 빠르게 받아들여서 그거에 대한 대안을 모색을 하고, 또 일을 계획하고 추진하는 과정에 있어서 굉장히 스피드가 빠르다라는 특성을 갖고 있는 것 같습니다. 이 반면에 이제 글로벌 대비해서 단점으로 느껴지는 것은 브랜드를 장기적인 관점으로 관리해 나가는 측면이 좀 부족하다 이런 느낌을 갖습니다. 예를 들어서 외국의 경우에는 광고회사와의 계약기간이 보통 3년에서 5년, 심지어는 7년, 더 나아가서는 몇십 년간 브랜드 관리를 같이 해 나가는 경우가 많습니다. 예를 들어서 저희 TBWA의 경우에도 애플하고 굉장히 오랜 기간 파트너십을 갖고 있고, 심지어 스티브 잡스 사후에도 계속 이 관계가 이어지면서 브랜드 관리를 같이 해 나가고 있습니다. 이것은 뭐 미국, 유럽은 물론이고요, 아시아에 있는 국가들도 이런 장기 파트너십이 많습니다. 그래서 제가 이제 저희 TBWA의 다른 나라 CEO들을 만나면 질문을 해요. 그래서 '아 우리나라는 보통 1년 계약이고 심지어는 프로젝트 베이스 계약도 있다'고 그러면 깜짝 놀라면서 과연 그렇게 해가지고 브랜드 관리가 되느냐고 저에게 질문을 하는데 그럴 때는 솔직히 조금 부끄러운 생각이 들기도 합니다. 정리해서 말씀드리면 역동성과 스피드는 장점이고 브랜드 관리의 일관성과 유지라는 측면에서는 다소 아쉬움이 있지 않나 이렇게 생각합니다.

조창환 교수　네, 저도 공감하는 내용입니다. 이게 일관성이라는 게 상당히 중요한데. 대행사 입장에서 매번 이렇게 광고주를 바꾸고 PT를 해야 되는데 상당히 곤욕스럽기도 하고요, 힘든 상황일 것이라 생각을 합니다. 바뀌어야 될 부분 중에 하나가 아닌가 하는 생각을 합니다. 다음 질문인데요. 사실 광고라고 하는 것이, 저도 광고를 오랫동안 해왔지만 TV를 볼 때나 매체를 사용할 때는 소비자 입장이 되잖아요. 광고가 사실은 회피의 대상이 됩니다. (웃음) 저도 뭐 광고 전공을 하지만, 재미없는 광고가 나오면 바로 채널 돌리고, 뭐 이렇게 창을 닫고 이런 경우가 상당히 많은데요. 우리가 이걸 전문적으로 광고회피라고 하잖아요. 근데 이 수많은 광고들 중에서 정말 또 성공한 캠페인들은 일부러 찾아서 보기도 하고 공유하기도 하고, 또 오랫동안 기억에 남습니다. TBWA코리아에서 정말 그동안 많은 성공적인 캠페인, 기억에 남는 캠페인을 해 오신 것으로 알고 있는데요. 물론 그중에 하나를 꼽으라 그러면 정말 힘드시겠지만 대표님이 생각하시기에 어떤 캠페인이 가장 기억에 남는지, 또는 성공적인 캠페인이라고 생각하시는지 한번 여쭤보고 싶습니다.

이수원 대표 사실 이 질문이 광고회사 CEO 입장에서 가장 곤란한 질문 중에 하나입니다. 왜냐하면 여기에서 언급되지 않은 과거의 클라이언트나 또 현재 클라이언트들의 입장에서 기분 좋은 일이 아니니까요. 그래서 제가 사실 웬만하면 가급적 답변을 안 하는데, 객관적인 평가가 분명했던 두 가지만 말씀을 드리려고 합니다. 일단 첫 번째는 2002년 월드컵 '비 더 레즈Be the Reds' 캠페인이었습니다. 그 캠페인은 단순히 광고 캠페인을 넘어서 우리나라 온 국민을 하나로 묶었던 그런 소중한 경험을 준 캠페인이었고요. 그 해에 TBWA Worldwide에서 수여하는 Disruption Awards라는 상이 있는데 거기서 전 세계 그랑프리를 받았던 캠페인이라서 더 기억에 남고요. 또 하나의 캠페인은 시디즈Sidiz의 '의자가 인생을 바꾼다'라는 캠페인입니다. 오직 마케팅 성과만으로 평가를 받는 Effie Awards 그랑프리를 받았었고요. 그래서 광고제에서 수상을 해서 광고회사가 빛나는 것보다는 오히려 클라이언트의 성공을 더 중점으로 생각하는 저희 TBWA의 철학과 맞닿아 있는 캠페인이라고 생각을 해서 의미가 더 깊다라고 저는 생각하고 있습니다.

조창환 교수 사실 저도 이런 질문을 드리면서 성공이라고 하는 거를 누구의 관점에서 보느냐에 따라 다를 것 같아요. 소비자들의 관점에 있어서는 무조건 재미있는 광고, 그 다음에 또 광고주 입장에서는 뭔가 판매에 기여하고 브랜딩의 어떤 효과를 누릴 수 있는 광고, 그리고 대행사 입장에서는 뭔가 또 나가서 대외적으로도 대행사를 알릴 수 있는 뭔가 좀 획기적인 아이디어 이런 것들을 또 시도

해보고 싶은 입장, 아마 다 조금씩 다를 것 같은데요. 적절하게 좋은 예를 들어주신 것 같습니다.

이수원 대표 예, 저희가 이제 흔히 쓰는 말 중에 그런 말을 쓰는데요. “저희는 클라이언트의 성공을 자랑합니다”라는 말을 씁니다.

조창환 교수 (감탄) 아!! 멋진 말이네요.

이수원 대표 거의 그 측면에 있어서 이제 중요한 캠페인이었다고 생각이 됩니다.

조창환 교수 그럼 “성공을 바라는 클라이언트들은 TBWA로 오라” 이렇게 말씀드리면 되겠네요.

이수원 대표 (웃음) 예, 감사합니다.

조창환 교수 많은 예비 광고인들이 TBWA를 들어가고 싶어 합니다. 저희 학생들도 예외가 아닌데요. 대표님께서 그동안 수많은 광고인들을 길러도 보시고, 면접도 해보고 해 보셨을 텐데. 대표님이 생각하시기에 예비 광고인으로서 앞으로 성장가능성을 보실 때 특히 면접을 하실 때 어떤 능력과 자질을 대표적으로 좀 눈여겨 보시는지 궁금합니다.

이수원 대표 일단 그 열린 마음으로 성실하게 광고인의 삶을 개척해 나갈 의지가 있는지 이런 측면을 좀 확인해 보고 싶은 마음이 강합니다. 얼마전에 저희 회사에서 신입사원을 뽑았는데요. 신입사원들한테, 제가 주위에 있는 친구들한테 꼭 좀 얘기해 달라고 하는

게 있는데. 솔직히 제가 면접을 보면 조금 답답함을 느낄 때가 있습니다. 뭐 아시다시피 지금 취업 환경이 굉장히 절박하다 보니까 아마 그럴 것이라고 이해는 하는데, 자꾸 본인이 완벽히 완성된 인재라고 어필을 하려는 경향들이 있어요. 근데 사실 이게 선배들 입장에서 보면 크게 공감가지는 않는 이야기이거든요. 그래서 그것보다는 열린 마음으로 모든 상황을 대할 수 있어야 되고요. 왜냐하면 광고업이라는 건 언제 어떤 상황이 어떻게 전개될지 모르기 때문에, 항상 변화가 있기 때문에 좀 더 열린 마음으로 모든 상황을 대하고 부족한 부분을 좀 성실하게 채워 가겠다는 그런 의지가 보여서, 아 저 친구와 함께라면은 뭔가 백지에 그림을 같이 그려 갈 수 있겠구나 이런 느낌을 주는 사람들이 오히려 더 선호되는 것이 사실인데, 앞서 말씀드린 그런 부분들이 좀 보여서 그 부분을 좀 안타깝게 생각을 합니다. 그리고 사실 이제 TBWA에 입사하려면 뭐 특별히 준비해야 되는 것이 있느냐? 이런 질문들을 하시는데요. 사실 특별히 준비할 것은 없습니다. 이제 다만 광고에 그동안 너무 무관심했다 이렇게 보이는 것은 사실 좋지 않겠습니다만, 또 반대로 너무 소위 말하는 광고 바보로 보이는 것도 저는 좋지 않다라고 생각을 합니다. 이제 개중에 보면 중고등학교 때부터 광고만 생각을 했고, 대학교 때는 광고 책만 많이 읽고 광고 동아리 활동만 했고, 대학 재학 중 오직 광고만을 생각했다라고 얘기를 하는 경우들이 꽤 있는데요. 근데 사실 그게 저희는 메리트로 느껴지지가 않습니다. 왜냐하면 우리 광고업이라는 게 굉장히 많은 산업과 많은 제품을 접하고 그거에 대해서 솔루션을 내야 되는 사람들이고요. 그래서 다양한 분야에 관심을 갖고 또 지식을 빠른 시간 내 소화를 해서 정리하고, 그것을 실현해 나가는 어떤 그런 능력들이 필요하기 때문에, 단순히 광고에만 매몰됐다라기보다는 경험의 다양성이 있는 것이 오히려 더 앞으로 일을 길게 해 나가는 데 더 도움이 되지 않나라고 생각을 합니다. 그런 부분들을 지원자분들한테 꼭 좀 말씀드리고 싶습니다.

조창환 교수 네, 하얀 백지에 뭔가 같이 그려보고 싶은 사람, 그리고 다양한 경험을 해 본 사람을 선호하신다라는 말씀을 주셨습니다. 저희 학생들에게도 꼭 저희가 전달하도록 하겠습니다.

이수원 대표 알겠습니다.

조창환 교수 '우리 광고의 핵심은 크리에이티브'다라는 말도 있습니다. 사실 이 크리에이티브의 역량을 키우는 것이 사실은 쉽지가 않죠. 특히 다양하게 정의가 될 수 있겠지만, 'out of the box,' 뭔가 정형화된 틀을 깨는 그런 사고방식이 필요할텐데요. 저희 대표님께서 특히 크리에이티브가 강한 TBWA에 이제 오래 계셨으니깐 저희 광고인들과 예비 광고인들을 위해서 정형화된 이 관습의 틀을 깰 수 있는 대표님만의 어떤 노하우가 혹시 있으시면 공유 부탁드리겠습니다.

이수원 대표 일단 노하우는 없구요. (웃음) 저는 사실 뭐 어떤 특별한 만능의 방법은 없다라고 생각을 합니다. 그보다는 오히려 더 중요한 게 지금 시장과 소비자의 인식 속에 지배적인 관습이 과연 뭐냐, 그러면은 그 관습을 깨는 것이 지금 우리 브랜드한테 유리하냐 안 유리하냐? 만약에 깨는 것이 우리에게 유리하다면 지금이냐 아니면 그 다음이냐? 이런 것들을 전략적으로 판단하는 것이 먼저 중요하다고 생각합니다. 그게 전제가 되고 그 바탕 위에 크리에이티브가 얹어진 거라고 생각을 하구요. 크리에이티브의 경우에는 저는 이런 말을 좀 드리고 싶은데, 온종일 생각을 해도 같은 위치, 같은 시선이라면 소용없다 이런 말을 드리고 싶습니다. 예전에 광고계 대선배 분이 하셨던 말씀을 제가 책에서 읽은 내용인데요. 저는 좀 굉장히 공감이 많이 갔습니다. 그래서 같은 책상과 같은 회의실만을 왔다 갔다 하기보다는 조금씩 분위기를 환기하려는 노력, 그런 것들이 크리에이티브에 어떤 영감을 불러일으키는데 좋은 역할을 해주지 않을까라고 생각을 합니다.

조창환 교수 네, 결국 크리에이티브도 전략이다는, 어떤 플레이그라운드 내에서 작용을 하는 것이 중요하다 이 말 정말 공감이 갑니다. 디지털 광고 총액이 전통 매체 광고 총액을 이미 넘어섰습니다. 사실 광고에 있어서 저희가 매체는 뺄 수 없는 부분이죠. 광고 매체의 역사를 저희가 살펴보면 1830년대에 penny news paper라 그래서 1센트만 주면 살 수 있는 신문이 등장을 했죠. 그 전에는 신문은 일부 엘리트들만을 위한 프리미엄 콘텐츠 위주로 유료 서비스로 진행이 되다가 penny news paper의 등장으로 매체라는 것이 광고를 통해서 수익 모델을 만들어가는 시발점이 됐습니다. 그 이후로 오랫동안 글로벌하게 2005년까지 신문이 1위 매체를 유지해옵니다. 근데 2006년부터는 TV의 시장에 와서 10여 년간 지상파 중심의 TV 매체가 크게 성장을 해서 1위를 했고요, 2018년 이후부터는 모바일 매체가 1위를 차지하는 시대가 왔습니다. 자 바야흐로 지금은 모바일 중심의 디지털 매체 시대가 왔다 해도 과언이 아닐 텐데요. 이렇듯 급변하는 매체 환경, 특히 디지털 시대에 있어서 살아남기 위해서 대행사로서 어떤 자세가 필요할까라는 부분, 또 어떤 준비를 하고 계신가 이런 부분도 궁금해서 여쭙습니다.

이수원 대표 일단 제 생각으로는 우선 마인드 변화가 굉장히 중요한 것 같습니다. 긍정적이고 적극적인 마인드가 필요한 것이죠. 예를 들어서 요즘 얘기가 많이 되고 있는 데이터 같은 경우도 만약에 이거를 '아 우리를 귀찮게 하는 이렇게 또 하나 나왔네' 이렇게 바라보게 되면 안 될 것 같습니다. 그보다는 훨씬 '아 우리가 어떤 것을 주장하려고 하는데 우리 주장에 설득력을 높여줄 수 있는 참 고마운 도구가 생겼네' 이렇게 접근을 하는 마음가짐이 좀 중요하다고 봅니다. 만약에 그렇지 않으면 아무리 교육을 하고 아무리 학습을 해도 효과가 저는 제대로 날 것 같지가 않습니다. 그래서 개인 차원에서는 이렇게 조금 더 적극적이고 긍정적으로 받아들이는 마인드가 중요하다고 생각을 하고요. 저희 회사 차원에서는 클라이언트 브랜드들이 과연 이 디지털 변화 속에서 필요로 하는 것이 무엇인지 이 부분을 저는 계속 고민을 하고 있습니다. 그래서 2015년도에 미디어 플래닝에 있어서 한 명의 플래너가 ATL과 디지털을 통합적으로 플래닝하는 것을 주요 광고회사에서 저희가 최초로 시도를 했었구요. 그래서 이제는 시간이 흘러서 완전히 안착이 됐고, 저희 이후에 굉장히 다른 광고 회사들이 이 방법으로 좀 많이 바뀌어 나오고 있는 것을 확인하고 있습니다. 또 하나는 이제 퍼포먼스 마케팅에 대한 수요가 굉장히 늘고 중요성이 부각되는 것을 보고서 2018년도에 퍼포먼스 by TBWA라는 자회사를 만들었구요. 지금 벌써 70명 규모로 성장이 됐습니다. 그리고 작년 2021년도에는 디지털 마케팅의 기초이자 출발점이라고 할 수 있는 SEO 관련되서 SEO 컨설팅 비즈니스를 저희가 추가로 시작했습니다. 이렇게 시장의 흐름을 열심히 읽고 디지털 변화 속에서 클라이언트 브랜드가 필요로 하는 솔루션이 무엇인지 이것을 계속 고민하면서 그것을 제공해 드리려는 노력을 저희는 하고 있습니다.

조창환 교수 네, 그동안 많은 노력을 해 오셨군요. 광고 산업은 사실 치열한 경쟁 속에 있습니다. 저희가 'In–House' 대행사도 있고요, TBWA 같은 독립 대행사도 있고요, 그리고 검색광고만 대응하는 검색광고 대행사, 소셜미디어 대행사, PR 대행사, 정말 다양한 대행사의 영역이 존재하는데, 예전과는 달리 이런 많은 부분들이 중첩되는 경우가 상당히 많습니다. 이런 무한 경쟁 시대에 있어서 TBWA만이 가지고 있는 어떤 차별적인 전략이라든지 어떤 차별화 요소가 있을까요?

이수원 대표 예, 저희 회사에 이제 차별화 요소를 만들기 위해서 노력을 하고 있고요. 어떤 CEO든지 간에 우리 회사의 차별화 요소를 만들기 위해서는 당연히 노력을 해 나가야 하는데, 일단 이 자리에서는 두 가지를 좀 말씀드리고 싶습니다. 우선은 브랜드 컨설팅을 들 수 있습니다. 과거에는 기존의 컨설팅 회사들이 다소 추상적인 개념의 해법을 이렇게 클라이언트한테 던지고 가면 클라이언트가 그걸 받아서 이걸 어떻게 커뮤니케이션하지 그러고서 이제 저희하고 의논을 하는 경우가 있었습니다. 그런데 이제 커뮤니케이션을 하려고 보면 그 자체는 그대로 안 되고 저희가 별도로 튜닝을 하는 과정을 거쳐야 되는 경우가 많더라고요. 그래서 '아 그럴 바에는 우리가 아예 커뮤니케이션까지 한꺼번에 쫙 이어질 수 있는 일관되게 이어질 수 있는 매우 실용적인 브랜드 컨설팅을 해보자' 라고 생각을 해서 이 브랜드 컨설팅에 뛰어들었습니다. 처음에는 저희 직원들도 좀 반신반의하고요, 시장에서도 아니 무슨 광고회사에서 브랜드 컨설팅을 해라는 시각이 좀 있었지만, 몇 년 계속 하다 보니까 이제 어느 정도 자리가 잡혀서, 매년 두 자릿수 이상의 프로젝트를 진행하고 있고 관련 인력도 저희 계속 늘리고 있는 추세입니다. 두 번째로 말씀드리고 싶은 것은 '시니어 랩Senior Lab' 입니다. 지금 마케팅 시장 전체가 MZ세대만 바라보고 있는 느낌을 저는 봤습니다. 물론 그들이 트렌드를 만들고 선도하는 능력이 있다라는 것을 저는 인정합니다. 하지만 지금 인구 구조가 굉장히 드라마틱하게 바뀌고 있고 또 시니어들이 갖고 있는 구매력이라는 것을 감안했을 때, 시니어 시장의 중요성을 우리 마케팅에서 좀 간과하고 있는 것이 아닌가라는 느낌을 갖습니다. 그래서 저희가 2020년도 말에 시니어 마케팅을 연구하는 시니어 랩을 시작을 했습니다. 그래서 관련된 연구 결과를 발표를 하고 축적을 해 나오고 있습니다. 아 저도 개인적으로 책을 한 권 출간을 했는데요. 제 생각엔 아마 내년 2023년부터 2026년 사이에 시니어 시장이 급속히 주목을 끌 것으로 예상이 되는데 그래서 그 때를 지금 준비해 나가고 있습니다.

조창환 교수 네, 브랜드 컨설팅과 시니어에 특화된 서비스를 차별화 요소로 뽑으셨습니다. 저희가 광고업은 소위 머리와 가슴을 동시에 쓰는, 좌뇌와 우뇌를 같이 쓰는, 그런 냉철한 머리와 따뜻하고 뜨거운 가슴, 이런 얘기 저도 수업에서 이제 많이 하는데요. 사실 그만큼 좌뇌와 우뇌를 같이 쓴다는 것은 상당히 스트레스도 많이 받는다라는 게 되겠죠. 그동안 광고업계에서 오랫동안 일을 해 오셨는데 늘 건강한 모습을 이렇게 뵈니까 저는 개인적으로 상당히 좋은데. 혹시 이런 스트레스가 많은 상황에서 잘 쉬는 것도 정말 중요할 텐데요. 평소에 휴식 시간을 가지실 때 어떤 식으로 시간을 보내시고 스스로 리프레시를 하시는지 공유하실 수 있을까요?

이수원 대표 뭐 사람마다 습관이나 성격, 체질이 다 다를 텐데요. 저는 이렇게 밤 늦게까지 사무실에 앉아있는 것을 별로 좋아하지 않습니다. 그래서 저는 가급적이면 정시에 일찍 퇴근을 하고 아침에 좀 일찍 나옵니다. 그래서 사람들이 없는 조용한 시간에 생각을 정리하면 훨씬 더 일의 효율도 나는 거 같고요. 그리고 퇴근한 다음에는 운동을 좀 하게 되면 그러면 일단 기분도 좋고요, 무엇보다 여러 가지 생각에 많기 때문에 잠이 잘 안 오는 경우가 있는데 운동을 하고 나면 잠이 잘 와서 일단 좋습니다. 그리고 이제 주말이나 이럴 때 이제 시간이 좀 남으면 제 집사람과 같이 산책하고 그런 편입니다.

조창환 교수 예, 주로 운동하시고 산책하고 그런 시간을 보내신다로 이해했습니다. 저도 뭐 비슷하게 운동을 즐기고요. 파워 워킹으로 요즘 많이 걸어 다닙니다. 제가 앞서 서두에 말씀드린대로 광고 산업계가 정말 빠르게 변화하고 있습니다. 자 이렇게 빠르게 변화하고 있는 상황에서 저희가 사실 섣불리 미래의 모습을 예측하기는 쉽지 않을 텐데요. 그래도 우리 대표님께서 생각하실 때 '앞으로 우리가 광고를 하고 싶어하는 예비 광고인 또는 현재 열심히 일하고 있는 분들을 위해서 이것만은 최소한 10년 후를 대비해서 준비해라'라고 말하실 것이 있으면 공유 부탁드리겠습니다

이수원 대표 예, 저 이 생각을 좀 많이 하는데요. 저는 이제 인공지능 애기부터 한번 말씀을 드리고 싶은데 인공지능이 지금 발달해 가는 시대이지 않습니까? 그런데 이 알파고처럼 특정한 분야의 힘을 발휘하는 것을 특화형 인공지능Narrow AI이라고 하는데 이것은 만들기가 상대적으로 쉽다라고 합니다. 그런데 모든 분야의 힘을 발휘할 수 있는 걸 일반형 인공지능General AI이라고 하는데 그것은 만들고 굉장히 어렵다고 하더라고요. 즉 인간에게 필요한 것은 종합능력이라고 생각을 합니다. 그러니까 단편적인 지시에만 머물지 말고 클라이언트하고 함께 브랜드의 미래를 같이 설계해 나갈 수 있는 컨설팅 능력을 키우는 것이 굉장히 중요하다고 생각합니다. 이런 능력을 갖기 위해서는 전체를 이렇게 위에서 조망하는 버드뷰Bird View 능력을 갖기 위해서 계속 노력해 나가는 것들이 필요하다고 보고, 이런 능력들이 이제 미래 광고인들에게 꼭 필요한 능력이 아닌가라고 생각을 합니다.

조창환 교수 근데 저희가 준비한 질문은 어느 정도 마무리가 되었고요. 저희가 지금 현재 실시간으로 중계를 하고 있다고 알고 있습니다. 그래서 실시간으로 저희 참여자 분들께서 질문을 주시는 걸로 알

고 있는데요. 나온 질문 혹시 있으면 제가 좀 전달을 받아서 대표님께 질문을 드리도록 하겠습니다.

이수원 대표　예

조창환 교수　질문을 아마 지금 취합 중에 있는 것 같은데요. 대표님 오늘은 근처에 계시잖아요?

이수원 대표　예, 마침 여기 스튜디오가 저희 회사에서 걸어서 5분 거리라서 매우 가벼운 마음으로 왔습니다.

조창환 교수　오늘 오전에 출근하셔서는 어떤 일을 하셨습니까?

이수원 대표　계속 뭐 회의도 하구요, 그 다음에 주요한 의사 결정 관련해서 임원, 팀장들이 수시로 제 방을 방문하기 때문에 그거에 관련된 얘기들 나누면 시간에 또 금방 금방 갑니다.

조창환 교수　네, 그러시군요. 지금 실시간으로 물어보셨는데요. 미디어렙과 대행사의 경계가 모호해지고 있는 현 상황에서, 대행사의 미래의 정체성은 어떤 모습일까라는 질문을 주셨습니다.

이수원 대표　굉장히 어려운 질문인 것 같은데요.

조창환 교수　아마(질문자께서) 전문가이신 것 같습니다.

이수원 대표　지금 요즘 보면 뭐 컨설팅회사, PR 회사, 심지어는 프로덕션, 스튜디오 뭐 모두 광고 시장으로 들어와서 경쟁하는 시대이고, 이 경쟁이라는 경계 자체가 모호해지고요. 뭐 진짜 그야말로 어디에서 화살이 날라 올지 모르는, 제가 이런 얘기를 하는데 '만인을 향한 만인의 투쟁이 펼쳐지고 있는 시장'이다 이런 얘기를 하는데, 근데 저는 이걸 거꾸로 역설적으로 생각을 해 보면 이렇게 전부 다 광고 시장에 들어오는 게 거꾸로 역설적으로 광고 시장이 갖고 있는 매력을 입증하는 것이 아닌가라고 생각을 합니다. 향후에 광고회사의 모습이 어떻게 될까를 예측하는 게 제가 일단 포춘텔러Fortune Teller가 아니라서 얘기하긴 어렵습니다만 제가 조심스럽게 그동안 이제 후배들 하고 나눴던 얘기를 좀 드리자면, 아마 지금의 컨설팅회사와 조금 유사한 형태가 되지 않을까라는 생각이 듭니다. 즉 브랜드와 커뮤니케이션의 종합적인 컨설팅 능력을 갖춘 시니어 컨설턴트들이 내부 혹은 외부의 사람들과 같이 협력을 하면서 클라이언트가 원하는 솔루션을 공급하는 형태가 되지 않을까 이런 생각을 좀 해 봅니다. 아마 그런 시니어 컨설턴트는 AE가 될 수도 있고요, 카피, 아트, 미디어 등 모든 직종이 열려 있다고 생각하게 됩니다. 그래서 아까 하신 질문하고 조금 맞닿아 있는데요. 버드 뷰Bird View, 즉 위에서 조망할 수 있는 능력, 전체적으로 조망할 수 있는 능력, 그리고 종합력, 그리고 컨설팅 능력, 이런 것들을 키우는 것이 미래 시장을 대비하는 준비가 아닐까 그렇게 생각을 합니다.

조창환 교수 네, 자 그럼 질문 하나 더 하도록 하겠습니다. 조금 무거운 질문일 수도 있는데요. 긴장하지 마시고요. 솔직 담백하게 답을 해주시면 되겠습니다. 광고 업계의 잘못된 관행 중 하나만 만약에 본인이 바꾸실 수만 있다면 어떤 것이 있을지에 대한 질문이 올라왔습니다.

이수원 대표 광고회사 CEO로서 참 답변에 조심스러울 수밖에 없는데요. 만약에 딱 하나만 얘기하라고 하시면 저는 조심스럽게 리젝션 피 Rejection fee제도를 좀 얘기를 하고 싶습니다. 그러니까 PT의 초청사가 3~4개 회사에서 5~6개 회사, 7~8개 회사, 심지어는 요즘 9~10개사까지 늘어나고 있는 현상입니다. 그래서 이게 클라이언트의 문제를 같이 의논해 나가는 파트너를 찾는 개념이 아니라 오디션을 열어 가지고 가수를 선발하는 것 같은 그런 개념인 것 같습니다. 근데 이래 가지고는 광고인들이 긍지를 가지고서 소신 있게 클라이언트를 위한 솔루션을 제시하기보다는 어떻게 든 눈에 띄는 방법, 바로 눈에 자극적인 방법, 이런 거를 찾는 악순환으로 결국 누구에게도 도움이 되지 않는 악순환으로 갈 것 같습니다. 그래서 그렇게 되는 원인이 무얼까를 생각해보면 이게 리젝션 피 제도가 영향이 있는 것 같습니다. 이게 이제 PT를 초청하는 데 부담이 없으니까 초청사를 더 늘리는 거 아닌가 그런 의구심도 좀 듭니다. 그래서 이게 한 번에 개선이 되기가 어렵다면 저희가 갖고 있는 생각은 뭐냐면, 대형 광고주들에서 PT 초청사당 백만원 이백만원이라도 주는 관행을 만들었으면 좋겠습니다. 그렇게 하다 보면 광고 시장 전체의 이렇게 무조건 PT 초청사들을 많이 늘리는 그런 관행이 서서히 사라지지 않을까라는 생각이 듭니다. 근데 이제 반면에 또 이렇게 되면 소위 말하는 대형 광고회사들이 PT 추천의 기회가 많다보니 리젝션 피도 많이 받을 거 아니냐 그런 생각이 드실 텐데요. 제 생각은 그렇게 받는 리젠션 피는 각 회사가 취하지 말고 광고 교육인 기관기금으로 저는 출연을 했으면 좋겠습니다. 그래서 사실 그 중견 내지는 중소 광고회사에서 교육에 목말라 하는 광고인들이 많이 있습니다. 그래서 그 중견 중소 광고회사의 광고인들을 위한 교육기금으로 활용을 한다면 결과적으로 광고 업계 전체가 선순환이 되는 그런 효과가 생기지 않을까 라는 생각을 갖고 있습니다.

조창환 교수 예, 그 이제 리젝션 피를 광고인 교육에 쓰고 싶다 이런 포부를 밝혀졌는데요. 교육은 한국광고학회와 협업을 하셔서…

이수원 대표 아 예, 제가 이런 능력이 있으면 반드시 이렇게 하겠습니다.

조창환 교수 예, 자 이제 마무리할 시간이 되었는데요. 저는 개인적으로 광고인은 멋있어야 된다라고 생각을 합니다. 광고주가 많은 돈을 들여서 광고대행을 대행사에게 요구를 하는데요. 광고인이 트렌드를 잘 이해하고 그리고 개인적으로 신뢰도 가고 그리고 얼굴도 잘 생기면 좋겠죠. 그렇게 말도 잘하고 똑똑하고 정말 멋있는 사람에게 대행을 당연히 시키고 싶을 것 같습니다. 저는 개인적으로 이수원 대표님을 볼 때마다 이분 참 멋있구나 이런 생각을 많이 하는데요. 오늘 여러분들도 공감을 하셨으리라고 생각을 합니다. 자 오늘 와 주셔서 대단히 감사하고요, 앞으로도 대한민국 광고계의 발전을 위해서 노력해 주시고 그리고 건강 잘 관리하시기 바랍니다. 그리고 지금 이 시간에도 열심히 일하고 계실 광고 종사자 여러분 그리고 예비 광고인 여러분, 대한민국 광고업이 정말 하루하루 보람차고 즐겁고 행복하고 일할 만한 그런 직종이 될 수 있는 그날을 위해서 저희 모두 같이 힘을 합쳐서 노력했으면 하는 바람입니다. 대한민국 광고 화이팅이고요. 오늘 좋은 시간 마련해 주신 광고 학회에도 감사를 드리고, 이수원 대표님께도 다시 한번 감사드립니다. 감사합니다.

이수원 대표　예, 감사합니다.

끝맺는 말

본 대담을 통해 TBWA코리아 이수원 대표는 급변하는 광고 시장에 대한 현안과 이에 대비하는 광고회사와 예비 광고인의 자세에 대한 구체적인 인사이트를 공유했다.

무엇보다 이수원 대표는 시대 변화에 따른 브랜드와 소비자, 시장에 대한 명확한 이해를 바탕으로 브랜드 진단에서부터 커뮤니케이션 실행 전략에 이르기까지 모든 과정을 통합적으로 플래닝하는 '브랜드 솔루션 컴퍼니'로서의 광고대행사의 역할과 비전을 강조하였다. 이는 TBWA코리아의 '디스럽션 컨설팅Disruption Consulting' 서비스와 일맥상통하는 것으로써, 소비자 커뮤니케이션에 즉시 사용할 수 있는 브랜드 슬로건, 브랜드 매니페스토 및 브랜드 필름 등이 고객의 상황과 니즈에 따라 개발되어 맞춤 처방되는 것이다. 이처럼 브랜드 컨설팅 영역의 확대, 퍼포먼스 마케팅 및 SEO 서비스로 대표되는 디지털 역량 강화, 그리고 ATL·디지털·미디어 통합조직의 구축을 통해 신규 비즈니스 모델을 창출하여 광고산업의 새로운 영역을 확장하려는 TBWA코리아의 노력을 알 수 있는 대목이다.

또한, 이수원 대표는 TBWA코리아만의 차별화된 요소로 시니어 타깃 전문 랩의 출범을 알렸다. 최근 3~4년간 업계 모두가 MZ세대에 주목한 것과는 다르게, 광고 수용도가 높고 다이나믹한 소비 성향을 보이며, 풍부한 경제적·시간적 여유를 보유하고 있는 시니어 세대가 강력한 소비 주체로 부상했음을 강조하며 전문화된 시니어 타깃 마케팅을 전개해 나갈 것이라는 포부를 밝히기도 했다.

나아가, 이수원 대표와의 대화에서 마케팅이나 크리에이티브 기획뿐만 아니라 일상의 업무에서도 생각을 뒤집는 '틀 깨기'로 기존의 관습과 싸우고 스스로 변화하여 새로운 미래를 만들어 간다는 '단절Disruption'의 철학을 곳곳에서 엿볼 수 있었다. 특히, 이 대표는 Digital Transformation, 4차 산업혁명, 마케팅 패러다임 시프트가 이루어지고 있는 오늘날 광고인들이 가져야 할 긍정적이고 적극적인 마인드의 중요성에 대해 이야기했다. 다시 말해, 급변하는 데이터나 테크놀로지 등을 울며 겨자 먹기 식으로 습득해야 하는 귀찮은 과제라고 인식하기보다, 클라이언트들의 문제를 해결해주고 설득력을 높여주는 고마운 도구라고 생각하는 마음가짐이 필요하다는 것이다. 나아가 시니어 컨설턴트는 AE, 카피, 아트, 미디어 등 모든 직종을 아우르는 종합력이 필요하기 때문에 크리에이티비티뿐만 아니라 전체적인 것을 조망할 수 있는 능력, 즉 버드 뷰Bird View를 기르는 것이 미래의 광고 시장을 위해 꼭 필요하다고 역설했다.

이수원 대표의 이러한 당부는 미래의 광고인을 위한 따뜻한 제언으로도 이어졌다. 특히 TBWA코리아는 국내 광고회사 중 예비 광고인들이 선호하는 회사로 제일기획과 함께 가장 많이 거론되는 곳이다. 이 대표는 이들이 찾는 인재상으로 자신을 완벽하게 완성된 인재라고 강조하기보다는, 열린 마음으로 성실하게 광고인의 삶을 개척해 나갈 의지가 있는지를 중요하게 본다고 하였다. 또한, 광고는 많은 산업과 제품을 접하고 솔루션을 내는 사람이기 때문에 너무 광고에만 매몰된 '광고 바보'가 되기보다는 많은 분야에 관심을 갖고 다양한 경험을 두루 갖춘 인재를 선호한다고 밝혔다. 이처럼, 오픈 마인드에 강한 실천력을 갖춘 노력형 예비 광고인이라면 이른바 '트바'의 일원이 되어 하얀 백지 위에 광고라는 그림을 함께 그려 나갈 수 있을 것으로 보인다.

마지막으로, 이수원 대표는 국내 광고업계의 오랜 고민거리이자 불합리한 관행 중 하나로 '리젝션 피Rejection Fee'를 꼽으며 이에 대한 의견을 전했다. 그는 '클라이언트의 문제를 같이 의논해 나가는 파트너를 찾는 개념이 아니라, 오디션을 여는 것 같은 상황이 됐다며,' 따라서 '광고인이 긍지를 갖고 소신 있는 솔루션을 제시하기보다는 어떻게든 눈에 띄는 자극적인 방법을 찾는 악순환이 지속되고 있다'고 지적했다. 서비스 대행을 맡기는 클라이언트가 '갑'이라는 우월적 지위를 이용해 양질의 제안서를 공짜로 받는 걸 당연시하는 문화가 개선돼야 한다는 업계의 주장이 지속되고 있는 만큼, 관행 개선을 위해 입찰 과정에서 탈락하는 회사에 일정 액수의 보상금을 주는 리젝션 피 제도가 도입될지 귀추가 주목된다. 무엇보다, TBWA코리아와 같은 대형 광고대행사들이 리젝션 피를 모아 광고인 교육기금으로 활용한다면 광고업계 전체가 선순환될 것이라는 이수원 대표의 바람은 실무와 학계에 중요한 시사점을 던져준다.

이처럼 '디스럽션Disruption'의 기조 아래 기존의 관습 및 질서와의 단절을 크리에이티브 개발과 조직구성 및 운영에 과감하고 충실하게 적용함으로써 지속적인 성장을 거듭하고 있는 TBWA코리아와 이수원 대표. 빠르게 변화하고 있는 광고시장에서 보다 혁신적인 '브랜드 솔루션 컨설팅' 서비스를 제공함으로써 국내외의 광고 산업 발전에 기여할 그들의 역할과 앞으로의 행보가 기대되는 바이다.

09

한국광고학회 아홉 번째 'ACE' Talk

맥켄코리아 김성중 대표와의 대담

이정규
(숭실대 경영학과 조교수)

맥켄코리아 김성중 대표

들어가며

맥켄McCann은 120여 개국에서 2만 3천여 명이 종사하고 있는 세계적인 광고대행사이다. 'Truth Well Told'라는 기업 철학을 바탕으로 브랜드가 소비자의 삶 속에서 어떻게 해야 의미있는 역할을 수행할 수 있을지에 대한 고민을 통해 코카콜라, 로레알, 존슨앤 존슨, 마이크로소프트와 같은 클라이언트들에게 업계 최상의 서비스를 제공하고 있다. 맥켄은 몇 개의 디비전division으로 나뉘어지는데, 디지털 마케팅을 전문적으로 하는 MRM McCann Relationship Marketing, 체험마케팅, 이벤트 마케팅을 담당하는 Momentum, 헬스케어 마케팅을 전담하는 McCann Health, 그리고 IMCIntegrated Marketing Communication를 도맡아 하는 Universal McCann 등으로 분류해 볼 수 있다. 김성중 대표는 맥켄 월드그룹McCann Worldgroup의 한국 법인인 맥켄코리아에서 2013년 이후 약 10년간 CEO를 맡아오고 있으며, 한국에 진출한 외국계 독립광고대행사의 산 증인이기도 하다. 이번 ACE Talk 대담은 제13대 한국광고학회 회장을 역임한 한국외국어대학교 미디어 커뮤니케이션 학부의 김유경 교수가 사회를 맡아 진행해 주었으며, 한국 광고 산업의 환경적 특성, 외국계 독립광고대행사의 살아남기 위한 핵심 역량, 글로벌 광고대행사의 현지화 전략, 미래 광고인을 꿈꾸는 이들에 대한 조언 등의 다양한 주제를 바탕으로 30년간 광고 산업에 몸 담은 김성중 대표로부터 그의 경험과 인사이트 등을 들어볼 수 있었다.

대담 내용

김유경 교수　먼저 이렇게 나와주셔서 대단히 감사합니다. 김성중 대표님 본인의 간단한 소개 부탁드리겠습니다.

김성중 대표　네 안녕하세요? 저는 맥켄에릭슨코리아의 김성중 대표입니다. 제가 광고회사를 몸을 담은지 31년 정도 되며, 맥켄에서 일을 시작한 지 29년 정도 됩니다. 제 광고커리어의 대부분을 맥켄에릭슨코리아에서 보냈다고 말씀드릴 수 있습니다.

김유경 교수　멕켄McCann은 전 세계적으로 유명한 광고회사입니다. 창의적인 능력과 사고를 기반으로 성장해 온 굴지의 글로벌 광고대행사라고 할 수 있습니다. 멕켄에 대한 소개 부탁드리고 멕켄이 갖고 있는 비전의 내용을 저희 시청자들과 공유해주시면 감사하겠습니다.

김성중 대표　맥켄에릭슨이라는 회사는 제가 대학교에서 공부할 때부터 들어가고 싶은 회사였습니다. 제가 광고에 대해 공부할 때 교과서에서 나오는 그런 회사였기 때문에 대학생 시절부터 저런 회사에서 일하고 싶다라는 생각을 많이 했었습니다. 맥켄에 관해 소개를 간략하게 드리면 지금으로부터 110년 전 1912년에 뉴욕에 본사를 두고 시작한 광고회사입니다. 아마 많은 분들이 '매드멘Mad Men'이라는 드라마를 보셨을텐데, 이 드라마에서 모델로 삼은 회사가 맥켄이며, 현재 125개국에서 광고, 프로모션, 이벤트 마케팅, PR, 디지털 마케팅 등의 비즈니스를 수행 중입니다.

한국의 경우 1990년에 맥켄에릭슨코리아McCann Erickson Korea가 설립되었으며, 대한민국에서 최초로 시작한 외국계 대행사 중 하나입니다. 1991년부터 실질적으로 한국의 클라이언트들을 대상으로 광고대행 서비스를 제공하였구요 지금까지 30년 넘게 IMC와 광고를 진행하고 있습니다. 저희 회사는 여러 개의 디비전division으로 나뉘어져 있으며, 미디어를 전문적으로 하는 유니버설 맥켄Universal McCann, 이벤트 마케팅을 전문으로 하는 모멘텀Momentum이라는 회사 등으로 나누어 볼 수 있습니다. 모멘텀의 경우 각종 올림픽, 월드컵과 같은 대형 스포츠 행사에서 이벤트 프로모션을 진행하고 있으며, 디지털의 중요성을 고려하여 본사차원에서 MRMMcCann Relationship Marketing이라는 조직을 별도로 운영하고 있습니다. 이 조직은 디지털 전문화 역량을 키우는 역할을 담당하고 있습니다. 국내의 경우에는 맥켄이라는 조직 안에 모멘텀과 MRM을 집어 넣어 제가 대표를 맡아 운영하고 있습니다. 저희 회사 직원들이 가지고 다니는 명함 뒷면에는 'Truth Well Told'라는 저희 회사 모토가 프린트되어 있으며, 이 모토는 1912년부터 지금까지 사용되어오고 있습니다. 저희 기업은 갓 입사한 신입사원이던 광고산업에서 오랜 경험을 쌓고 들어온 경력사원이던 저희 기업이 갖고 있는 미션에 대해 많은 이야기를 하게끔 합니다. 지금 시장에 수많은 브랜드와 제품들이 있는데 이 제품들이 소비자의 삶 속에서 어떻게 하면 의미있는 역할을 할 수 있을지를 저희 회사 구성원과 저희 기업 클라이언트들과 함께 고민하면서 찾아가는 과정에 집중하고 있습니다.

김유경 교수 1990년 이후부터 지속적으로 많은 글로벌 광고대행사가 한국에 진입을 하게 됩니다. 그럼에도 불구하고 한국시장은 여러 가지 제도와 규제가 자리잡고 있기 때문에 진입장벽이 높다고 할 수 있으며, 이로 인하여 글로벌 광고대행사가 활용하는 발달된 형태의 광고전략을 저희와 함께 공유할 수 있는 시스템이 제대로 만들어지지 못했습니다. 이렇게 척박한 환경 가운데서도 맥켄이 성공적으로 국내 시장에 정착할 수 있었던 것은 맥켄만의 노하우가 충분히 있었기 때문이 아닐까 하고 생각해 봅니다. 이러한 점을 감안해 볼 때 대표님께서 생각하시는 한국 광고시장의 특징을 말씀해 주시면 고맙겠습니다.

김성중 대표 네 알겠습니다. 그럼 한국 광고시장의 특징이 무엇일까요? 저희 회사에 미국 본사나 유럽쪽 분들이 방문하시면 맥켄이 125개국에서 오퍼레이션을 진행하면서 광고업계 탑3위 안에 들어가는 곳이 55개국, 광고업계 1위를 차지하는 곳이 80여 개국이 되는데 왜 한국시장에서는 랭킹이 낮은지에 관해 의문을 갖고 계십니다. 이러한 이유를 굳이 꼽자면 한국 광고계의 시스템에 기인하고 있다고 말씀드릴 수 있습니다. 한국은 전 세계에서 유일무이하게 인하우스 에이전시in-house agency 시스템이 자리잡고 있어 대기업들의 광고물량을 인하우스 에이전시들이 대부분 맡아 진행하기 때문에 저희 같은 글로벌 기업이 단기간에 업계 상위권으로 올라가기가 어렵습니다. 이러한 상황으로 인해 기본적으로 광고업계 5, 6위권 밖에서 시작을 할 수밖에 없는 것이 현실입니다. 이러한 광고산업 구조가 장·단점을 지니고 있는 것 같은데, 이렇게 대한민국 광고산업이 빠른 속도로 발전할 수 있었던 것은 인하우스 에이전시 시스템이 순기능의 역할을 했기 때문이라고 생각하지만, 아울러 어느 정도 역기능도 있었다는 합리적인 의심도 해 봅니다.

김유경 교수 글로벌 광고대행사가 현지local 시장에 진입을 할 때 흔히 사용하는 슬로건이 '씽크 글로벌 액트 로칼think global, act local'입니다. 맥켄의 경우에 Coca-Cola, Microsoft 등과 같은 다국적기업들을 클라이언트로 많이 영입을 하고 있는데, 이러한 빅 브랜드들은 세계시장에서는 표준화된 광고나 마케팅 전략을 사용하기도 하고, 현지 시장에서는 현지화localization된 전략을 사용하기도 합니다. 맥켄의 경우 이러한 관점에서 어떤 형태로 광고나 브랜드 전략에 임하고 있는지 소개해 주십시오.

김성중 대표 맥켄에서 주로 사용하는 전략적 tool은 4~5년 주기로 계속 바뀐다고 보시면 됩니다. 사용하는 전략적 tool을 바꿀 때마다 해당 팀은 새로운 tool에 대하여 학습을 하게 되고 또한 나머지 직원들에게 tool의 사용법을 전파하게 됩니다. 제 견해로는 이 전략적 tool이 바뀌는 상황을 유심히 살펴보게 되면 시장의 변화도 보이는 것 같습니다. 글로벌하게 적용하는 tool의 경우에는 브랜드 메시지의 일관성consistency를 지키는데 중점을 둡니다. 그렇지만 제가 생각하기에 이보다 더 중요한 것은 'local insight'를 지니는 것입니다. 예를 들어, 맥켄이 Microsoft를 대행하여 전 세계 125개국에서 operation을 진행한다고 가정하면, 국가마다 GDP, 경제 환경, 소비자 특성 등이 큰 차이를 나타낼 수 있습니다. 이러한 경우 어떻게 저희 시스템이나 tool을 사용해서 일관성 있는 브랜드 메시지를 전달하느냐가 중요한 논점이 될 수 있습니다. 하지만 저희 맥켄이 더 중요하게 생각하는 점은 각각의 현지 시장 환경을 고려하여 어떻게 글로벌 tool에 local insight를 접목시켜 현지 시장에 맞는 'local relevancy'를 찾아내느냐 입니다. 어떤 기업이나 국가에서 제작하였느냐와는 상관없이 특정 광고가 전 세계에 똑같이 적용되기는 굉장히 어렵기 때문에 현지 시장에 대한 'relevance'를 찾아내는 것에 더 중점을 두는 것이 올바른 방향이 아닌가하고 생각해 봅니다.

김유경 교수 필립 코틀러와 같은 여러 마케팅 구루분들은 전 세계적으로 표준화된 마케팅 전략 tool이나 광고를 쓰는 기업은 전체 5% 채 안 된다는 얘기를 한 적이 있습니다. 그만큼 대표이사님께서 말씀하신대로 시장의 relevance가 중요하다라는 의미로 받아들일 수 있겠습니다. 광고를 전 세계 시장에 내보낼 때 가장 염두에 두어야 할 중요한 사항이 무엇인가와 관련하여 IMCIntegrated Marketing Communication에 대해 여쭙고 싶습니다. 통합커뮤니케이션 관점에서 맥켄은 굉장히 유명한 기업이며, 여러 성공적인 IMC 캠페인을 창출해 왔는데요. IMC 캠페인을 진행하기 위해 어떤 점에 중점을 두어야 하는지 설명 부탁드립니다.

김성중 대표 Integrated Marketing Communication을 실행하기 위해 가장 중요한 것은 교과서적으로 이야기하자면 일단은 협업입니다. 광고팀, 이벤트 프로모션팀, 디지털팀 등 다양한 업무영역을 책임지는 조직이 모여 시너지를 창출해 낼 수 있는 캠페인을 제작하는 것이 저희 맥켄이 추구하는 방법입니다. 이론적으로는 효과적으로 캠페인을 진행하기 위해서는 빠른 시일 내에 마스터 콘셉트라든지 이런 것들이 만들어져야 합니다. 그런데 실제 현업에서 캠페인을 기획하다 보면 생각보다 콘셉트 도출이 빠르게 이루어지기 어려운 경우가 많습니다. 예를 들어, 가장 많은 시간을 투여해서 충분히 고민해야 정말 좋은 커뮤니케이션 콘셉트를 만들어 낼 수 있으며, 좋은 콘셉트가 나와야 그 콘셉트를 디지털, 체험마케팅, 광고와 같은 세부 영역에 적용할 수 있고, 각 부서간 협업을 통하여 좋은 캠페인 아이디어를 도출해 낼 수 있습니다. 그런데 현업에서 일을 하다보면 현실적으로 캠페인 콘셉트가 빠르게 도출되기 어려운 경우가 많습니다. 이러한 경우 약간의 트릭을 사용하는데 이를테면 'reversal thinking'을 시도해 봅니다. 광고회사의 경우 기본적으로 어떤 캠페인을 준비하게 되면 영상 콘텐츠, 그중에서도 영상 광고가 메인이 됩니다. 만약 여기에 'reversal thinking'을 적용시킨다면 '영상 광고를 제작하지 않고도 이 캠페인을 실행할 수 있을까?'라는 물음을 던져보게 됩니다. 달리 말해 상황을 보는 관점을 달리 바꿔보는 거죠. 이렇게 하면 다양한 솔루션solution들이 나오기 시작합니다.

IMC 캠페인과 관련하여 방금 생각난 에피소드가 있는데요. Microsoft와 저희 회사 맥켄이 오랫동안 협업을 하면서 'Imagine Cub' 이라는 이벤트를 진행해 왔습니다. 'Imagine Cub'에 대해 간략하게 말씀드리면, 'Imagine Cub'이란 소프트웨어 천재들의 경연대회인데 2003년부터 매년 진행되어 왔습니다. 저희 맥켄코리아의 경우 바로 이 'Imagine Cub'을 2007년에 한국에서 Microsoft와 함께 개최하였습니다. 이 때문에 Microsoft 본사랑 회의를 진행했더니 Microsoft 측에서 광고를 제외하고 IMC 캠페인을 수행해 볼 수 있겠냐는 주문을 해왔습니다. 그래서 저희가 광고를 배제하고 아이디어를 만들어가기 시작했는데 그 결과물로 나온 것이 대한민국 최초로 다큐멘터리를 이용한 프로모션이었습니다. 그 당시 KBS에서 수요기획이란 다큐멘터리를 방송하고 있었는데 이를 이용하였습니다. 'Imagine Cub'이 2006년에는 인도에서, 2007년에는 한국에서 개최 예정이었습니다. 그래서 2006년 인도 대회부터, 즉 한국 개최 1년 전부터, 다큐멘터리를 만들어 왜 인도가 IT강국으로 불리는지의 내용을 50분 분량으로 제작하였고, 거기에서 Microsoft의 'Imagine Cub'이 조명받게끔 하였습니다. 그리고 그 다큐멘터리를 저희가 한국에서 2007년 이벤트를 개최하기 전에 방송으로 내보내도록 하였습니다. 결국 광고 진행없이 다큐멘터리로 홍보한 셈입니다. 그 당시 Microsoft는 독점이나 과점 이슈에 휘말려 있었기 때문에 TV광고를 내보는 것을 살짝 꺼려했습니다. 그렇기 때문에 결과적으로 Microsoft측에서도 광고를 빼고 다큐멘터리를 이용한 IMC적인 접근방법을 환영하였습니다. 처음에 언급하였다시피 이론적으로는 마스터 콘셉트를 먼저 만들고 여러 가지 과업을 콘셉트에 맞추어 수행하는 것이 맞지만 상황에 따라서는 반대로 콘셉트의 중심을 차지하는 광고를 배제하고 다른 아이디어를 내 보는 것도 좋은 대안이 될 수 있습니다.

김유경 교수　제가 볼 때도 대표이사님께서 방금 말씀해 주신 그 캠페인은 정말 기억에 남는 캠페인이 될 것 같습니다. 사실 맥켄에릭슨이 협업하고 있는 클라이언트들이 많이 있습니다만 대표님이 30년간 광고 업계에 몸담아 오면서 가장 기억에 남는 캠페인들을 조금 더 소개해주시면 어떨까요? 그리고 기억에 남는 캠페인 중에 성공요인은 무엇이었을까요?

김성중 대표　기억나는 가장 최근의 캠페인은 2018년 평창 동계올림픽입니다. 그 당시에 메인 스폰서가 삼성, KT, 코카콜라 세 군데였으며, 특히 코카콜라를 전담하여 평창올림픽 IMC캠페인을 진행하였습니다. 평창올림픽이 국가적이고 또한 전 세계적인 스포츠 행사였기 때문에 코카콜라 본사에서도 굉장히 많은 관심을 보였고, 저희 맥켄코리아 역시도 많은 인원을 투입해서 진행했던 기억이 있습니다. 아마 평창 올림픽이 개최되기 1년 6개월 전부터 준비를 해왔던 것으로 알고 있습니다. 올림픽이 시작되면 보통 맨 먼저 성화가 국내에 들어오게 되고 이어 성화봉송을 100일 넘게 전국적으로 진행하게 됩니다. 그 당시는 코로나 전 상황이었기 때문에 아까 말씀드렸던 모멘텀 팀이 전국을 돌면서 성화 봉송에 함께 참여했구요. 보통 성화 봉송이 시작되면 밤에는 성화가 꺼지지 않게 보존을 잘해야 합니다. 이 과정에서 성화가 머무르는 장소에서는 지역 주민들을 모시고 행사도 해야 되구요. 물론 이와 함께 올림픽 분위기를 띄워줄 수 있는 캠페인을 진행하고 TV광고나 디지털 프로모션도 진행을 합니다. 성화 봉송하는 기간 동안에 지속적으로 저희 맥켄코리아 40여 명의 직원이 말 그대로 쫓아다니면서 100일이 넘게 성화 봉송을 운영하는 거죠.

이것뿐만이 아니라 맥켄코리아에서는 홍익대학교 근처의 6층짜리 건물을 커다란 자판기로 전환하였습니다. 코카콜라가 타깃으로 하는 젊은 세대 고객들이 평창까지 가서 올림픽을 구경하기 어려울 수도 있기 때문에 자이언트 자판기를 서울에 만들고 그 안에서 올림픽을 경험할 수 있게끔 만들어 놓았습니다. 물론 이와 같은 이벤트를 진행할 때는 이벤트를 주최하는 브랜드에 대한 선호나 호감도가 증가해야 하고 그 다음으로 판매량 역시 증가해야 합니다. 따라서 거대한 자판기 안에 입장하기 위해서 코카콜라를 구매하여 들어가도록 하였습니다. 한마디로 코카콜라가 입장하기 위해 필요한 입장권이 되는 것입니다. 이러한 이벤트를 진행하자 자판기로 전환된 건물 근처의 상점에서 코카콜라가 모두 완판되는 일이 발생하였습니다. 저희가 자이언트 벤딩머신을 홍익대학교 부근에서만 진행한 것은 아니구요. 평창올림픽 메인 스터디움에도 같은 방식으로 만들어 진행을 하였으며, 정말 많은 분들이 방문하셨습니다. 그 당시에 코카콜라 글로벌 CMO께서 지금까지 코카콜라가 진행한 월드컵, 올림픽 등의 모든 스포츠 이벤트 중에서 이렇게 성공적인 IMC캠페인은 처음 본 것 같다고 칭찬해 주셨습니다. 아울러 관련 관계자들에게 2020년 도쿄올림픽에서는 맥켄코리아가 진행한 이 IMC캠페인을 벤치마크 삼아달라는 부탁까지 해주셨습니다. 이를 종합해 볼 때, 평창 동계올림픽의 경우 예산대비 효율적으로 IMC캠페인을 진행한 예라고 생각하며 굉장히 성공적으로 마무리한 캠페인이었다라고 평가해 볼 수 있습니다.

김유경 교수 자 그럼 여기서 학생의 관점으로 넘어가보도록 하겠습니다. 사실은 제가 학생시절에 대기업들과 해외시장에 나가서 광고를 함께할 수 있으면 얼마나 좋을까 그리고 기업의 해외진출을 도와줄 수 있는 자질을 충분히 갖춘 인력이 많았으면 좋겠다라는 생각을 해 본적 있습니다. 이제는 맥켄이 한국에 들어와 있으니 저희 입장에서는 좋은 발판이 될 수 있겠다라는 생각을 갖게 됩니다. 맥켄에서 신입사원들이나 경력사원들을 모집하면서 면접을 진행하실 때 어떤 능력이나 자질을 가장 중요하게 생각하시는지요?

김성중 대표 저도 요즘 대학교에서 겸임교수로 일하고 있기 때문에 예비광고인들이나 학생들을 만나볼 기회가 많이 있는데 저희 때보다 요즘 학생들이 훨씬 공부를 열심히 하는 것 같아요. 그리고 학점에 대한 집착도, 저는 그냥 집착이라고 표현하는데, 엄청나게 하는 것 같아요. 학생들을 보면 학점을 잘 받기 위해 굉장히 많은 노력을 하는데 저희가 실제로 필요한 인력을 모집할 때 주로 고려하는 사항은, 물론 학점도 중요하겠습니다만, 기본적으로 본인이 가지고 있는 태도를 중요하게 봅니다. 광고회사에 취업을 선호하는 학생들을 극단적인 유형으로 나누어 보면, 단순히 회사를 다니기 위해서 광고인이 되겠다라고 접근하는 그룹의 학생이 있는 반면에, 광고를 만들고 싶다는 의지 때문에 광고회사에 문을 두드리는 그룹의 학생이 있습니다. 근데 저희 광고 업무가 사실 편하고 쉬운 일은 아닙니다. 굉장히 힘든 일이 많기 때문에 단순히 회사를 다니면서 월급을 받기 위해 접근하는 또는 문을 두드리는 이런 예비 광고인보다는 실제로 광고를 만들어 보고 싶다는 의지가 강한 사람이 훨씬 더 광고업계에서 롱런을 할 수 있다고 생각합니다.
그 다음에 아까 말씀드렸던 것처럼 광고에 대한 진지한 태도는 어떤 의미있는meaningful 캠페인을 만들어 내는데 훨씬 더 많이 도움이 된다라고 생각합니다. 제가 학교에서 보면 몇몇 학생들이 학점을 조금이라도 더 받기 위해서 트릭을 쓰고는 하는데, 저는 그런 것 보다는 세상을 보는 조금 더 다양한 시각을 갖출 수 있는 환경을 학생 스스로가 만들었으면 합니다. 여행도 다녀보고, 평소에 안 먹어 본 것도 먹어보고, 사람들의 삶 속에 더 많이 들어가보고 하는 것이 더 중요한데, 최근 코로나 팬데믹으로 인하여 학생들 또는 예비광고인들이 실질적으로 삶에 대해 경험할 수 있는 기회가 굉장히 제한되어 있다는 점이 많이 안타깝습니다. 향후 몇 년간은 디지털이나 언택트라는 새로운 트렌드를 학교에서 경험하고 사회로 진출하겠지만 이것만 갖고는 인사이트를 키우기 어려울 수도 있겠다는 생각이 듭니다. 향후 몇 년간은 디지털, 언택트라는 새로운 경험을 쌓고 사회인으로 나오시겠지만 그것만 갖고는 부족할 수 있습니다. 그래서 얼마나 많이 사람들과 부대끼면서 경험을 쌓느냐 이런 것도 사회 진출하는데 조금은 필요하지 않을까 합니다. 학생분들께서 그냥 회사에 입사하기 위해 광고를 선택하는 것보다 진심으로 나는 광고를 만들어 보고 싶다 혹은 마케팅 캠페인을 제작해 보고 싶다라는 마음가짐으로 지원하시면 광고회사에서 직원으로 채용할 확률이 훨씬 더 높아질 것입니다.

김유경 교수 네 그렇군요. 광고가 흔히 문화와 사회의 반영이다라는 이야기를 많이 하는데 광고인이 되기 위해서 대표이사님께서 말씀하신대로 총체적으로 경험이 축적되어 있는 그런 사람이 훨씬 준비가 되어 있는 인재가 아닐까라고 생각합니다. 글로벌광고 캠페인의 경우 사회의 마이너러티 그룹을 캠페인 소재로 하는 경우가 종종 있습니다. 우리가 주목해야 할 글로벌 시장이나 국내 시장에서의 광고 트렌드나 주제가 있다면 한 번 소개해 주시면 고맙겠습니다.

김성중 대표 예, 앞서 말씀드렸습니다만 저희는 전 세계에서 동시에 사용하고 있는 "truth to meaning"이라는 tool이 있습니다. 간단히 줄여서 T2M이라고도 하구요. 제가 30년 가깝게 맥켄을 다니면서 보니까 이 tool이 계속 변화하는데 사회현상에 맞게끔 변화합니다. 디지털이 중요해진 시점인 2003년 정도에 디지털을 콘셉트에 의도적으로 접목할 수 있는 이러한 tool이 만들어졌습니다. 다음으로 최근에 만들어진 tool을 살펴보면 5C인데, 5C가 무엇을 의미하는지 말씀드리겠습니다. 첫 번째는 Consumer, 두 번째는 Culture입니다. Consumer와 Culture는 서로 밀접한 상호관계가 형성되어 있습니다. Consumer가 선호하는 대상이 Culture가 되는 거구요. 반대로 이 Culture에 의하여 Consumer도 영향을 받습니다. 쉽게 얘기해서 모든 사람들이 지금 '오징어게임'을 시청하고 '좋아요'를 누르면 '오징어게임'은 또 하나의 Culture가 될 수 있습니다. 즉, 문화적으로, 여기에서 문화라고 이야기하는 것은 광의의 문화를 가리키는 것인데요, '오징어게임'과 같은 Culture에 의해서 Consumer도 영향을 받는거죠. 이게 바로 첫 2개의 C를 의미합니다.
그 다음으로 저희가 보는 2개의 C가 Company와 Category입니다. 저희가 만약에 음료를 가지고 커뮤니케이션과 캠페인을 준비한다면 분명히 저희가 맡고 있는 고객업체를 고려해야 하며, 이를 Company라고 볼 수 있습니다. 그 예가 앞에서 얘기한 코카콜라가 될 수 있구요 아니면 다른 클라이언트 기업이 될 수 있습니다. 각각 시장에서 경쟁하는 기업들은 기업 고유의 브랜드 미션, 브랜드 아이덴티티, 브랜드 DNA 등을 지니고 있습니다. 그리고 이렇게 시장에서 경쟁하는 Company들이 모여서 Category를 형성합니다. 예를 들어 음료 업체들이 모인 음료 Category, 자동차 업체들이 모인 자동차 Category 등을 떠올릴 수 있습니다. Category 내에 모인 기업들은 서로 영향을 받으며, Category 내의 기업이 생산하는 제품이나 서비스를 소비하는 Consumer도 이 Category의 영향을 받을 수 있습니다. 이렇게 Consumer, Culture, Company, Category 등을 살펴보았구요. 다음에 마지막 C가 Connection입니다. Connection은 매체적인 과점에서 소비자와 브랜드를 시간적 관점에서 또는 장소적 관점에서 어떻게 연결할 것이냐를 의미합니다.
맥켄에서 사용하는 tool이 5C를 중심으로 움직이다가 미국에서 'Black Lives Matter'와 같은 사회적 운동이 일어났을 때 사회적인 약자들, 마이너리티들을 의식적으로 캠페인 활동에 포함시켜야겠다는 생각을 하게 됩니다. 그래서 저희가 글로벌하게 'Diversity Inclusion Day'라는 것을 만들었고 이 날은 전 세계 맥켄오피스가 하룻동안 일을 하지 않았습니다. 이 날은 사회적으로 약자를 위한 'diversity inclusion'을 우리가 실제 실행할 수 있는지에 대해 각 나라의 맥켄 자회사들이 아이디어를 냈고, 이 아이디어들을 다 취합해서 그중 몇 가지를 골랐는데 그중 하나가 6C입니다. 즉 6C 분석(Consumer, Culture, Company, Category, Connection, Conscious Inclusion)이며, 이 중 Conscious Inclusion이란 의도적으로 약자를 생각하자, 환경을 생각하자라는 취지이구요. 사실 최근 들어 'ESG'가 중요한 화두가 되기 때문에 브랜드가 소비자의 삶 속에서 meaningful한 role을 하기 위해서는 Conscious Inclusion을 배제할 수 없습니다. 그래서 저희가 생각하는 전략 tool에 아예 Conscious Inclusion을 집어 넣어서 지금 현재는 6C를 운영을 하고 있으며, 어떤 브랜드에 대한 캠페인을 준비할 때는 기본적으로 이 6C를 염두에 두고 전략을 기획합니다.

김유경 교수 자세한 설명 감사합니다. 사실은 조금 전에 말씀하신대로 지금 코로나19로 인하여 시대가 어려운 불황기로 가고 있습니다. 또한 AI 등의 디지털 기술로 인하여 우리가 설 자리도 불안해지고 있는데 광고계는 앞으로 어떤 변화를 맞이 할까요? 누구나 한 번쯤은 생각을 해보았겠지만 지금의 학생들이 광고 산업에서 계속해서 일해도 될까요? 조금 전 앞으로 광고인을 꿈꾸는 학생들이나 예비 광고인들에게 총체적 경험을 할 수 있는 광고인, 미래를 준비하는 광고인이 되라고 말씀하셨는데 어느 누구도 10년 뒤 한국광고계가 어떻게 변화할 것이다라고 단언하기는 어려울 것입니다. 그래도 광고인으로 자라고자 하는 우리 후배나 제자들을 위해서 미래를 대비해 꼭 이것만은 준비해야 한다면 어떤 것들이 있겠습니까?

김성중 대표 네 아마 이런 질문이 나오리라고 제가 예상을 했었는데요. 10년 뒤 광고 상황이 어떻게 변화할지 또는 환경이 어떻게 변화할지 저는 사실 잘 모르겠습니다. 미래학자들이나 여러 석학들께서 미래에 대한 이야기를 많이 하시고 저희도 책을 통해서 또는 논문을 통해서 접하고 있는데, 맥켄은 항상 'Next 5 Years'를 준비하면서 일을 합니다. 질문하신 내용에 바로 답하기 어렵지만 지금 하나 생각해 봐야 할 것은 이런 것 같습니다. 요즘 제가 골프를 좋아하는데 Youtube에서 골프 영상을 반복하여 시청하면 제 Youtube 계정은 계속 골프 관련 콘텐츠가 업로드가 되어 저한테 추천이 됩니다. 즉, 인공지능이 이 사람은 골프를 좋아하는구나를 인지하고 계속 골프 관련 동영상 프로그램을 올려주는 것입니다. 근데 제 생각에 이러한 인공지능과 같은 시스템들은 점점 더 발전될 것으로 보이며, 이러한 관점에서 보면 상당히 많은 분들이 앞으로 광고를 회피할 것으로 보입니다. 인공지능의 경우 사용자가 광고를 회피하는구나를 파악하고 광고 노출을 안 시킬 수 있는 방향으로 계속 기술이 발전되어 갈 것입니다. 그래서 광고라는 것이 꼭 영상 콘텐츠들 위주로만 소비자들과 커뮤니케이션할 수 있는 시대는 어쩌면은 조만간 끝날 수도 있겠다라는 생각을 합니다.

그래서 지금 약간 근시안적으로 보면 메타버스나 최근 몇 년 전부터 많이 활성화되기 시작한 퍼포먼스 마케팅 등을 어떻게 효과적으로 활용할지가 현재 저희가 하고 있는 고민이구요. 저희 회사에서는 이러한 것들을 미디어적인 접근보다 콘텐츠나 크리에이티브 측면에서 접근할 방법을 고민 중이며, 앞으로도 이러한 접근 방법을 발전시켜 나아가려고 하는데 솔직히 10년 뒤가 어떻게 변화할지는 저도 정말 모르겠습니다. 혹시 변화 방향을 알고 계신 분이 저에게 알려주시면 정말 감사하겠습니다.

김유경 교수 네 감사합니다. 앞으로 함께 고민해야 될 그런 과제인 것 같습니다. 이 정도로 해서 대표이사님과 나눈 대담을 마무리하구요. 시청자 여러분들로부터 질문을 받아보는 시간을 갖도록 하겠습니다. 시청자께서 보내주신 질문 중에 이런 얘기가 있습니다. "금일 대담 중에 대표이사님께서 새로운 아이디어 또는 콘셉트를 만드는 것이 쉽지 않다고 말씀하셨는데 대표이사님이 30년 동안 광고전략에 몸 담으시면서 터득한 'creative thinking' 방법이 있으시면 소개해 주시기 바랍니다"인데 이에 대해 자세한 답변 부탁드립니다.

김성중 대표 사실 제가 굉장히 많이 고민하는 부분이 'creative thinking' 입니다. 제가 맥켄코리아에서 부장쯤 되었을 때 예비 임원으로 진급하기 위한 교육을 받아야 했습니다. 이 때문에 제가 이스라엘 교육기관에 가서 3주간 오로지 'creative thinking'에 대해서만 교육받은 적이 있습니다. 그때 정말 저는 많은 것을 광고인으로서 배웠다고 생각하구요. 아마 인생에 있어 가장 소중한 시간이 아니었나 하는 생각이 들어요. 사실 학교에서 몇 년간 공부한 것보다 그 3주 동안 훨씬 더 많은 것을 배웠다고 생각하며, 이후 저도 학교나 학회에서 강연할 기회가 생기면 항상 'creative thinking'을 집어넣습니다. 대학교에서 어떤 과목을 가르치던 첫 2주간은 'creative thinking'에 대해 이야기합니다. 근데 제가 뇌과학자가 아니라서 뇌에 관한 전문적인 이야기를 드릴 수는 없습니다만 제가 알기로 뇌는 굉장히 좋은 시스템을 지니고 있습니다. 그래서 저희가 'vertical thinking'을 하구요 그리고 'lateral thinking'을 할 수 있습니다. 쉽게 말씀드리면 저희가 아침에 출근할 때 또는 저녁에 퇴근할 때 저희가 오고 가는 길은 대개 정해져 있습니다. '이번 사거리에서는 두 번째 차선을 타는게 제일 빨라', '그 다음에 이번 신호 지나가면 오른쪽 차선으로 가는게 제일 유리해' 등 판단을 하게 되는데, 이렇게 의사결정을 내리는 과정에서 우리는 많은 생각을 하지 않고 스스로 쉽게 결정을 내립니다. 이게 바로 'vertical thinking'입니다. 항상 사용하던 뇌에 일정한 부분을 반복하여 사용하기 때문에 그렇게 많은 인지적 자원을 사용하지 않고 솔루션을 만들어 낼 수 있는게 저의 뇌에 가장 큰 장점 중에 하나입니다.

'Vertical thinking'과 관련되어 많이 알려진 실험이 있는데요. 알파벳을 놓고 이것을 판으로 가립니다. 먼저 판으로 A자를 1/3만 가려서 사람들에게 보여주면 대부분 무슨 글자인지 모르세요. 다음으로 B자를 놓고 1/3만 가려서 보여주면 많은 분들이 그제서야 알파벳인 것을 알아 차리구요. 그 다음으로 C까지 보여주면 95% 이상의 사람들이 '아, 저건 A, B, C를 가려놓은 것이다'라고 알아챕니다. 이어서 1자를 가려요. 1자 하나만 가려놓아도 숫자인걸 알아요. 다음으로 2자까지 보여주면 거의 100% 숫자인 것을 확신합니다. 이것운 뇌가 패턴을 인지pattern recognition하는 능력 때문에 빨리 알아차리는 것으로 이게 다 'vertical thinking'에 의해서 일어나는 일입니다. 그런데 저희는 업무의 특성상 'creative thinking'을 업무를 위해 사용해야 하는데 반복적으로 사용하던 뇌의 특정 부분을 계속 사용하게 되면 항상 비슷한 패턴의 캠페인만을 만들어 낼 수밖에 없습니다. 그래서 저희가 많이 이야기하는게 직원들이

랑 아이디어를 리뷰한다던지 캠페인 리뷰를 할 때 기시감이 있다라는 얘기를 많이 하거든요. 즉, 늘 사용하던 뇌를 이용하여 캠페인 아이디어를 만들어내면 처음 접한 아이디어임에도 왠지 예전에 보았다는 느낌을 갖게 되는 것입니다. 그렇기 때문에 여기에서 사용하는 방법이 'lateral thinking'입니다.

제가 이스라엘 교육기관에서 3주간 받았던 교육의 핵심은 'vertical thinking'을 평소 일하는데 사용했다면 창의적인 아이디어의 도출 creative ideation을 위하여 의도적으로 'lateral thinking'을 접목시켜라였습니다. 그렇다면 'lateral thinking'을 이용하자고 결정한 다음 바로 'lateral thinking'이 되느냐라고 묻는다면 제 대답은 안된다입니다. 이 때문에 'lateral thinking'을 촉진시키기 위한 9가지 정도의 테크닉이 있습니다. 교육기간 동안 이 9가지 테크닉을 차례로 한 가지씩 주입을 시켜줍니다. 'Lateral thinking'을 촉진시키는데는 여러 가지 방법이 있는데 대표적으로 'reversal method'라고 해서 모든 것을 뒤집어서 생각을 하는 방법이 있으며, 유추를 통하여 문제를 해결하는 'analogy'라는 방법도 있습니다. 근데 'analogy'를 쓰는 방법이라도 더 좋은 아이디어를 만들어 내기 위해서는 추가적인 학습이 필요하며 이에 대한 교육을 제공해 줍니다. 이와 같은 교육이 정말 저에게 많은 도움이 되었다고 생각이 들고요. 그래서 제가 학회에서나 클라이언트를 위한 워크숍에서 시간이 주어지면 바로 이 'creative thinking', 'lateral thinking'에 대해 많은 말씀을 드립니다.

김유경 교수 감사합니다. 마지막으로 저희 시청자가 주신 질문입니다.

"광고의 어떤 면에 매력을 느껴 30년 동안 광고회사에서 근무하셨나요"인데 간략하게 답변해 주시면 감사하겠습니다.

김성중 대표　저는 그냥 광고가 좋아서 광고회사에 입사를 했구요. 제가 처음 입사해서 사원의 자격으로 진행했던 캠페인 프로젝트가 Intel 캠페인 프로젝트입니다. 아마 여러분 중에 기억하시는 분들도 계실지 모르겠습니다마는 'Intel inside' 캠페인이 국내에서도 진행된 적이 있습니다. 인텔 캠페인의 일환으로 TV광고를 제작하게 되었는데 그걸 저희 팀에서 수행했습니다. 사실 팀 내에서 막내 사원이었기 때문에 시키는 일만 해야 할 입장이었는데 어떻게 하다 보니까 어느 정도 주도적인 역할을 맡아 하게 되었습니다. 'Intel inside' 캠페인이 그 당시 글로벌 캠페인이었고, 이 캠페인을 한국 정서에 맞게끔 변화를 주는, 즉 현지화local adaptation시키는 업무가 바로 제가 맡은 일이었습니다. 본 캠페인에서 광고 카피가 중요했기 때문에 제가 영어 카피를 번역도 해보았는데, 별로 마음에 들지 않아 제가 열정을 가지고 새로운 카피를 쓰기 시작했습니다. 근데 클라이언트께서 제가 직접 쓴 카피를 보고 '이게 더 적절한 것 같은데' 하시면서 선정 해주셔서 방송까지 나가게 되었네요. 그리하여 TV 방송에 인텔 광고가 첫 번째로 방송되던 날, 이 광고가 처음 방송되는 것을 내 눈으로 직접 확인하고 싶어 식당에서 식사를 앞두고 광고가 방송되기를 기다리고 있었습니다. 그리고 제가 쓴 카피, 그리고 우리 팀 모두가 만들어낸 이 캠페인이 전파를 타고 TV에 노출되는 순간 '오! 이런 게 되는구나'라는 짜릿함을 느꼈구요. 그 이후로 저는 광고를 계속 만들어야겠다고 결심을 하고,

이번에는 글로벌 캠페인의 현지화 프로젝트였지만 앞으로는 내가 전략을 만들고 창의적 아이디어 창출에 많은 영향을 줄 수 있는 표본이 될 만한 캠페인을 만들겠다는 생각으로 일을 하다보니까 벌써 30년 넘게 이렇게 일하고 있는 것 같습니다. (웃음)

김유경 교수 대표님의 말씀을 듣다가 순식간에 50분이 지나갔습니다. (웃음) 귀한 시간 내주신 맥켄코리아에 김성중 대표님께서 새로운 지평을 저희들에게 보여 주셨던 값진 시간이었습니다. 이렇게 함께 해주신 김성중 대표님께 다시 한번 감사의 말씀을 드립니다.

끝맺는 말

최근 4차 산업혁명과 디지털 전환으로 인해 광고업계도 많은 변화가 일어나고 있다. 새롭게 등장하는 뉴미디어와 디지털 기술로 인하여 앞으로 10년 후에 한국광고계가 어떻게 변화할지를 정확히 예측하는 것은 거의 불가능에 가깝다고 할 수 있을 것이다. 맥켄코리아의 김성중 대표는 이러한 변화는 필연적이며, 매번 새롭게 변화하는 미디어에 일일히 대응하기보다는 광고의 본질이라 할 수 있는 브랜드와 고객 간의 효과적인 커뮤니케이션을 위해 콘텐츠적 측면에 초점을 맞추어야 한다고 제안하고 있다. 아울러 양질의 콘텐츠를 만들어 내기 위하여는 creating thinking이 필연적이며, 창의적 콘텐츠를 만들어 내기 위해 통찰력을 재구성할 수 있게 만들어 주는 수평적 사고lateral thinking의 중요성을 이번 대담을 통해 강조하고 있다. 그동안 김성중 대표가 작업해 왔던 수많은 캠페인 중에 가장 기억에 남는 2018년 평창올림픽의 코카콜라 캠페인도 바로 이 수평적 사고를 활용한 캠페인이었다. 이번 ACE Talk은 창의력이 뒷받침되는 광고가 고객을 사로잡을 수 있는 광고라는 점을 다시 확인할 수 있는 좋은 기회였다.

10

한국광고학회 열 번째 'ACE' Talk

다트미디어 박천성 대표와의 대담

김동후

(중앙대학교 광고홍보학과 부교수)

다트미디어 박천성 대표

들어가며

2007년 최초의 IPTV 광고 판매 미디어렙으로 사업을 시작한 다트미디어는 디지털과 온라인, 소셜 미디어 등 다양한 분야의 광고 캠페인을 기획, 집행하고 그 효과를 분석, 제공할 수 있는 'One – Stop Solution' 기업으로 성장하고 있다. 현재 네이버와 카카오와 같은 국내 유력 미디어 플랫폼 회사들과 공식 파트너십을 맺고 디지털 마케팅의 새로운 바람을 불러일으키고 있다. 특히 최근에는 마케팅 효율성 증대를 위해 온라인 채널 안에서 축적되는 데이터를 기반으로 마케팅 플랜을 수립하고, 검증하는 퍼포먼스 마케팅에 집중하며 보다 효과적인 디지털 마케팅을 선보이고 있다. 단일 플랫폼이 아닌 여러 개의 플랫폼이 연결되어 있는 네크워크를 활용하는 AD Network 광고나, 다양한 디지털 매체들을 종합적으로 판단하여 광고 효과를 측정하는 dGRP 등의 새로운 개념들을 개발하며, 디지털 마케팅 시장에서 혁신적인 면모를 보여주고 있다. 다트미디어는 현재 네이버, 카카오, Tving, LG U+, KT Olleh tv, SK B tv 등 다수의 미디어 기업들과 미디어렙 계약 관계를 맺고 있다.

박천성 다트미디어 대표는 연세대 신문방송학과를 졸업하고, 미국 위스콘신 대학교(메디슨)에서 마케팅 커뮤니케이션으로 석사 학위를 취득했다. 이후 제일기획, JWT, Thompson DIgital KTB, HS Ad 등의 유력 대행사를 거쳐 2005년에는 한국철도공사 홍보실장을 역임하기도 했다. 2007년 다트미디어를 창립한 이후 산업계와 학계에서 활발한 활동을 이어오고 있다. 2008년에서 2018년까지 (사)디지털방송광고포럼 회장을 역임했으며, 2020년에는 한국광고대회 유공광고인 대통령상을 포상하였다.

다양한 광고계 경력을 바탕으로 박천성 대표는 본 대담에서 한국 디지털 광고 시장에 대한 전망과 발전 방향 등에 대한 의미있는 견해를 밝히고 있다. 대담은 한국광고학회 21대 회장을 역임한 중앙대학교 조정식 교수의 사회로 진행되었다.

대담 내용

조정식 교수 안녕하세요. 방금 소개받은 중앙대학교 광고홍보학과의 조정식입니다. 광고가 매력적인 것은 현실에서 실제로 벌어지는 현상을 설명하고, 의미를 찾고자 하는 분야라는 점에 있다고 생각합니다. 산학협력이라는 말은 우리에게 너무 익숙한 말인데요. 학계에서 진행되는 많은 연구가 현실의 가이드가 되고, 현장에서 실제로 행해지는 수많은 경험은 연구의 인사이트를 제공하고 있지 않나 생각해봅니다. 광고학회의 ACE Talk는 학회가 업계의 최고 전문가분들을 모시고 지금 벌어지고 있는 광고 홍보 분야의 여러 현안에 대해서 고견을 듣는 시간이며, 그런 부분에서 의미가 크다고 생각합니다. 이러한 분들의 생각을 듣는 것이 필요한 이유는, 지금 이 시점이 코로나 팬데믹, 혹은 4차 산업 혁명 등 명실공히 변화의 시대라 할 수 있으며, 이러한 변화의 흐름에 있어 광고, 홍보 분야 역시 예외가 될 수 없기 때문입니다. 지금까지 ACE Talk는 9번에 걸쳐서 전통적인 형태의 광고회사, 홍보회사 그리고 글로벌 광고회사, 홍보회사의 한국지사 대표님들 그리고 새롭게 등장한 디지털 광고 대행사의 CEO분들을 만나 그들의 생각을 들어보는 시간을 가졌습니다. 앞서 소개한 대로 오늘이 그 대장정의 마지막 시간입니다. 제가 인터뷰를 진행할 분은 ACE Talk의 마지막 인터뷰를 하기에 매우 적합한 분이라고 생각합니다. 디지털 미디어렙 '다트미디어'의 박천성 대표님이 그 주인공입니다. 일부 회원 여러분께서는 다트미디어나 박천성 대표님이 다소 생소하실 수도 있습니다. 그런데 제가 박 대표님의 약력을 쭉 살펴보았을 때 이 분은 제일기획을 비롯한 우리나라 메이저 광고 대행사의 경험, 또 현재 디지털 업계에서의 실무경험을 각각 10여 년 이상씩 경험하셨을 뿐 아니라, 미국 내 메이저 광고학 프로그램에서 대학원 석사과정까지 이수하신, 그야말로 온라인과 오프라인, 협업과 이론적 지식을 겸비한 국내에 몇 안 되는 분이 아닐까 합니다. 대표님. 이렇게 인터뷰하게 되어서 매우 반갑습니다.

인터뷰 진행하기에 앞서 다트미디어에 대해서 간단히 소개를 드렸는데, 대표님께서 직접 다트미디어라는 회사가 어떠한 회사인지 소개해 주시기 바랍니다.

박천성 대표 네, 감사합니다. 이렇게 광고학회 ACE Talk의 마지막을 장식하게 되어서 영광스럽게 생각하고 있습니다. 저희 다트미디어는 2007년에 최초의 동영상 광고 솔루션을 가지고 IPTV 광고 시장에 진입하여서 사업을 시작하였습니다. 그 이후에 온라인 광고, 모바일 광고, 디지털 광고 분야로 영역을 확대하여 사업을 영위하고 있는 중견 디지털 미디어렙이라고 말씀드릴 수 있겠습니다.

조정식 교수 제가 대표님을 모시기 이전에 간단히 다트미디어를 소개하는 책자들을 살펴보았는데, 거기에 보면 스마트 미디어렙이라는 이야기가 나오게 됩니다. 다트미디어는 스스로를 스마트 미디어렙이라고 소개하고 있는데, 혹시라도 생소한 분들이 있을 것 같아서 스마트 미디어렙이라는 곳이 어떠한 일을 하는 곳인지 간단히 설명해주실 수 있겠습니까?

박천성 대표 네, 과거에 우리가 4대 매체를 위주로 했던 시대에는 코바코가 상징적인 미디어렙이었습니다. 거기에서는 미디어렙의 역할이 단순한 미디어 바잉에 국한되는 다소 제한적인 기능을 하였습니다. 하지만, 아시다시피 현재 상황은 미디어 자체가 파편화되고, 다양화되고, 디지털화되면서 굉장히 복잡한 환경이 전개되었습니다. 따라서, 지속적으로 효율을 달성하고 캠페인의 효과를 올리는 것이 굉장히 어렵게 되었습니다. 이러한 환경에서 미디어렙은 광고주, 대행사와 협력을 해서 미디어 환경에 대한 지식을 습득하고, 경험을 축적하고, 자체 해결할 수 있는 솔루션을 개발함으로써 캠페인의 효과와 효율을 올리는데 전문적인 지식을 제공하는데 주력을 하고 있습니다. 저희 다트미디어 역시 그런 부분에 있어서 많은 노하우와 솔루션을 축적, 제공하는 목표를 가지고 있기 때문에 스마트 미디어렙이라는 정의를 하게 되었습니다.

조정식 교수 이야기를 조금 더 진행해보도록 하겠습니다. 앞서 말씀드린대로 코바코가 전통적인 오프라인 광고의 미디어렙 역할을 하고 있었는데, 디지털 분야에서는 이제 새로운 미디어렙이 생겼다고 정리할 수 있을 듯합니다. 또는 전통적인 광고 회사에서는 소속 매체팀이 있었는데, 이제는 별도의 디지털 미디어렙이 생기는 변화가 일어나고 있는 듯 합니다. 이렇듯 독자적으로 별도의 미디어렙이 생긴다는 것은 어떻게 보면 그것만의 특수성, 전문성 이런 것들이 존재한다는 반증이거나, 또는 통합적으로 하는 것보다 독자적으로 하는 것이 더 효율적이라는 판단이 들었기 때문이 아닐까 합니다. 관련해서 대행사에 미디어 팀이 존재하는 것과 별도의 회사로 운영되는 것은 어떻게 다르고, 다트미디어만이 가지고 있는 전문성은 무엇이라고 생각하시는지 설명 부탁드리겠습니다.

박천성 대표　기존에 광고 대행사의 미디어 부서가 따로 있었죠. 거기서 주로 미디어 바잉이라든지, 플래닝 기능을 하고 있었는데, 이런 의미에서 미디어 부서는 광고 대행사의 일부에 지나지 않습니다. 기존의 미디어 부서 인원과 기능을 가지고는 지금처럼 다양화되고 복잡한 미디어 환경을 이해하고, 조정하며 효율을 내는 것은 불가능에 가깝다고 생각합니다. 저희 다트미디어처럼 미디어만을 전문적으로 하는 회사조차도 매일 새로 업데이트하지 않으면 뒤처지는 상황입니다. 광고 미디어 생태계가 굉장히 복잡해졌습니다. 아시다시피 애드 네트워크, 애드 익스체인지, RTV 등 새로운 기술들이 지속해서 쏟아짐으로써 효율성의 경쟁도 심화되고 있는 실정입니다. 이런 의미에서 기존 대행사의 미디어 파트가 감당하기에는 한계에 부딪히는 상황입니다. 그래서 미디어렙별로 특색있는, 그들만의 특장점을 가지고 서로 공조를 해서 효율을 높이는 작업을 같이하고 있습니다. 저희 다트미디어 같은 경우도 몇 가지의 특정 솔루션을 가지고 서비스하고 있습니다.

조정식 교수　대충 이야기만 들어도 점점 세상이 복잡해지는 것을 느낄 수 있는 것 같습니다. 자세한 이야기는 조금 있다가 하기로 하고요. 대표님 이야기를 해보겠습니다. 제가 알기로 대표님께서 2007년에 회사를 창업해서 15년 정도 운영하고 계신 것으로 알고 있습니다. 전통적인 광고 대행사에서 기획자로 근무하다가, IPTV 매체 회사를 만드셨고, IPTV 매체 회사를 다시 스마트 미디어렙이라고 하는 회사로 변신시킨 것으로 알고 있습니다. 각각의 상황에서 어떤 계기가 있어서 이렇게 큰, 일반인들이 쉽게 상상하기 힘든 변화를 만드셨는지 궁금합니다. 기획 분야에서 갑자기 채널 플래닝의 분야로. 그리고 또다시 스마트 미디어 분야로 그야말로 변신의 변신 연속이라고 느껴지는데, 그렇게 하게 된 계기가 있었는지 설명해주시면 좋을 것 같습니다.

박천성 대표 네 제가 J. Walter ThompsonJWT이라는 멀티 내셔널 회사에 근무하고 있을 때 미디어 플래닝이라는 개념이 다목적 대행사에서 도입되어 국내 시장에 널리 알려지게 되었습니다. 당연히 저도 그 분야에 굉장히 익숙해졌습니다. 이런 시점에서 당시 저희 모회사인 WPP 그룹에서 KTV 네트워크와 조인트벤처를 만들게 되었습니다. 그 당시가 2000년경으로 기억이 되는데, 닷컴 버블로 불릴 만큼 엄청나게 많은 닷컴 기업들이 생겨나고 있었습니다. KTV 네트워크가 수십 개, 수백 개의 닷컴 회사에 투자를 하면서, 그러한 투자 활동에 마케팅 서비스를 해야 하는 필요성이 생겨서 저희 JWT와 조인트 벤처를 만들게 되었습니다. 당시에 제가 조인트벤처의 COOChief Operating Officer로 근무를 하면서 단순히 마케팅 서비스 제공에 국한할 것이 아니라 미디어의 E-Market Place를 구축하면 어떨까 하는 생각을 했고, 이것이 현실화되면 상장도 가능하겠다고 느꼈었습니다. 하지만 내부 사정으로 회사가 다시 JWP로 합병이 되면서 저의 아이디어는 무산되는 듯 했습니다. 그런 상태에서 다시 2007년에 우연히 지금 솔루션을 접하게 되었고, 제가 아는 지인을 통해서 사업을 같이 해보자는 제안을 받고, 제가 당시에 구상하던 아이디어를 현실화시킬 수 있는 기회를 잡게 되었습니다. 그게 계기가 되었습니다.

아시다시피 미디어 환경이 급변하고 있지 않습니까? 그래서 저희 업계에서는 이러한 이야기가 있습니다. 매 5년마다 근본적인 변화를 하지 않으면 살아남기 힘들다. 그래서 저희 회사도 살아남기 위해서 변신의 변신을 거듭해서 여기까지 오게 되었습니다. IPTV에서 벗어나서 온라인, 모바일, 디지털로 지속적인 확장을 통해 입지를 다지게 된 것입니다.

조정식 교수 그래도 그런 새로운 것들을 접할 수는 있겠지만, 사실 매우 많은 사람들이 새로운 것을 접하기는 하지만 변화를 실제로 시도하는 것에는 주저하기 마련입니다. 직접 해보겠다는 마음을 갖는 것, 용기는 가지는 것이 굉장히 쉽지 않으셨을 것 같은데, 두려움은 없으셨었나요?

박천성 대표 걱정이 왜 없었겠습니까만은 사실 제 성격도 작용한 것 같습니다. 제가 현실에 안주하는 것을 좋아하지 않습니다. 항상 새로운 것을 도전하고, 창의적인 것을 추구하는 경향이 있습니다. 현실에 안주하기보다는 새로운 트렌드에 민감하기 때문에 항상 새로운 것을 공부하고, 남들보다 먼저 선점하고자 하는 노력을 해왔는데 그러한 노력의 결과가 지금까지 온 것 같습니다.

조정식 교수 역시 도전 정신이라고 하는 것이 굉장히 중요한 것 같습니다. 제가 앞서 우리가 변화의 시대에 살고 있고, 광고, 홍보 분야가 큰 변화를 경험하고 있다고 이야기를 드렸는데, 대표님 생각하시기에 지금 현재 우리 분야에서 가장 큰 영향을 받고 있는 주요한 변화의 요인들을 어떤 것들이 있는지, 그리고 그것이 왜 중요하다고 생각하는지 간단히 설명 부탁드리겠습니다.

박천성 대표 저희가 광고라는 주제를 가지고 모여서 공부도 하고, 사업도 영위하고 같이 교류를 하고 있습니다. 광고라는 것은 결국에는 주어진 미디어 환경, 커뮤니케이션 환경 틀 내에서 이루어지는 것으로 이해할 수 있을 듯 합니다. 지금은 그 근본적인 환경 자체가 변화하고 있습니다 과거 4대 매체 시대에 보면 영상 매체의 경우, TV에 15초짜리, 20초짜리, 30초짜리의 광고를 만들 수밖에 없는 환경이지 않습니까? 하지만 지금은 유튜브든, 페이스북이든, 여러 가지 새로운 매체가 나오면서 결국엔 길이의 제한도 없어지고, 표현의 방식도 한계가 사라지고 있습니다. 새로운 환경이 도래하면서, 그에 맞는 크리에이티브 및 기획이 요구되고, 이를 기반으로 하는 변화를 시도하는 새로운 회사들이 등장하고 있습니다. 이러한 회사들이 혁신을 만들어내고 있는 듯 합니다. .

조정식 교수 이야기를 듣다 보니깐 조금씩 구체적인 이야기로 넘어가는 것 같습니다. 대표님께서는 새로운 콘텐츠의 필요성 및 새로운 기획과 제작 방식에 대한 중요성과 의미를 말씀하셨습니다. 새로운 것들이 많이 일어나고 있는 것은 알겠는데, 한편으로는 기존에 하던 방식들도 여전히 존재하고 있을 듯합니다. 새로운 방식과 기존의 방식이 혼재되어 있는 상황에서 지금 새롭게 등장하는 매체들이 광고의 플래닝에 어떻게 영향을 주고 있다고 생각하시는지, 직접 보고, 경험하신 것이 있다면 말씀해주시기 바랍니다. .

박천성 대표 기존에 있었던 생각의 틀이나 프레임이 근본적인 변화가 있다고는 생각하고 있지 않습니다. 단지, 환경과 표현하는 수단, 방법, 테크닉, 기술 이런 것들이 변화함으로써 어떻게 적용되어야 하는지에 대한 차이인 것입니다. 사실, 요즘에 보면 콘텐츠와 광고의 구분이 모호한 경우도 많이 있지 않습니까? 또한, 검색 광고가 등장하게 되면서 크리에이티비티의 표현 방법이 완전히 달라진 측면이 있습니다. 상황에 즉각적으로 반응할 수 있는 환경들이 조성이 되고, 거기에 적응을 해 나가면서, 새로운 기획, 새로운 크리에이티브, 새로운 대행사들이 계속 출현하게 되는 것이죠.

조정식 교수 기본은 그대로 유지가 되지만, 새로운 도구나, 환경에 대한 적응 이런 것들은 필요하다 이렇게 정리될 수 있을 듯합니다. 또 한편으로, 제작과 매체가 같이 일한다. 이런 이야기도 잠깐 하신 것 같은데, 이게 어느 정도 보편적인지, 또 한편으로는 얼마나 어려움이 있을 수 있는지 간략히 이야기해 주실 수 있으실까요?

박천성 대표 제작 부서와 서로 융합되어 일을 한다는 것이 사실 오랫동안 회자되고 있는 숙제인 듯 합니다. 제작과 기획, 제작과 매체가 서로 함께했다가, 떨어졌다가 하는 시도들이 늘 반복되고 있습니다. 지금도 마찬가지인 것 같습니다. 그런데 지금 시점에서 보다 중요한 것은 미디어 환경을 이해하지 않고는 크리에이티브가 의도한 대로 구현되기 힘든 상황이라는 점입니다, 크리에이티비티 하나만으로는 충분하지 않은 환경이 조성되었다고 할까요. 예를 들어, 검색 광고 기획, 운영에서는 텍스트를 중심으로 이루어지는 경우가 많습니다. 과거에는 인사이트를 주는 몇 가지 텍스트들이 모든 크리에이티브를 좌지우지하는 경우가 많았는데, 지금은 그러한 것들이 더 이상 통하지 않게 되었습니다. 변화의 근본에는 미디어의 세그먼트화, 소비자의 세그먼트화, 이런 것들이 가능해지면서 궁극적으로 1:1 마케팅이 이루어지고, 굉장히 디테일하고 개별에 맞는 여러 가지 테크닉들이 필요하게 되는 그런 시대가 되는 것이죠.

조정식 교수 저도 제작하시는 분들이 새로운 도구들에 대한 이해하는 것이 중요하다고 말씀하시는 부분에 동의합니다. 보시기에 우리나라에서 제작 부문에 종사하시는 분들이 매체 부문 등 자기 영역 이외의 부문에 대한 어느 정도 이해를 하고 계시다고 생각하시나요? 또한, 그걸 타 부문에 대해 공부하는 노력은 어느 정도 이루어지고 있는지, 대표님 경험을 통해 말씀해주시면 감사하겠습니다.

박천성 대표 기존 오프라인 대행사에 계셨던 분들 중에 공부하시려고 노력하시는 분들이 많이 계십니다. 하지만, 과거 개념에서 벗어나지 못하는 분들은 상당히 어려워하십니다. 제가 특히나 연배가 높으신 분들하고도 많이 이야기해보는데요, 이분들의 이해도는 굉장히 낮습니다. 디지털 환경에 대한 접촉의 기회가 적고 이해도가 낮기 때문에, 새로운 환경이 주는 의미를 파악하지 못하고, 그로 인해 광고에 대한 기획, 제작에 대한 이해도 역시 떨어지는 악순환이 반복되고 있습니다. 하지만 저는 본인이 강한 의지를 가지고 공부를 하면 충분히 극복할 수 있는 문제라고 판단됩니다. 개인의 노력이 가장 중요한 부분이라고 생각합니다.

조정식 교수 네, 잘 알겠습니다. 어쨌든 새로운 것들이 등장하고, 또 공부해야 하고, 익혀야 하는 상황인 것은 분명해 보입니다. 사실, 우리 업계를 들여다보면 박 대표님이 창업하신 디지털 미디어 분야의 새로운 대행사뿐만 아니라 디지털 크리에이티브 대행사, 콘텐츠 프로덕션 이런 새로운 유형의 커뮤니케이션 대행사들이 계속 등장하고 있는 것으로 알고 있습니다. 대표님께서는 전통적인 메이저 대행사 경험과 새로운 분야의 경험을 동시에 하셨기 때문에 그 차이를 잘 아실 거라고 생각합니다. 새로운 대행사의 경쟁력은 무엇인지, 또 한편으로 새로운 대행사와 전통적인 대행사들은 경쟁의 관계에 있는지, 상생의 관계에 있는지 이야기해주시길 바랍니다.

박천성 대표 그건 각 사의 전략에 따라서 다르다고 보입니다. 경쟁일 수도 있고, 상생일 수도 있을 것 같습니다. 예를 들어서 최근에 아이지에이웍스가 대홍기획이랑 같이 조인하기로 발표한 게 있는데, 아이지에이웍스 플랫폼에 대홍의 노하우와 경험, 그리고 클라이언트를 같이 투입하여 새로운 기획이나 제작이나 인사이트를 도출해내겠다는 전략인 것 같습니다. 반면에 제일기획이나 다른 회사들은 독자적으로 자회사를 통해서 본인들의 고유 플랫폼을 구축해나가는 노력을 보여주고 있습니다. 또한, 차이 커뮤니케이션 같은 온라인 대행사의 경우 온라인 광고 영역에서 벗어나 종합 대행사의 영역으로 확장을 하고 있습니다. 이런 측면에서 각 사의 전략에 따라서 경쟁으로 갈 것인지, 아니면 서로 상호 보완, 협조해서 갈 것인지는 결정이 되는 것으로 보입니다. 저는 둘 다 가능하리라고 판단하고 있습니다.

조정식 교수 대표님 회사는 광고회사들하고 일을 더 많이 하시는 편입니까, 아니면 광고주들하고 직접 일하시는 게 더 많은 편입니까?

박천성 대표 아무래도 광고 대행사와 일하는 경우가 대부분입니다. 왜냐면 결국엔 디지털이라고 해서 디지털로 모든 것을 설명할 수는 없습니다. 디지털 이외에 아날로그들도 있고, 다른 여러 가지 매체들과의 믹스, 크리에이티브와의 믹스, 전략의 믹스 등 다른 일들이 많이 상존하기 때문에 대행사들하고 같이 협업을 할 필요가 있습니다. 디지털 미디어렙이 대부분 그렇게 일을 하는 거로 알고 있습니다.

조정식 교수 콘텐츠라고 하면, 광고 대행사에서 만들어내는 콘텐츠뿐만 아니라, 요즘에 들어서는 홍보 대행사에서 만드는 콘텐츠들도 부각되고 있는 것으로 알고 있습니다, 홍보 대행사도 디지털 분야에 계속 관심을 두는 것으로 보이는데, 대표님의 경험으로는 홍보 대행사와 일을 하는 건 얼마나 자주 일어나는지, 또 같이 일하는 것에 어려움은 없는지 설명해주시길 바랍니다.

박천성 대표 저희 다트미디어 같은 경우는 홍보 대행사와 일을 상당히 많이 하고 있습니다. 홍보 대행사 역시, 과거에 광고 크리에이티브나 커머셜이 주는 한계에서 벗어나서 다양한 콘텐츠들을 활용되고 있습니다. 특히 SNS가 활성화되면서 광고와 홍보의 경계가 굉장히 애매해 지는 경우가 발생하고 있는데 이러한 변화가 많은 영향을 주고 있는 듯합니다. 홍보 대행사 같은 경우에는 특히 디지털 매체 운영 부분에서는 전문성이 떨어지는 것으로 판단됩니다. 콘텐츠를 제작하고, 기획하는 측면은 뛰어난데, 미디어 운영 측면에서 아무래도 전문성이 부족하기 때문에 저희 같은 디지털 미디어렙과의 협업을 통해서 이를 보완하고 있습니다. 과거에 종합 대행사 매체 쪽과 협업하던 것을 독립적인 미디어렙과 직접 진행하면서, 중간 단계도 없어지고, 전문성도 올라가고, 효율성도 올라가는 그런 시너지 효과를 창출하고 있습니다.

조정식 교수 예전에는 상상할 수 없던 경험들이 계속 생겨나는 것 같습니다. 연결되는 질문이라고 느껴지는데, 최근 들어서 광고 크리에이티브 분야에 전통적인 형태의 광고 대행사 말고 매우 많은 회사들이 새롭게 진입하고 있는 것이 실감됩니다. 실제로, 세계 10대 대행사 랭킹을 확인해보면 Accenture라던가 Deloitte, IBM, PWC 같은 전략 컨설팅 회사들이 엄청나게 많이 올라와 있는 것을 볼 수 있습니다. 또 칸 크리에이티브 광고제에도 새로운 형태의 디지털 대행사는 물론이고, 홍보 대행사들도 수상하고 있는 추세입니다. 이러한 현상들은 광고 분야의 경쟁이 이미 기존의 광고 분야를 넘어서, 엄청나게 많은 전문적인 회사들과 이루어지고 있는 것으로 보입니다. 그 이유는 무엇이라고 생각하시는지, 대표님 생각으로는 앞으로 어떻게 될 것 같은지 한 번 설명해주시길 바랍니다.

박천성 대표 전통적인 컨설팅 회사들이 IT 컨설팅 경험을 바탕으로 새로운 수입원을 창출 차원에서 광고 시장으로 진출하고 있는 것이 사실입니다. 그게 세계적인 트렌드이기도 합니다. 이러한 트렌드는 광고, 미디어 환경이 디지털라이즈화, IT화 그리고 데이터화 되면서 보다 더 가속화되고 있습니다. 이러한 현상은 피할 수 없는 현상으로 보이고, 때문에 광고계에 자극제로 작용할 것으로 보입니다. 단순히 크리에이티브만에 의존하는 것을 벗어나서 수많은 데이터를 직접적으로 가공하고, 처리하고, 거기서 인사이트를 도출해서 직접적인 반응 결과를 추적하고 효과를 올릴 수 있는 그러한 시대로 접어들 수 있는 촉매제가 되리라고 보입니다.

조정식 교수 네, 잘 알겠습니다. 이제는 회사와 관련한 전문적인 이야기를 해보도록 하겠습니다. 대표님이 하는 회사의 핵심 역량을 살펴봤을 때 퍼포먼스 마케팅이라는 이야기가 나옵니다. 대표님, 디지털 퍼포먼스 마케팅이 무엇인지, 왜 중요성이 높아지고 있는지 설명해주시길 바랍니다.

박천성 대표 네, 지금까지 설명해 드린 바와 같이 변화하는 환경 속에서 중요한 것은 광고주들이 캠페인에 투여한 자본 대비 그 이상의 결과를 얻고자 한다는 점입니다. 과거의 미디어 환경에서는 캠페인 효과를 추정치로, 추론으로, 이론으로 측정하는 경향이 강했는데, 지금은 즉각적이고 직접적으로 전수조사에 의한 트래킹과 리스폰스 측정이 가능한 시대가 되었습니다. 때문에 효율성을 올리는 것이 과제가 되었고, 그 과제를 제대로 수행하는 능력을 배양하기 위해서 여러 가지 툴도 개발하고, 지식도 함양하고, 경험을 쌓아갈 필요성이 증대되고 있습니다. 하지만, 이러한 퍼포먼스에만 중심을 두다보면, 또 다른 폐해도 출현하기도 합니다. 브랜딩 자체에 대한 소홀함이 퍼포먼스 자체에 악영향을 주는 경우도 생기게 됩니다. 전부 효율성만 추구하다 보니깐, 코스트가 올라가는데, 소비자들의 의사 결정이 효율성에만 집중되어서 이루어지는 것은 아니기 때문에 설명이 안되는 부분들이 증가하게 됩니다. 그래서 브랜딩과 퍼포먼스의 밸런스를 찾으려는 노력이 굉장히 중요하게 되고 있습니다. 제가 개인적으로 중요하게 생각하는 것은 제품별로, 서비스별로 브랜딩과 퍼포먼스의 밸런스를 다르게 잡아야 하지 않을까 하는 부분입니다. 예를 들어, 이미지 제품이라든지, 화장품이라든지 이런 제품군들에서는 브랜딩에 더 신경을 써야하지만, 어떤 제품군에서는 퍼포먼스, 즉 가격 대비 효율성 등을 더 고려해야 하지 않을까 합니다. 이러한 식으로 분류해가면서 적절히 서비스할 수 있는 역량과 기법들을 개발해내는 게 저희 숙제라고 생각합니다.

조정식 교수 이야기를 듣다 보면 연관되는 개념들이 계속 나오기도 하지만, 한편으로는 무관해 보이는 개념들이 새롭게 연결되는 듯 합니다. 퍼포먼스 이야기를 하다가, 브랜드 이야기도 해주셨고, 기술이 중요해지는 시대에 여전히 브랜드의 가치라던가 그 중심을 지키는 게 어떤 상황에서는 중요하다는 말씀을 해주셨습니다. 듣다 보면 퍼포먼스 마케팅이라는 것은 타깃 마케팅에서 one-to-one 마케팅으로 넘어가는 그런 여정이 아닐까 생각을 하게 됩니다. 퍼포먼스 마케팅의 핵심으로 계속 이야기 나오는 내용이 데이터와 테크놀로지에 관한 부분들입니다. 사실, 이쪽 분야에 대한 논의를 듣다 보면 데이터와 테크에 의해서 세상이 당장 바뀔 것처럼 이야기하는 사람들이 있는가 하면, 또 다른 한쪽에서는 그러한 부분들이 너무 과장되었다고 이야기하는 분들도 있는 것 같습니다. 대표님도 언급하셨듯, 테크를 가지고 모든 것을 풀려고 한다면, 또 다른 한편에서는 브랜드와 같은 개념들의 역할을 제대로 이해 못할 수도 있을 듯합니다. 실제로 박 대표님 생각하시기에, 활용 가능한 데이터들은 어떤 것들이 있고, 어떤 용도로 쓸 수 있고, 어떤 분석이 가능한지, 말씀해주실 수 있을까요?

박천성 대표 네, 데이터 중에서 가장 중요한 것은 퍼스트 파티 데이터 First-party data(고객과의 직접 인터렉션을 통해 수집하는 데이터)죠. 그다음에 미디어 행태, 소비 행태 데이터, 써드 파티 데이터Third-party data, 이런 여러 가지 종류들이 있습니다. 이러한 데이터를 가지고 그동안 리타기팅 기법과 같은 다양한 기법으로 여러 가지 광고를 보면서 계속 해당 관심 분야를 심도있게 살펴보는 과정을 거치게 되었습니다. 그렇기 때문에 데이터의 중요성은 아무리 강조해도 지나치지 않습니다. 데이터는 데이터 자체로만 의미가 있는 것이 아니라, 데이터가 가지고 있는 함의가 무엇이며, 어떤 인사이트를 도출하고 해석할 수 있는지가 더 중요하다고 생각합니다.

조정식 교수 이 이슈를 이야기하다 보면 끝이 없는데요. 사실은 거기에 수많은 전문적인 인력들도 필요할 것 같고, 실제로 활용할 수 있는 데이터가 주변에 있어야 하는 것 같습니다. 관련해서, 대표님이 생각하시기에 현재 어느 정도까지 데이터를 활용할 수 있는지, 또, 전문 인력 부분에서는 어느 정도 숙련도가 있는지 설명해주실 수 있으실까요?

박천성 대표 데이터가 현재 써드 파티 데이터를 활용할 수 있고, 제휴를 통해서 진행할 수 있지만, 아무래도 많은 제한이 있습니다. 현재 상황에서 저희는 거래를 통해 데이터 활용을 할 수 있습니다.. DMPData Management Platform 업체들을 통해 데이터를 입수하여 데이터 세그먼트를 얼마나 자세히 할 수 있느냐가 관건인 듯 합니다. 타깃에 맞게끔. 인디비주얼로 가기 전 단계라고 할 수 있습니다. 상당히 많은 NHN ACE나, SK 같은 회사들이 우리가 쓰는 모든 것에서 데이터를 획득 이를 판매하고 있습니다. 일단 데이터를 획득하게 되면, 저희는 적절히 상황과 요구에 맞게 데이터를 조합해서 원하는 결과를 도출해내기 위해서 여러 가지 테크닉을 사용하게 됩니다. 사용하는 테크닉도 자체 개발한 솔루션들도 있지만, 이미 상용화되어서 유료로 쓸 수 있는 것들도 많이 있습니다. 그래서 이러한 테크닉을 저희가 적절히 활용해야 하는데, 활용할 수 있는 기술, 노하우를 알고 있는 사람들이 아주 적고, 이를 배우기가 굉장히 힘듭니다. 그래서 젊은 친구들이 많이 힘들어하고 있고, 이를 기피하는 경향들도 나타나는 게 사실입니다.

조정식 교수 대표님 이야기를 듣다 보니 사람 이야기가 궁금해집니다. 이제 사람 이야기를 해보려고 합니다. 대표님께서는 제가 알기로는 사회과학을 공부하시고, 크리에이티브 대행사에서 근무하셨고, 그 이후에 테크와 데이터 전문성을 필요로 하는 디지털 분야로 변신하셨다고 하셨습니다. 그 과정이 쉽지 않았을 것으로 생각하는데, 테크를 공부함에 있어 대표님이 어떤 노력을 기울이셨고, 공부 방법은 어떠하셨는지, 그리고 테크와 데이터 전문가로서의 변신을 가능하게 한 원동력이 무엇이었는지 말씀해주시기 바랍니다.

박천성 대표　모두에서도 말씀드렸 듯 관심과 호기심이 가장 큰 역할을 한 듯합니다. 저는 개인적으로 인터넷이 처음 출발할 때 인터넷이 무엇인지 궁금해서 책을 찾아서 공부했고, 프로그래밍도 스스로 공부를 해봤습니다. 이 새로운 무엇인가가 궁금했기 때문에, 미국 가서 공부를 하면서 애플 컴퓨터도 하고, MS DOS 컴퓨터도 쓰면서 궁금증 해결에 노력을 했었습니다. 그 때는 제가 일종의 파이어니어였습니다. 제 첫 직장이 제일기획이었는데, 거기서 제가 MS DOS 강의를 하고, 매킨토시 활용법을 강의하기도 했었습니다. 완전 구석기 시대였죠. (웃음) 그런데, 그러한 경험, 호기심들을 하나씩 하나씩 접하다 보면, 처음에는 어렵지만, 그것들도 어쨌든, 일종의 툴tool이니깐 익숙해지는 듯합니다. 그래서 모든 분야에 있는 분들이 비록 자기가 전공하지 않았고, 익숙하지는 않지만 지속해서 공부를 하다 보면 자기 것이 되고, 그것을 활용하게 되는 경지에 이를 수 있다고 확신하고 있습니다.

조정식 교수　대표님 이야기를 듣다 보면, 용기를 가는 것이 굉장히 중요하게 느껴집니다. 또, 새로운 것들이라도 계속 사용하다 보면 그것이 익숙해지고, 조금 더딜 수는 있지만 계속 친하게 지내는 시간이 필요하다는 이야기로 들려지는 부분도 있는 것 같습니다. 사실 제가 학생들도 가르치지만, 광고홍보학을 하는 학생들을 만나보면 요즘 디지털 분야에 데이터 애널리틱스 같은 분야에 관심이 매우 많은 것으로 보입니다 그런데 사회과학을 공부하는 학생은 이 분야 자체에 굉장한 두려움을 느낌과 동시에 공대와 같이 전문적으로 데이터를 다루는 전공의 학생에 비해서 자기네들이 뒤지지 않을까 하는 우려도 하는 것 같습니다. 대표님 생각에는 사회과학 분야에서 공부한 친구가 디지털 업계에 들어왔을 때 경쟁력을 가질 수 있다고 생각하는지, 더불어서 이들이 역량을 키우기 위해서 필요한 것은 어떤 게 있다고 생각하시는지 설명해 주셨으면 좋겠습니다.

박천성 대표 지금 업계에서는 점점 더 이공계 인력을 요구하는 쪽으로 바뀌고 있는 것 또한 사실입니다. 그런데도 저는 사회과학도 역시 충분히 경쟁력을 가질 수 있다고 생각합니다. 예를 들어, 사회과학을 하면서도 통계 같은 것은 배우지 않습니까? 통계 기술이나 지식을 충실히 습득한다 던지, 요즘에는 신방과, 광고홍보학의 경우도 컴퓨터 전공의 교수님들이 계시는 것 같은데, 그 분들을 통해 프로그래밍도 같이 공부한다면 큰 도움이 될 것으로 예상됩니다. 실제 업에서 영역이 다 파괴되고 있는데, 공부하는 것에 있어서 하나의 영역에 국한되어서는 안 된다고 봅니다. 본인이 스스로 벽을 깨고 필요한 부분을 스스로 채워 넣는 그러한 노력이 필요하다고 봅니다. 이 벽을 깨면 충분히 경쟁력이 있다고 생각합니다. 저는 특히 신입사원을 뽑아서 인턴 기간에 구글 애널리틱스 자격

증 취득을 꼭 요구합니다. 그것을 취득해야 정직원으로 대우를 합니다. 탈락시키는 경우가 있는 것은 아니지만, 기회를 제공해서 반드시 취득하게 만듭니다. 취득하면 사람이 달라집니다.

조정식 교수 혼자서 취득하는 것이 가능합니까?

박천성 대표 충분히 가능합니다. 거기에 공부할 수 있게끔 프로그램이 되어 있습니다. 혼자서 공부할 수 있게 매뉴얼이 다 제공되고, 시험도 혼자서 보게 되어 있습니다.

조정식 교수 저도 학생들에게 그런 공부를 하라고 요구하고 하는데, 또 대표님의 이야기를 듣다가 보니깐 학생들이 스스로 해야 하는 공부뿐만 아니라 광고홍보학과 커리큘럼이라 이런 부분에서도 여러 가지 지원이 필요한 것으로 느껴집니다. 또 다른 한편으로는 아까 이야기한 것처럼 이공계 졸업생들이 디지털 커뮤니케이션 분야에 많이 들어오는 걸로 알고 있습니다. 이들이 들어왔을 때 또 어떤 어려움을 겪고 있는지, 또 이들의 비중은 어느 정도 되는지 설명 부탁드립니다.

박천성 대표 네, 지금 계속 광고 미디어 환경이 네트워크화되고, 솔루션화되면서 이공계의 인력들이 많이 진출하는 것이 사실입니다. 그런데 제가 강조하고 있는 것은 '숫자가 전부는 아니다'는 점입니다. 숫자가 의미를 가지려면 그 의미가 무엇인지 파악해야 하는 것이 중요합니다. 그래서 숫자에서 인사이트를 도출해서 결국에는 소비자의 행동이 무엇인지 예측하고 어떠한 요인들이 영향을 미치는 것인지 알아내는 것이 중요합니다. 그렇기 위해서는 인문학적인 소양이 필요하다고 생각합니다. 단순히 공학적인, 수학적인 것만으로는 해결될 수 없다고 보입니다.

조정식 교수 너무 좋은 말씀 잘 듣고 있습니다. 저도 충분히 공감하는 이야기입니다. 기술만으로 성공할 수 있는 것도 아니고, 또 인문학적인 것만으로도 성공할 수 있는 것은 아닌 시대에 살고 있지 않나 싶습니다. 기술과 인문학이 잘 융합하는 것은 계속 도전적인 과제로 느껴집니다. 대표님이 생각하기에 개인적인 질문일 수도 있는데, 이 환경에서 살아남으려면 핵심적으로 무엇이 필요하다고 생각하시는지, 그리고 대표님이 생각하는 소명이라던가, 철학, 가치관 이런 게 있으시면 소개 부탁드립니다.

박천성 대표 네, 저는 지금 16년째 디지털 미디어 업계에 있으면서 과거 오프라인 광고부터 하면 30년이 넘어갑니다. 어떻게 보면 광고와 저는 떼려야 뗄 수 없는 관계인데, 앞으로 후학들, 우리 후배들을 위해서 어떤 것을 할 수 있느냐를 생각하고 있습니다. 저한테 주어진 미션이 무엇인가를 봤을 때 미디어 환경이나 모든 환경이 파편화 되면서 이 업종에 종사하는 실무진들을 둘러싸고 있는 환경이 열악해지고 있는 것에 관심을 두어야 한다고 생각합니다. 저는 이를 디지털 노가다라고 표현합니다. 일하는 환경이 굉장히 열악해지고, 작은 것에 매몰되어 단순 반복만을 지속하는 일들이 증가하고 있습니다. 제가 하고자 하는 바는 디지털 미디어 업계 종사자들이 이러한 것들에서 벗어나서 의미 있게 일을 하고, 인사이트 위주로 일하면서 효율성도 올리고 자신이 일하는 것에 대한 보람도 느낄 수 있는 방법을 제시하는 것입니다, 일하는 환경을 분석하여, 솔루션화를 통해서, 지능화를 통해서, 조금 더 고차원적인 일하는 환경을 조성하는 것이 제 마지막 미션이라고 아닌가 생각하고 그 부분을 하기 위해서 부단히 노력하고 있습니다.

조정식 교수 이야기를 듣다 보면, 박 대표님 연배는 디지털 시대의 가장 늦게 변할 것 같은 세대라고 생각했는데 누구보다도 앞선 생각을 가지고 계신 것 같습니다. 제가 궁금한 것들만 물어보고 하다 보니깐 지금 40분 정도 시간이 지났는데요. 이쯤에서 청취자분들, 이야기 듣고 계신 분들의 질문이 올라와서 그것을 한두 개 정도 물어보도록 하겠습니다. 첫 번째 질문은 대표님은 전통 광고 대행사, 디지털 광고 대행사 모두 경험을 가지고 있다고 하셨는데, 커리어 측면에서 두 대행사 간의 어떠한 차이가 있는지, 그리고 두 대행사에서 요구하는 역량 간의 차이가 있는지에 대해 물어보셨습니다. 요약하자면, 전통적인 대행사에서 커리어를 하는 것과 디지털 대행사에서 커리어를 하는 것이 어떤 장단점이 있는지 이야기해주실 수 있으시겠습니까?

박천성 대표 지금 현 상황에서는 전통 대행사와 디지털 대행사의 구분은 의미가 없다고 보입니다 지금은 거의 디지털화되어 있습니다. 디지털 환경을 이해하지 않고는 설명이 안 되는 상황이기 때문에 디지털 대행사의 모든 인프라, 환경을 이해하는 것이 기본입니다. 여기에 부가적으로 전통 대행사에서 추구했던 전략이라든지, 인사이트 이런 부분을 같이 가져가는 전략이 필요하리라고 보입니다. 기본적으로 디지털을 이해하지 않고는 이제는 전통적인 것만 가지고는 아무것도 해결할 수 없는 상황이 돼버린 것 같습니다.

조정식 교수 어떻게 보면 전략과 디지털의 전문성을 다 갖추어야 또, 새로운 도구들에 대한 이해를 계속 따라가야 제대로 된 솔루션이 나올 수 있다. 이런 이야기로 들려집니다. 두 번째 질문 드리겠습니다. 다트미디어는 디지털 광고 효과 측정에 큰 노력을 기울이는 것으로 알고 있습니다. dGRP라는 툴이 있는 거로 알고 있는데 그것이 기존에 방식과 어떻게 다른지 설명 부탁드리겠습니다.

박천성 대표 과거 미디어 플래닝을 하시는 분들은 아시겠지만, 미디어 플래닝을 측정하는 가장 기본 단위가 GRP입니다. Growth Rating Point라고 하죠. 이게 TV에서 유래되었는데, 과거 TV에서 하는 방식은 샘플링 방식에 의한 시청률 조사에 기반해서 이루어졌지만, 지금 디지털 미디어는 전수 조사가 가능합니다. 그런데 디지털 환경에서는 모든 미디어가 다르다는 문제가 발생합니다. 유튜브가 다르고, 페이스북이 다르고, 틱톡이 다르고, 네이버, 카카오가 다 다른데, 각각의 효과를 측정할 수 있는, 총량을 측정할 수는 있지만, 통합적으로 측정할 수 있는 방식은 존재하지 않았습니다. 그래서 저희가 동영상 광고에서 시작해서 Digital Growth Rating Point라는 개념을 만들었습니다. 각 매체별로 전 Population 기반으로 시청률을 환산하는 거죠. 유튜브의 가입자나 사용자를 파악해서 그 Population을 우리나라 전체 인구로 환산해서 전체 GRP가 얼마나 되는지 알아보고, 이러한 방식으로 각 매체별 시청률을 통합해서 비교 평가를 진행하는 것입니다. 단지 정확도에 관한 측면은 아직 변수가 있습니다. 이 점은 우리가 다양한 리서치 데이터를 활용해서 여러 요인들의 상관계수를 추출하고 상관계수를 활용하여 보강하려는 노력을 하고 있습니다. 한마디로 통합적으로 효과를 측정할 수 있는 단위를 만들어 활용하고 있다고 보시면 됩니다. 과거에 구글에서는 IGRP라고 만들었습니다. 그 개념은 유튜브에서 동영상 광고의 양을 측정할 수 있다는 것인데 유튜브 내에서밖에 사용이 안되는 한계가 존재합니다. 저희는 유튜브를 넘어서서 다른 매체들까지 통합적으로 비교 분석이 가능하기 때문에, 캠페인을 집행하는 광고주는 본인의 예산이 페이스북에 얼마나, 유튜브에 얼마, 트위터에 얼마나 사용이 되었는지, 그리고 그 효과가 어떠한지 쉽게 파악할 수 있습니다. 이와 같은 측정 단위가 있어야만 효과적인 미디어 플래닝을 측정할 수 있는데, dGRP가 그 역할을 할 수 있습니다.

조정식 교수 너무 필요한 지표라고 생각됩니다. 솔직히 저는 그런 것이 있는지 잘 몰랐습니다. 대표님 말씀은 서로 다른 측정 방법 간의 지표의 표준화의 중요성과 같은 이슈를 언급하신 것 같습니다. 한편으로, 이러한 통합을 위해서는 서로 다른 플랫폼 간의 중복 노출 같은 이슈들도 있을 것 같은데, 그런 부분들이 해결되고 있는지 모르겠습니다.

박천성 대표 그 부분이 굉장히 복잡합니다. 이를 해결하기 위해 미디어 간의 상관관계 조사해서, 중복을 제거하는 수식들을 사용하고 있습니다. Reach와 Frequency를 계산하고 있습니다.

조정식 교수 언제 한번 방문을 해서 좀 더 자세한 설명을 듣고 싶습니다.

박천성 대표 네, 저희 전문 플래너가 자세히 설명 드리겠습니다. 저희가 수십 번에 걸쳐서 플래너들을 대상으로 설명한 부분이 있기 때문에 이미 업계에서 어느 정도 검증을 받았다고 생각합니다.

조정식 교수 알겠습니다. 시간이 많이 진행되었습니다. 마지막으로 제가 궁금한 질문 하나 드리겠습니다. 제가 알기로 박 대표님을 학회를 교수님들보다 더 많이 참석하고 있는 것으로 알고 있습니다. 끊임없이 참석해서 공부하시고 학회에도 많은 도움을 주시고 계시는데, 대표님 생각하시기에 학회에서 이루어지는 발표가 어떤 부분들이 크게 도움 되었는지, 그리고 연구하시는 교수님들께 당부 말씀이 있다면 무엇인지 알려주시면 감사하겠습니다.

박천성 대표 제가 당부 말씀이라기보다는, 사실 저도 공부하기 위해서 가고 있습니다. 공부하면서 현장에서 일하면서 생각했던, 저 자신만의 생각이 아닌가 하는 생각에 매몰될 경우가 있는데, 그럴 때 여러 학자님, 교수님들과의 교류를 통해서 생각을 객관적으로 검증 받을 기회를 얻을 때가 있습니다. 또, 새로운 트렌드에 대한 것들, 교수님들의 연구에서 인사이트들을 얻기도 하기 때문에 도움이 많이 됩니다. 산학협동의 롤모델로 열심히 기여하고자 학회에 열심히 다니고 있습니다. 많은 가르침 부탁드립니다.

조정식 교수 오늘 너무 좋은 말씀 들었습니다. 제 생각에 다양한 분야에 다양한 이야기를 듣는 것이 불확실한 시대에서 서로 다른 의견을 습득하고 그걸 바탕으로 종합적인 판단을 하는 것이 중요하다고 생각합니다. 이를 통해 우리는 현상에 대해서 객관적인 통찰력을 얻을 수 있다고 생각합니다. 한국광고학회가 지금까지 총 10번의 인터뷰를 통해서 서로 다른 경험, 서로 다른 시각에서 하는 다양한 이야기들을 제공하기 위해 노력을 해왔습니다. 이러한 다양한 관점과 새로운 생각들이 지금 이루어지고 있는 변화에 대하 한 번쯤 생각해보는 계기가 되었기를 바라는 마음에서 이 인터뷰를 진행해보았습니다. 저 역시 지금까지의 인터뷰를 쭉 살펴보았는데, 많은 생각을 하게 하는 유익한 시간이었던 것 같습니다. 오늘 박 대표님의 이야기 역시 개인적으로 도움이 많이 되는 시간이었습니다. 인터뷰 응해 주셔서 감사합니다. 이제 이렇게 인터뷰를 마치겠습니다. 감사합니다.

끝맺는 말

다트미디어 박천성 대표는 'ACE' Talk 마지막 대담에서 현재 대한민국 광고계의 중요 화두 중에 하나인 디지털 마케팅과 데이터 마케팅에 관해 여러 의미 있는 언급을 하였다. 최근 활발히 이루어지고 있는 새로운 기술의 개발과 활성화는 디지털 마케팅과 데이터 사이언스가 비즈니스에서 어떻게 활용이 되고, 어떠한 효과를 산출해 낼 수 있는지에 대한 관심을 고조시키고 있다(Tiago & Verissimo, 2014).[1] 디지털 마케팅과 축적되는 데이터를 활용하는 데이터 마케팅은 소비자와 기업, 소비자와 브랜드를 항시 연결하는 디지털 생태계Digital Ecosystem 환경을 조성하고 있고, 이 환경 하에서 마케터가 소비자의 심리와 행동을 이해하는 것은 선택이 아니라 필수 조건이 되었다. 박천성 대표는 이러한 시대적 변화를 빠르게 읽고, 이에 대응하기 위해 많은 노력을 해왔다. 전통적 메이저 대행사의 경험과 미디어렙의 경험이 그에게 유연한 사고의 틀을 조성할 수 있는 계기를 마련했고, 축적된 경험과 지식을 바탕으로 그는 많은 새로운 시도를 하고 있다.

1 Tiago, M.T.P.M.B & Verissimo, J.M.C (2014). DIgital marketing and social media: Why bother? *Bussiness Horizons*, 57(6), 703-708.

대담에서 박천성 대표는 몇 가지 중요한 사항을 이야기했다. 우선 그는 아무리 새로운 기술이 개발되고, 그 기술에 대한 의존도가 높아진다고 해도, 기술을 활용하는 것은 결국 사람의 몫이라는 것을 명확히 밝혔다. 요즘 마케팅 커뮤니케이션 분야에서 데이터의 중요성이 증가함에 따라, 특정 기술을 잘 활용할 수 있는가를 마케터를 평가하는 하나의 기준으로 생각하는 경향이 있다. 하지만, 기술은 마케팅 목표를 성취하기 위한 하나의 방편일 뿐 그 자체로 목표가 될 수 없다. 박천성 대표가 언급했듯, 기술에 대한 지식과 기술은 인문사회학적인 배경 지식과 결합될 때 그 힘을 발휘할 수가 있다. 데이터 내의 숫자가 의미하고 있는 진정한 뜻을 밝히는 것은 숫자 자체에서가 아닌 사람과 사회, 그리고 문화에 대한 이해에서 비롯될 수 있음을 마케터들은 인지할 필요가 있을 것이다.

또한 박천성 대표는 디지털 마케팅에서 효율성과 정확성이 가지는 중요도에 대해 자주 언급했다. 기존의 마케팅 효과 검증 방식이 이론과 추론에서 기반하였다면, 지금의 디지털 시대에서는 트랙킹이나 소비자 리스폰스 체크를 통한 즉각적이고 정확한 검증이 이루어질 수 있다. 이러한 실증적인 데이터의 활용은 광고주에게 캠페인 효과에 대해 보다 높은 신뢰감을 제공할 수 있을 뿐 아니라, 장기적인 캠페인을 계획하기 위해 필수적인 예측 가능성을 높이는 가이드 라인으로 활용이 될 수 있다. 따라서, 마케터들은 데이터를 잘 활용할 수 있는 지식을 함양하는 것은 물론이고, 이렇게 즉각적인 반응이 검증될 수 있도록 변화된 미디어 환경 자체에 대한 이해를 높일 필요가 있다.

마지막으로, 박천성 대표는 자신이 시대적 변화의 흐름에 뒤처지지 않았던 이유를 호기심과 도전으로 설명하였다. 새로운 것에 대한 호기심, 그리고 그 호기심을 해결하기 위해 기존의 틀을 허물 수 있는 용기, 이것이 지금의 그를 만들었던 원동력으로 보였다. 디지털 시대의 가장 큰 특징 중의 하나가 변화의 급속함이다. 너무나 급변하기 때문에 많은 사람들이 변화를 더욱 두려워하고, 자신의 틀에서 오히려 고립되려는 경향을 보이고 있다. 새로운 시대의 광고와 PR을 담당하는 사람들은 변화에 대한 두려움을 없애고, 무엇이든 시도해보려는 용기를 갖는 것이 무엇보다 중요해 보인다.

대담 중간에 박대표는 자신이 해야 할 일 중의 하나가 디지털 미디어 업계 종사자들이 열악한 환경에서 데이터 수치에만 집중하는 단순 작업에서 벗어나, 큰 그림을 그리는 고차원적 직무를 할 수 있게끔 만들어 주는 것이라고 했다. 그의 광고, PR 산업에 대한 애정이 느껴지는 부분으로, 새로운 시도를 계속 해왔던 그가 디지털 광고 산업에 어떠한 변화의 바람을 불러일으킬지 기대되는 대목이었다.

편저자 소개

송영아(Song, Young-A)

현재 한국방송광고진흥공사(KOBACO) 미디어다양성팀 전문위원으로 재직하고 있다. 이화여자대학교를 졸업하고, The University of Texas at Austin에서 광고 전공으로 석, 박사 학위를 취득했다. 소비자 심리, 브랜드 커뮤니케이션, 뉴미디어 관련하여 연구하고 강의하고 있으며, International Journal of Advertising, Psychology & Marketing, Cyberpsychology, Behavior, and Social Networking 등 다수의 저널에 논문을 발표했다.

이성미(Lee, Sungmi)

현재 한신대학교 미디어영상광고홍보학부에 부교수로 재직하고 있다. Michigan State University에서 광고 전공으로 학사, 석사, 박사 학위를 취득했다. TBWA KOREA, 이노션, 대홍기획에서 재직했다. 한국광고학회, 한국광고홍보학회에서 이사로 활동하고 있다. Journal of Advertising, Journal of Business Research, International Journal of Advertising 및 다수의 저널에 논문을 발표했다.

강한나(Kang, Hannah)

현재 한남대학교 정치언론학과 조교수로 재직하고 있다. 중앙대학교 수학과를 졸업하고, Kansas State University에서 매스커뮤니케이션 석사, The University of Kansas에서 매스커뮤니케이션 박사 학위를 취득하였다. 현재 한국광고학회, 한국광고PR실학회, 한국PR학회, 한국언론학회에서 이사 및 편집 위원으로 활동하고 있다. 주요 연구 관심분야는 뉴미디어, 광고/홍보 메시지 효과, 헬스커뮤니케이션이고, International Journal of Advertising, Journal of Consumer Affairs, Journal of Consumer Behaviour, Health Communication, Journal of Health Communication 등 다수의 저널에 논문을 발표하였다.

최지혜(Choi, Jee Hye)

현재 한국언론진흥재단 선임연구위원으로 재직하고 있다. 한국외국어대학교를 졸업하고, 동 대학원에서 광고 및 브랜드 커뮤니케이션 전공으로 석사, 박사 학위를 취득했다. 한국광고학회, 한국광고홍보학회, 한국광고PR실학회에서 이사로 활동하고 있다. 정부 광고 및 공공커뮤니케이션, 정책 홍보 등의 영역에 관해 연구하고 강의하고 있다. 관심 분야는 정책 브랜딩, 공공브랜드 커뮤니케이션, 공공 홍보 등이며 주요 연구 및 저서로는 "정책브랜드 자산 구성요소 및 평가모형에 관한 연구", "국민인식기반 정부광고 소통지수연구" 등이 있다.

최태랑(Choi, Tae Rang)

Michigan State University에서 마케팅 전공으로 졸업한 후, The University of Texas at Austin에서 광고 석사, 박사 학위를 취득하였다. 이후, University of Southern Indiana의 커뮤니케이션학과에서 광고 조교수로 재직하였으며, 현재 Texas Christian University 전략 커뮤니케이션 학과에서 조교수로 재직하고 있다. 연구 관심 분야는 소비자 심리, 디지털 브랜드 커뮤니케이션, 뉴미디어 효과 등이며, Telematics and Informatics, Journal of Business Research, Personality and Individual Differences 등의 저널에 논문을 발표하였다.

박세진(Park, Sejin)

현재 한양대학교 정보사회미디어학과 조교수로 재직하고 있고, 미국 University of Tennessee에서 석사, 박사 학위를 취득했다. 한국광고학회, 한국광고홍보학회, 한국엔터테인먼트 학회에서 이사로 활동하고 있으며, 연구 관심 분야는 위기 커뮤니케이션과 헬스 커뮤니케이션으로 관련 논문을 Public Relations Review, Journal of Public Relations Research, Health Communication, Journal of Health Communication 등에 게재하였다.

박한나(Park, Hanna)

현재 선문대학교 미디어커뮤니케이션학부 부교수로 재직하고 있다. 한국외국어대학교를 졸업하고, University of Florida에서 PR 전공으로 석사, 박사 학위를 취득했다. Middle Tennessee State University에서 조교수와 부교수로 재직했으며, 2019~2021 한미커뮤니케이션학회(KACA) 부회장으로 활동했다. 한국광고학회, 한국광고홍보학회, 한국광고PR실학회 이사로 활동하고 있으며, 리서치 관심 분야는 기업의 사회적 책임, 위기관리 커뮤니케이션, 공공PR 등이다.

홍지미(Hong, Ji Mi)

현재 인하대학교 국제학부 조교수로 재직 중이다. 중앙대학교 광고홍보학과를 졸업하고, The University of Texas at Austin에서 광고학 석사 및 박사 학위를 취득했다. 비영리 커뮤니케이션이나, 영리적 기업의 사회적 책임 또는 지속가능성을 위한 캠페인 내에서의 광고의 역할에 큰 관심을 가지고 있으며, 개인의 친사회적 행동을 유도하기 위한 메시지 및 이미지 프레이밍의 설득 효과를 다양한 사회 심리학 이론을 바탕으로 살펴보고 있다. Journal of Applied Social Psychology, Journal of Promotion Management, Journal of Current Issues & Research in Advertising 등의 저널에 논문을 발표했다.

이정규(Lee, JeongGyu)

숭실대학교를 졸업한 후, 미국 Tufts University에서 경제학 석사 학위를 취득하였고, 미국 Drexel University에서 마케팅 박사 학위를 취득하였다. 이후 The College at Brockport, State University of New York에서 마케팅 조교수로 재직하였으며, 2020년부터 숭실대학교 경영학부에서 조교수로 재직하고 있다. 현재 한국광고학회, 한국유통학회, 한국프랜차이즈학회에서 이사 및 편집 위원으로 활동하고 있다. 연구 관심 분야는 소비자 행동, 디지털 마케팅, 리테일링 등이며, Psychology & Marketing, International Journal of Advertising, Journal of Retailing and Consumer Services, Journal of Consumer Behaviour 등 다수의 저널에 논문을 발표하였다.

김동후(Kim, Dong Hoo)

현재 중앙대학교 광고홍보학과 부교수로 재직하고 있다. 서강대학교를 졸업하고, The University of Texas at Austin에서 광고 전공으로 석사, 박사 학위를 취득했다. The University of North Carolina at Chapel Hill에서 조교수와 인하 대학교 부교수로 재직했다. 한국광고학회, 한국광고홍보학회, 한국광고PR실학회, 한국소비자광고심리학회에서 이사 및 편집 위원으로 활동하고 있다. 리서치 관심 분야는 소비자 심리, 브랜드 커뮤니케이션, 뉴미디어이고, International Journal of Advertising, Computers in Human Behavior, Journal of Brand Management, Telematics and Informatics, Psychology & Marketing 등 다수의 저널에 논문을 발표했다.